新能源汽车技术专业职业教育创新规划教材

Xinnengyuan Qiche Weihu yu Guzhang Zhenduan

新能源汽车维护与故障诊断

北京教盟博飞汽车科技有限公司　组织编写
包科杰　徐利强　主　编
孙　华　主　审

人民交通出版社股份有限公司
China Communications Press Co.,Ltd.

内 容 提 要

本书是新能源汽车技术专业职业教育创新规划教材之一。全书包括5个项目、13个工作任务，主要介绍了新能源汽车维护、新能源汽车故障诊断技术基础、纯电动汽车故障诊断与排除、混合动力汽车故障诊断与排除、其他类型新能源汽车故障诊断与排除。

本书可作为职业院校新能源汽车技术专业的教学用书，也可作为汽车维修专业培训用书和相关技术人员的参考书。

图书在版编目(CIP)数据

新能源汽车维护与故障诊断/包科杰，徐利强主编；北京教盟博飞汽车科技有限公司组织编写. —北京：人民交通出版社股份有限公司，2017.6

新能源汽车技术专业职业教育创新规划教材

ISBN 978-7-114-13814-0

Ⅰ.①新… Ⅱ.①包… ②徐… ③北… Ⅲ.①新能源—汽车—车辆修理—职业教育—教材②新能源—汽车—故障诊断—职业教育—教材 Ⅳ.①U469.707

中国版本图书馆CIP数据核字(2017)第100329号

书　　名： 新能源汽车维护与故障诊断
著 作 者： 包科杰　徐利强
责任编辑： 夏　韡　时　旭
出版发行： 人民交通出版社股份有限公司
地　　址： (100011)北京市朝阳区安定门外外馆斜街3号
网　　址： http://www.ccpress.com.cn
销售电话： (010)59757973
总 经 销： 人民交通出版社股份有限公司发行部
经　　销： 各地新华书店
印　　刷： 北京市密东印刷有限公司
开　　本： 787×1092　1/16
印　　张： 14.25
字　　数： 338千
版　　次： 2017年6月　第1版
印　　次： 2019年5月　第3次印刷
书　　号： ISBN 978-7-114-13814-0
定　　价： 33.00元
(有印刷、装订质量问题的图书由本公司负责调换)

编审委员会

主　任：阚有波　李洪港

副主任：吴荣辉　尹万建　戴育红　朱建柳

委　员：（按姓氏笔画排序）

丁继斌　王玉珊　王　亮　王　杰　王绍乾

王　鑫　方照阳　计洪芳　白树全　包科杰

冯志福　田晓鸿　冯本勇　冯相民　刘海峰

刘　涛　刘建洲　孙　华　孙　庆　朱　岸

许小明　沈　晶　严　锐　李治国　李港涛

李建东　吴晓斌　张宏坤　张莉莉　张晶磊

杨少波　杨效军　宋广辉　肖　强　陈　宁

陈晓希　陈旭宇　陆益飞　周　峰　周志国

周茂杰　周广春　孟繁营　郑　振　武晓斌

凃金林　赵金国　唐志桥　唐　勇　徐利强

徐艳飞　高永星　郭　端　梁　钢　康　阳

康雪峰　董蹬高　曾　鑫　蔺宏良

前言
FOREWORD

进入21世纪以来，我国提出“节能和新能源汽车”战略，政府高度关注新能源汽车的研发和产业化。《中共中央关于制定国民经济和社会发展第十三个五年规划的建议》中要求实施新能源汽车推广计划，提高电动车产业化水平。这意味着新能源汽车产业将迎来黄金5年，新能源汽车产业或将迎来爆发式的增长。

在新能源和清洁能源汽车行业前、后市场对技能人才需求量不断增大的前景下，由北京教盟博飞汽车科技有限公司和安莱（北京）汽车技术研究院课程开发团队主导，联合汽车制造厂的新能源专家和职业院校的教育专家，共同编写了这套新能源汽车教材。本套教材以新能源汽车的使用和维修为方向，改变以往新能源汽车课程偏重设计制造技术，导致理论性太强的缺点，使课程更贴近实际操作。

本套教材结合新能源汽车企业岗位需求，针对新能源汽车企业调研高频典型工作任务，并对此做教学加工，共计输出5门课程，62个任务：《新能源汽车概论》《新能源汽车高压安全与防护》《新能源汽车动力电池与驱动电机》《新能源汽车电气技术》《新能源汽车维护与故障诊断》。本套教材主要以工作过程为主线，以任务驱动教学为主要形式的开发思路进行编写。

在开发本套教材的过程中，为了提高学生学习兴趣，在“相关知识”中开发了多媒体动画，在“任务实施”中拍摄制作了实训视频，并设置二维码。使用者只需用平板或手机扫描对应的二维码，即可以学习相关资源的知识。为了方便教师教学，同期开发了教材的配套教学资源：课程标准、教学设计、任务工单（工作页）、教学课件、配套试题、实训视频、多媒体动画、维修案例等。了解更多资源，教师和学生可通过电脑或手机登录新能源汽车资源库地址：http://edu.885car.com，或用手机扫描封底下方的二维码。

《新能源汽车维护与故障诊断》全书条理清晰，层次分明；图文对照，整合移动多媒体技术；形象、生动地阐述了新能源汽车维护与保养、新能源汽车故障诊断基础、纯电动汽车故障诊断与维修、混合动力汽车故障诊断与维修、其他类型新能源汽车故障诊断与维修等。每个项目又分为若干个任务，根据实际诊断维修中经常遇到的问题设置任务目标，学习目的更加明确，操作性更强。内容包括5个项目，13个工作任务，以当前市场上主流的比亚迪、北汽新能源、普锐斯等新能源汽车车型为主编写。

本教材由北京教盟博飞汽车科技有限公司组织编写。襄阳汽车职业技术学院包科杰、成都汽车职业技术学校徐利强担任主编，黄冈职业技术学院宋广辉、武汉市交通学校周广春、成都技师学院武晓斌担任副主编。慈溪锦堂高级职业中学孙华担任主审。

由于编者水平和经验有限，难免存在缺点和疏漏，恳请广大读者批评指正。

编委会

2017年3月

目录

CONTENTS

项目一

新能源汽车维护

本项目主要介绍新能源汽车的日常维护知识，包含以下2个任务：

任务1　新能源汽车使用与检查；

任务2　新能源汽车常规维护。

通过以上2个任务的学习，你将学习纯电动汽车与混合动力汽车检查与维护的要求与注意事项。

任务1　新能源汽车使用与检查

提出任务

你被安排到售后车间负责新能源汽车的维修岗位。今天正好有一批新能源汽车进入你的门店，需要对它们做一次严格的PDI(入厂检查)，你能够完成这个任务吗?

任务要求

知识要求

1. 能够描述新能源汽车新车使用要求；
2. 能够描述新能源汽车主要故障灯含义及处理方法；
3. 能够描述新能源汽车日常检查与维护注意事项。

能力要求

1. 能够正确执行新车入厂检查；
2. 能够认识和更换熔断丝；
3. 能够检查和维护低压蓄电池。

相关知识

新能源汽车与传统汽车的主要区别是驱动系统，但是新能源汽车在车身电气、底盘等部件上与传统汽车区别并不大。因此，在新车使用与后期的维护中，新能源汽车与传统汽车相同的系统部件可参考传统汽车，针对特有的部件需要按新的要求执行。

1. 新车使用要求

1)新车磨合

新车磨合主要是指将新车中的新传动零部件经过一段时间的运转摩擦，使得接合与啮合面的接触非常吻合、表面非常光洁的过程，从而提高后期车辆的使用效率，延长车辆的使用寿命。

传统汽车需要磨合，新能源汽车新车期间也需要磨合，但与传统汽车的磨合有所区别，这主要表现在两个主要方面：

第一,纯电动汽车不再有发动机和摩擦片式的离合器,因此,新车期间主要的磨合是指对制动系统部件的磨合。

第二,混合动力汽车由于发动机的起动与运转不再受驾驶人的控制,因此,在新车期间也不需要对发动机进行额外的磨合。

新能源汽车进入磨合期后,应进行阶段性能检查维护,内容包括以下方面:

(1)磨合前期。清洁全车;紧固外露的螺栓、螺母;补充冷却液;检查电机驱动器;检查轮胎的气压;检查灯光仪表;检查蓄电池;检查制动系统。

(2)行驶到30~50km时。检查电机驱动器、驱动桥、轮毂以及传动轴等是否有杂音或发热现象;检查制动系统的制动能力及紧固性、密封效果。

(3)行驶到150km时。检查全车外露螺栓、螺母的紧固情况。

(4)磨合结束。到指定维护站进行全车磨合维护;如果是混合动力汽车,需要换机油、换机滤、清洗节气门等,测汽缸压力,清除燃烧室积炭,检查制动系统,调整离合器踏板自由行程,紧固前悬架及转向机构。

2)电池使用

新能源汽车有一个共同的部件——动力电池(图1-1-1),该部件需要在新车期间执行相应的维护操作,包括对电池的适度放电和充电,初期使用时应注意:

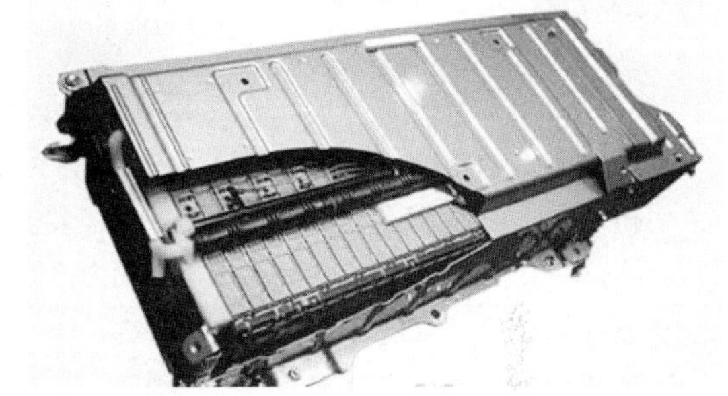

图1-1-1 动力电池

(1)正确掌握充电时间。在使用过程中,应根据实际情况准确把握充电时间和充电频次。正常行驶时,如果电量表指示应充电,应停止运行,尽快充电,否则,电池过度放电会严重缩短其寿命。充满电后运行时间较短就充电,充电时间不宜过长,否则,会形成过度充电,使电池发热。过度充电、过度放电和充电不足都会缩短电池寿命。一般情况电池平均充电时间在10h左右。

(2)定期充电。即便续航能力要求不长,充一次电可以使用2~3天,但是还是建议每天都充电,这样使电池处于浅循环状态,电池的寿命会延长。

2. 正确起动车辆与故障灯的识别

1)起动操作

在车辆行驶时不要拔出起动钥匙,否则,将会导致转向锁啮合,不能转向。大多数新能源汽车可以按照以下顺序操作转向锁,接通电路并起动驱动电机。

位置0(LOCK):拔下起动钥匙,转向锁、大多数电路不能工作。

位置1(ACC):转向解锁,个别电器和附件可以工作。

位置2(ON):所有的仪表、警告灯和电路可以工作,高压上电,进入行驶准备状态。

纯电动汽车一般采用无级变速机构,排挡杆设计较为简单。大多数纯电动汽车的排挡杆包括有R、N、D三个挡位。

选择前进挡D:在换挡之前,应先踩制动踏板,否则,挡位选择无效。

选择倒挡 R：在选择倒挡前，确保车辆处于静止状态。然后，踩下制动踏板，再挂挡。

选择空挡 N：在选择空挡前，确保车辆处于静止状态。

2）故障灯的识别

在仪表设计上，纯电动汽车一般设计有一些特殊的故障指示灯，其符号根据具体车型可能有所不同，但是其功能基本上是相似的。以下以北汽 EV200 为例，介绍新能源汽车故障灯的识别与处理方法，如图 1-1-2 所示，其他车型请参照车主手册及维修手册。

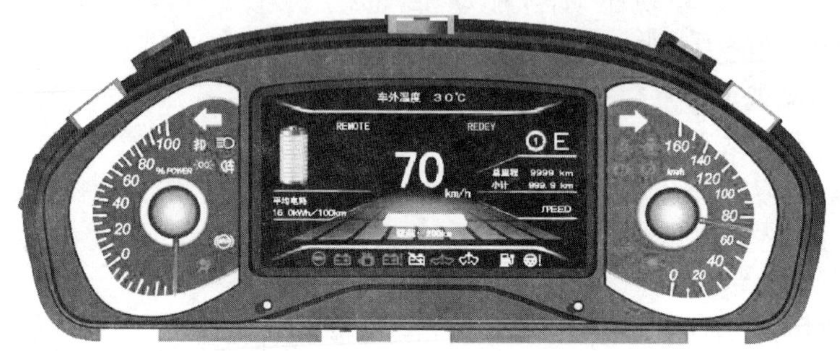

图 1-1-2　新能源汽车故障灯的识别

（1）动力系统故障灯。北汽 EV200 动力系统故障灯如图 1-1-3 所示。

表 1-1-1 说明了故障灯点亮的基本原因。该故障灯点亮时，车辆将不能被起动或者是仅发动机可以运行，电力系统将被关闭，需要到维修站进行维修。

动力系统故障灯状态表　　表 1-1-1

信号来源	故障类型	电源挡位	故障现象
电池管理器	（1）一般漏电报警； （2）严重漏电报警	所有挡位	点亮故障灯 显示“高压系统漏电”
	碰撞信号报警	ON 挡	点亮故障灯
	放电主接触器烧结故障	退电检测	点亮故障灯
	负极接触器烧结故障	上电检测	点亮故障灯
驱动电机控制器	动力系统故障	ON 挡	点亮故障灯
P 挡电机控制器	P 挡系统故障	ON 挡	点亮故障灯

（2）动力电池过热警告灯。动力电池过热警告灯如图 1-1-4 所示。

图 1-1-3　动力系统故障灯

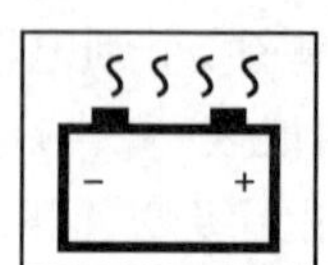

图 1-1-4　动力电池过热警告灯

该指示灯一般在电池温度过高的情况下会点亮，例如：动力电池温度≥65℃或与BMS（电池管理系统）失去通信时，指示灯点亮；动力电池温度低于65℃时，指示灯熄灭。

该故障灯点亮时，车辆将降低电力驱动功率或电力系统将被关闭，需要到维修站进行维修。

（3）动力电池故障警告灯。动力电池故障警告灯如图1-1-5所示。

表1-1-2说明了故障灯点亮的基本原因。该故障灯点亮时，车辆将不能被起动或者是仅发动机可以运行，电力系统将被关闭，需要到维修站进行维修。

动力电池故障警告灯状态表　　　　表1-1-2

信号来源	故障类型	电源挡位	故障现象
电源管理器	电池组充电报警 电池组放电报警 电池组温度报警 过电流报警 电压过低报警 电压过高报警	所有电源	点亮指示灯

（4）电机冷却液温度过高警告灯。电机冷却液温度过高警告灯有多种形式，以比亚迪汽车为例，如图1-1-6所示。

表1-1-3说明了故障灯点亮的基本原因。该故障灯点亮时，车辆将降低电力驱动功率或电力系统将被关闭，需要到维修站进行维修。

电机冷却液温度过高警告灯状态表　　　　表1-1-3

信号来源	故障类型	电源挡位	故障现象
驱动电机控制器	电机冷却温度由低往高变化，当采集到的温度值≥75℃时	ON挡	点亮指示灯
	电机冷却液温度由高往低变化，当采集到的温度≤72℃时	ON挡	熄灭指示灯

（5）电机过热警告灯。北汽EV200电机过热警告灯如图1-1-7所示。

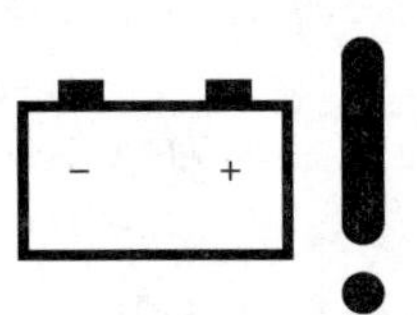

图1-1-5　动力电池故障警告灯

图1-1-6　电机冷却液温度过高警告灯

图1-1-7　电机过热警告灯

表1-1-4说明了故障灯点亮的基本原因。该故障灯点亮时，车辆将降低电力驱动功率或电力系统将被关闭，需要到维修站进行维修。

电机过热警告灯状态表　　表 1-1-4

信号来源	故障类型	电源挡位	故障现象
驱动电机控制器	动力电机过温报警	ON 挡	点亮指示灯
	IPM 散热器过温报警	ON 挡	点亮指示灯

3. 新能源汽车日常的检查流程

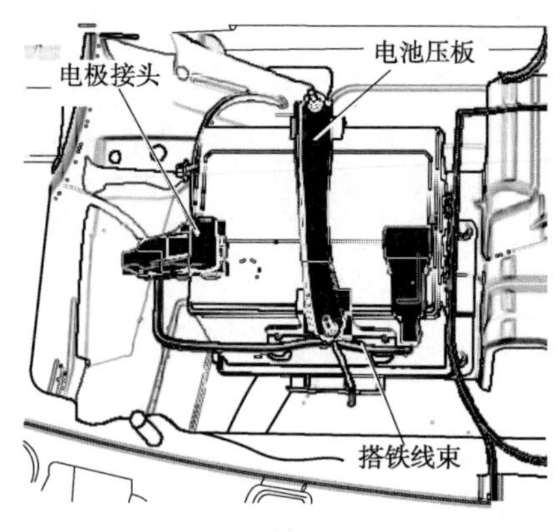

图 1-1-8　蓄电池

针对混合动力汽车和纯电动汽车，日常主要涉及以下检查工作。

1）检查蓄电池

检查蓄电池（图 1-1-8）接头有无腐蚀或接头松弛、裂纹或压板松弛。

（1）如果蓄电池接头已被腐蚀，须用温水和小苏打水的混合溶液进行清洗，在接头外部涂润滑脂以防止进一步腐蚀。

（2）如果接头连接松弛，须拧紧夹子的螺母。

（3）将压板拧紧至能够保持蓄电池固定在其位置上即可，过度拧紧将损坏蓄电池箱。

注意：

①进行维护之前，须确认电动机和所有附属设备都已关闭。

②检查蓄电池时，须首先取下负接头（“－”标记）上的搭铁电缆并在最后将它安装。

③使用工具时避免同时接触蓄电池的正负端子，以免造成短路。

④清洗蓄电池时，注意不要让液体进入蓄电池中。

⑤在电缆未断开时给蓄电池充电，可能会严重损坏车辆的电子控制单元、电气设备。在将蓄电池连接到充电器上之前，应先拆下蓄电池电缆。

⑥如在电动机停止运转的情况下，长时间使用车辆用电设备，可能会导致蓄电池过度放电，导致车辆无法起动，甚至永久损坏蓄电池。

2）换油

新能源汽车进行换油程序与传统汽车的换油程序相似。但为混合动力汽车换油时以下几点要注意：

（1）举升混合动力汽车时要注意不要把垫子放在车辆下面的橙色高压电线上或离它们很近。

（2）大多数混合动力汽车要求使用：SAE 0W/20 或 SAE5W/20。使用指定的润滑油黏度很重要，因为混合动力汽车的发动机起停多次，用错黏度等级的润滑油不但会导致燃料经济性降低，而且还会导致发动机损坏。

(3)检查前必须确定发动机(ICE)已经关闭。如果有智能车钥匙或汽车有起动按钮,确保钥匙距离车辆至少5m,这有助于防止发动机意外起动。

3)冷却系统检查

进行冷却系统检查与配置发动机车辆的检查相似。但在检查混合动力汽车和纯电动汽车冷却系统时需要注意以下几点:

(1)使用规定的冷却液。大多数汽车制造商建议使用预混合冷却液,因为使用含矿物质的水会导致腐蚀。此外,有的汽车还需要采用去离子水的冷却液,这与传统的冷却液不同,去离子水冷却液不会导电,这将保证冷却液在冷却的高压部件中不会产生部件绝缘电阻下降的风险。

(2)规定的冷却液更换间隔时间。这与传统汽车的冷却液更换周期相似,应检查并确定在规定的时间或里程间隔期内更换。

(3)维修中的预防措施。例如,丰田普锐斯使用一个能让冷却液保温高达3天的储液罐。打开冷却液软管会导致热的冷却液释放,会严重烫伤维修人员。

4)空调检查

空调检查与配置发动机车辆的检查方法相似,但检查混合动力汽车和纯电动汽车空调系统时,还需要注意以下几点:

(1)很多混合动力汽车和纯电动汽车的空调压缩机一直用高压(HV)蓄电池组的高压电来驱动压缩机,如很多丰田/雷克萨斯混合动力汽车;或者怠速停止时用高压蓄电池组的高压来操作压缩机,如本田混合动力汽车。

(2)如果系统是用电驱动,则要用绝缘制冷剂油。即要用一个单独的回收器以防常规制冷剂油与混合动力汽车用制冷剂油混合。

5)转向系统检查

转向系统检查与配置发动机车辆的检查相似,但在检查混合动力汽车和纯电动汽车的转向系统时有几点要注意:

(1)检查转向系统时,查看并按照使用说明书上规定的预防措施进行操作。

(2)大多数汽车都使用电动助力转向系统,并用逆变器提高电压来操作执行电动机(一般提高到42V)。控制器的电压更高,但不会产生触电危险。这些系统使用黄色或者蓝色塑料线管装电线,这有助于判断该电压水平可能发生的危险。这个电压水平不会产生触电危险,但如果断开载有42V电压的电路,则会有电弧产生。

6)制动系统检查

制动系统检查与配置发动机车辆的检查相似。但在检查制动系统时有几点要注意:

(1)所有混合动力汽车和纯电动汽车都使用再生制动系统,它捕捉车辆运动时的动能,把动能转化成电能输送给高压动力电池组。紧急制动时产生的电量超过100A,此电流储存在高压动力电池组内,需要时用于给汽车供电。

(2)用于混合动力汽车的基础制动器除主汽缸和相关的控制系统不同外,其他都与传统车辆一样。制动系统没有与高压电路连接,因为在电机里产生再生,且由电机控制器控制再生。

任务实施

(一)工作准备

(1)防护装备:常规实训着装。
(2)车辆、台架、总成:北汽 EV 系列;丰田普锐斯混合动力汽车;或其他同类新能源车辆。
(3)专用工具、设备:汽车举升机。
(4)手工工具:组合工具。
(5)辅助材料:无。

(二)实施步骤

1. 新车 PDI 检查

本操作任务主要是在掌握新能源汽车基本使用与检查的理论知识基础上,对新能源汽车能够进行一个规范的入厂检查操作,并完成表 1-1-5。

新车 PDI 检查表 表 1-1-5

车身颜色:__________车架号:____________________检查日期:________________

<table>
<tr><td>外观与内饰</td><td>□内部与外观缺陷(如变形、擦伤、锈蚀及色差等)
□油漆、电镀部件和车内装饰
□关闭车门检查缝隙情况
□车玻璃有无划痕
□随车物品、合格证、工具、备胎、使用说明书
□VIN 码、铭牌
□示宽灯及牌照灯
□前照灯(远近光)、雾灯开关
□制动灯和倒车灯</td><td rowspan="2">室内检查与操作</td><td rowspan="2">□制动踏板高度与自由行程
□加速踏板自由行程与操作
□转向盘自由行程
□收音机调节
□转向盘自锁功能
□驻车制动调节
□遮阳板、内后视镜
□室内照明灯
□前后座椅安全带及安全带提示灯
□座椅靠背角度及头枕调整
□加油口盖的开启
□杂物箱的开启及锁定
□前后刮水器及清洗器的工作情况
□点烟器及喇叭的操作</td><td rowspan="2">点火开关及车门装置</td><td rowspan="2">□组合仪表灯及性能检查
□门灯;中门儿童锁
□车门、门锁工作是否正常
□门边密封条接合情况
□钥匙的使用情况
□滑动门的工作情况,必要时加润滑脂
□蓄电池和起动机的工作及各警告灯的显示情况
□手动车窗及开关</td></tr>
<tr><td>发动机舱</td><td>□制动液液位及缺油警告灯
□发动机机油液位(混合动力)
□冷却液液位及浓度
□玻璃清洗剂液位
□节气门
□离合器</td></tr>
<tr><td>底部及悬架系统</td><td colspan="2">□底部状态及排气系统
□制动管路有无泄漏或破损
□轮胎气压(包括备胎)(前轮:220kPa;后轮:250kPa)
□燃油系统管路有无泄漏或破损
□悬架的固定
□确认保安件螺母力矩</td><td>□变速器液位
□确认所有车轮螺母力矩
□齿轮、齿条护罩情况</td><td>驾驶试验</td><td>□行车制动器及驻车制动器的效果
□转向盘检查与自动回正
□变速器换挡操作
□离合器、悬架系统工作情况</td></tr>
</table>

续上表

热态检查	□燃油、防冻剂、冷却液、制动液及废气的渗漏　□蓄电池电压≥12V,怠速时≥13.5V □冷却风扇的工作情况　□热起动性能　□有无其他异响
故障描述	
处理方法	

注:以上检查项目合格打"√",异常打"×"。

2. 熔断丝的认识与检查

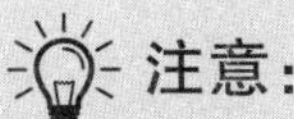

注意:

如果前照灯或其他电器部件不工作,须检查熔断丝(图 1-1-9),如果熔断丝已被烧毁,则须更换。

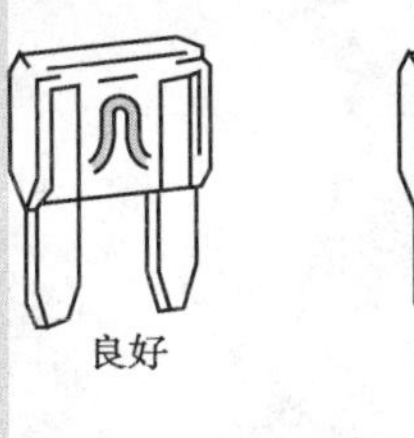

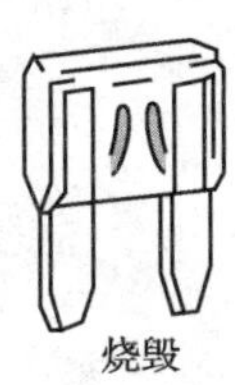

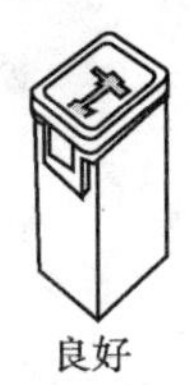

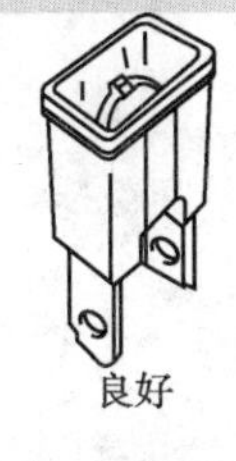

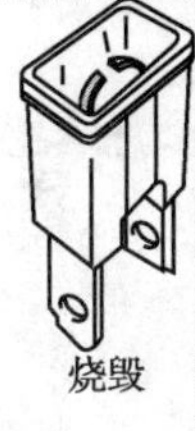

图 1-1-9　熔断丝

垂直地拔出可能有问题的熔断丝进行检查,查明哪一条熔断丝发生问题。熔断丝盒的盖子上,标明了每条熔断丝的电路名称。可用拔出工具,拔出 A 型熔断丝。如果无法确定熔断丝是否被烧毁,则可用好的熔断丝更换可能有问题的熔断丝。如果熔断丝被烧毁,须将新的熔断丝装入插座。只能安装熔断丝盒盖上规定的安培数的熔断丝。

如果没有相同安培数的熔断丝,则须采用安培数较低的熔断丝,但尽可能做到与额定安培数一样。如果使用了安培数比规定值要低的熔断丝,则可能再次被烧毁,但这并不表示有问题。

警告:

执行高压车辆诊断及维护前,务必佩戴完好个人防护用品,并严格遵守正确的操作步骤。

(1)维修防护用品安装。

①打开主驾驶车门,铺设脚垫,套上转向盘套、座椅套。

②断开点火开关,挂入 P 挡,拔出车钥匙。

③打开发动机罩,固定支架,铺设翼子板护垫。

(2)打开熔断丝盒盖,认识熔断丝的安装位置(图 1-1-10)。

(3)安装表笔,打开万用表,旋至欧姆挡,校正万用表(图 1-1-11)。

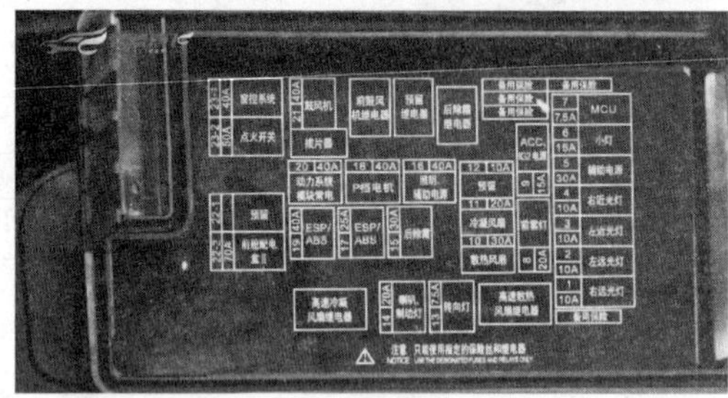

图 1-1-10　认识熔断丝的安装位置

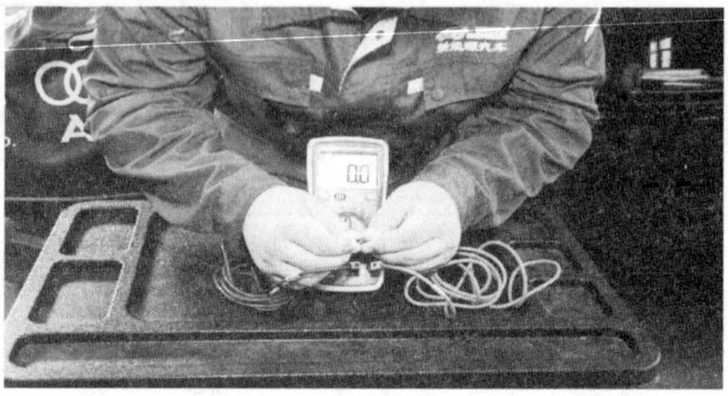

图 1-1-11　校正万用表

(4)打开万用表旋至蜂鸣挡(图 1-1-12)。

(5)检测熔断丝是否导通(图 1-1-13、图 1-1-14)。

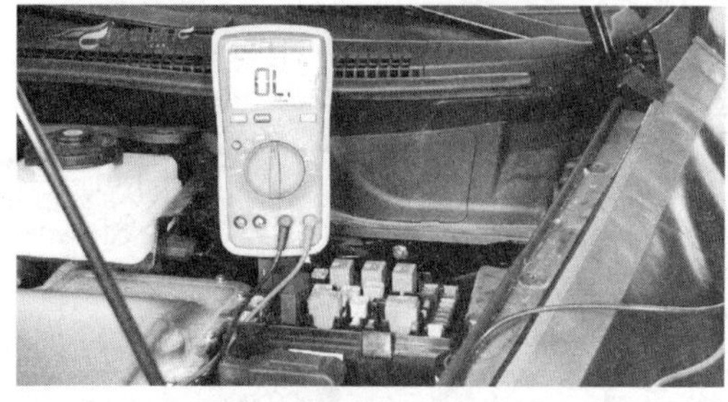

图 1-1-12　打开万用表旋至蜂鸣挡

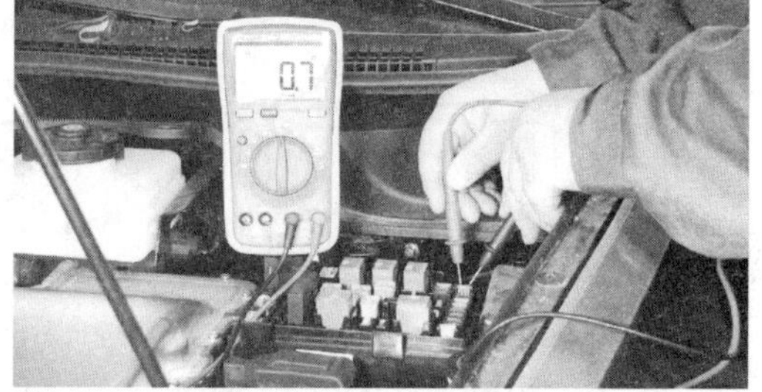

图 1-1-13　检测熔断丝是否导通(1)

(6)拔出熔断丝,检查熔断丝是否熔断(图 1-1-15)。

图 1-1-14　检测熔断丝是否导通(2)

图 1-1-15　检查熔断丝是否熔断

(7)不同电流值的熔断丝,用不同颜色来区别(图 1-1-16)。

(8)将熔断丝盒盖安装至原来的位置(用 1-1-17)。

3. 蓄电池的检查与维护

蓄电池的检查与维护如图 1-1-18 所示。

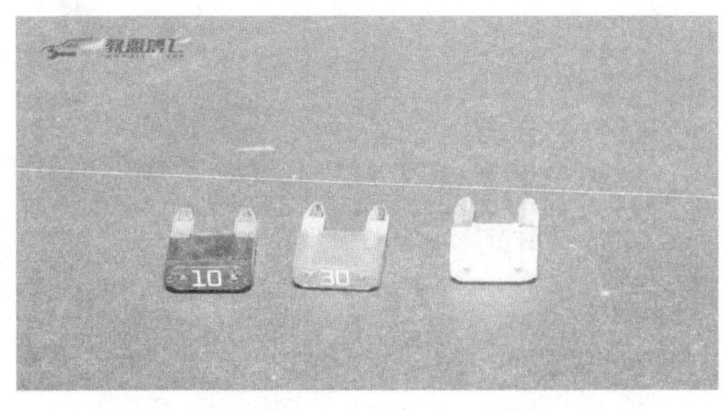

图 1-1-16　用不同颜色来区别不同电流值的熔断丝

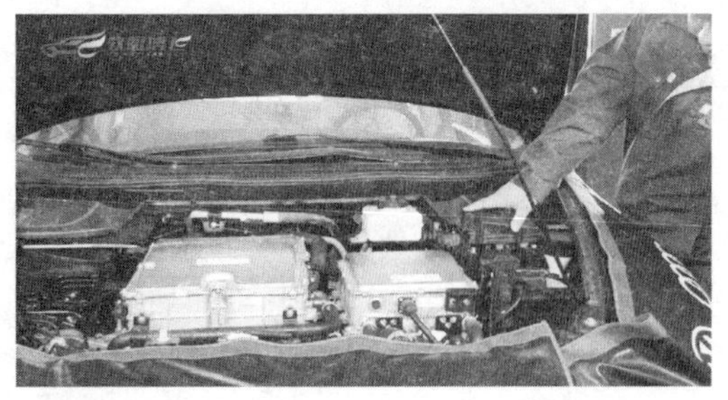
图 1-1-17　将熔断丝盒盖安装至原来的位置

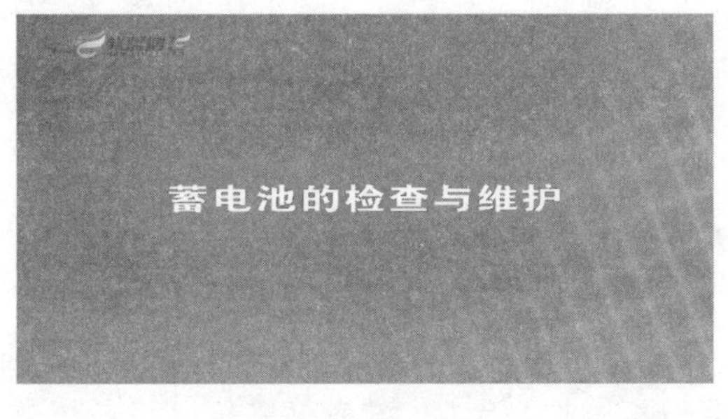

图 1-1-18　蓄电池的检查与维护

(1)打开低压蓄电池保护盖,目测电池极桩是否锈蚀(图 1-1-19)。

(2)用手晃动蓄电池端子,检查是否松动,用扳手紧固蓄电池端子卡子螺栓(图 1-1-20)。

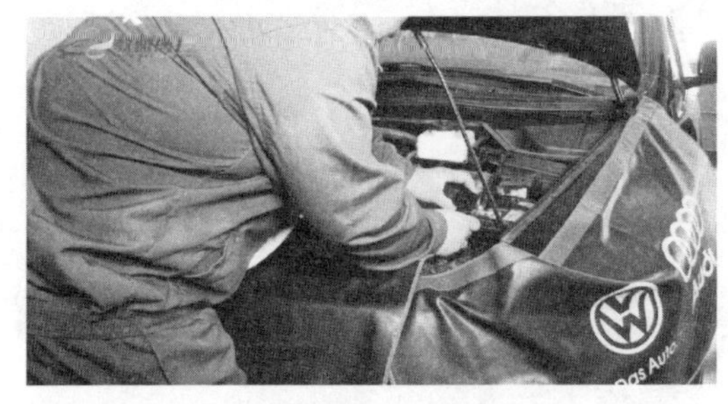
图 1-1-19　目测电池极桩是否锈蚀

图 1-1-20　紧固蓄电池端子卡子螺栓

(3)用手晃动蓄电池,检查是否安装牢固,用扳手紧固蓄电池固定螺栓(图 1-1-21)。

图 1-1-21　紧固蓄电池固定螺栓

学习测试

1. 填空题

(1)新车磨合主要是指将新车中的______经过一段时间的运转摩擦,使得______的接触非常吻合、表面非常光洁的过程,从而提高后期车辆的使用效率,延长车辆的使用寿命。

(2)新能源汽车磨合期各阶段包括磨合前期、行驶到______时、行驶到______时以及磨合结束。

(3)纯电动汽车变速器一般采用______机构,排挡杆包括有______三个挡位。

(4)动力电池过热警告灯点亮时,车辆将降低______或电力系统将被关闭。

(5)大多数新能源汽车制造商建议使用______冷却液,有的汽车还需要采用不导电的______的冷却液。

2. 判断题

(1)纯电动汽车没有发动机,因此,新车期间不需要磨合。 (　　)

(2)新能源汽车的动力电池在新车期间应该对电池的适度放电和充电。 (　　)

(3)纯电动汽车排挡杆比其他传统汽车设计复杂得多。 (　　)

(4)动力系统故障灯点亮时,电力系统将被关闭,需要到维修站进行维修。 (　　)

(5)混合动力汽车使用的润滑油,和普通车辆一样即可。 (　　)

3. 不定项选择题

(1)比亚迪 E6 冷却液更换周期要求是(　　)。

A. 每 2 年或 4 万 km　　B. 每 6 个月或 1 万 km

C. 每 6 年　　D. 长效型无须更换

(2)以下关于比亚迪 E6 日常维护叙述正确的是(　　)。

A. 不再需要更换制动片　　B. 需要定期更换机油及滤芯

C. 需要定期更换制动液　　D. 需要定期检查底盘球头等

(3)普锐斯混合动力汽车的冷却液能够保温(　　)。

A. 半天　　B. 1 天　　C. 2 天　　D. 3 天

(4)电驱动的压缩机说法正确的是(　　)。

A. 有的车辆采用高压驱动压缩机　　B. 与普通车辆压缩机一样

C. 使用绝缘制冷剂　　D. 使用普通制冷剂

(5)关于新能源汽车电动助力转向系统,说法正确的是(　　)。

A. 电压和普通车辆一样,12V 驱动　　B. 电压比普通车辆要高

C. 具有触电危险　　D. 通常没有触电危险

任务2　新能源汽车常规维护

提出任务

你的主管要求你负责对一辆纯电动汽车执行常规B级维护，完成后并及时向车主反馈情况，你能完成这个任务吗？

任务要求

知识要求

1. 能够描述新能源汽车的维护方法；
2. 能够描述典型新能源汽车的维护时间间隔和维护里程。

能力要求

1. 能够正确使用新能源汽车维护计划表；
2. 能够正确使用工具对新能源汽车进行日常维护。

相关知识

汽车在行驶中，由于受各种因素的影响，各零部件必然会逐渐产生不同程度的自然松动、磨损和其他机械损伤，如果不及时采取必要的技术措施，汽车的动力性、经济性必然变差，可靠性也将随之降低，甚至发生意外事故。汽车维护就是为了减少机件磨损，保证汽车具有良好工作性能，预防故障发生和延长车辆使用寿命而采取的维持性的技术措施。

虽然电动汽车和传统汽车驱动方式有些差别，但依然要进行日常的维护。两者在维护方面最大的区别就是，传统汽车主要针对的是发动机系统的维护，需要定期更换机油、机滤等；而电动汽车主要是针对电池组和电机以及高压线束等进行日常的维护。

1. 纯电动汽车的维护

纯电动汽车的动力电池组与电机代替了传统汽车的发动机来驱动汽车行驶，变速器与传统汽车的变速器略有不同，但底盘和电气部分与普通汽车基本一致。为了确保车辆保持最佳的状态，纯电动汽车需要像传统汽车那样定期维护，比如每年或行驶 2 万 km 更换变速器油和空调滤芯；每两年或行驶 4 万 km 更换防冻液和制动液；每次维护检查底盘、灯光、轮胎等常规部位。

1）纯电动汽车维护项目

由于纯电动汽车是靠电机驱动，所以纯电动汽车不需要机油、三滤、皮带等常规维护，只需要对动力电池组和电机进行一些常规的检查，并保持其清洁即可，由此可见纯电动汽车的维护确实比传统汽车省事不少。

典型纯电动汽车的维护计划与维护项目见表 1-2-1，通常对纯电动汽车按照传统汽车一样，采用 A 级和 B 级两级维护计划，并根据不同等级做出相应的维护操作。

纯电动汽车维护项目及内容 表 1-2-1

维护项目及内容							
系统类别	检查内容	处理方法	A 级维护			B 级维护	
			项目	配件及材料	备注	项目	配件及材料
动力电池系统	安全防护	检查并视情况处理	√			√	
	绝缘	检查并视情况处理	√			√	
	接插件状态	检查并视情况处理	√			√	
	标识	检查并视情况处理	√			√	
	螺栓紧固力矩	检查并视情况处理	√			√	
	动力电池加热功能检查	检查并视情况处理	√				
	外部检查	清洁处理	√				
	数据采集	分析并视情处理	√			√	
电机系统	安全防护	检查并视情况处理	√			√	
	绝缘检查	检查并视情况处理	√			√	
	电机和控制器冷却检查	检查并视情况处理	√			√	
	外部检查	清洁处理	√				
电气电控系统	机舱及各部位低压线束防护及固定	检查并视情况处理	√			√	
	机舱及各部位插接件状态	检查并视情况处理	√			√	
	机舱及底盘高压线束防护及固定	检查并视情况处理	√			√	
	机舱及底盘各高、低压电器固定及插接件连接状态	检查并视情况处理，并清洁	√			√	
	蓄电池	检查电量状态，并视情况处理	√			√	
	灯光、信号	检查并视情况处理	√			√	
	充电口及高压线	检查并视情况处理	√			√	
	高压绝缘检测系统	检查并视情处理	√				
	故障诊断系统报警检测	检测、检查并视情处理	√				

续上表

维护项目及内容

系统类别	检查内容	处理方法	A级维护			B级维护	
			项目	配件及材料	备注	项目	配件及材料
制动系统	驻车制动器	检查效能并视情处理	√			√	
	制动装置	泄漏检查	√			√	
	制动液	液位检查	√	更换制动液		√	视情况添加制动液
	制动真空泵、控制器	检查(漏气)并视情处理	√			√	
	前后制动摩擦片	检查并视情况更换	√			√	
转向系统	转向盘及转向管柱连接紧固状态	检查并视情况处理	√			√	
	转向机本体连接紧固状态	检查并视情况处理	√			√	
	检查转向拉杆间隙及防尘套	检查并视情况处理	√			√	
	检查转向助力功能	检查并视情况处理	√			√	
车身系统	风窗及洗涤器刮水器	检查并视情况更换处理	√	添加风窗洗涤剂		√	添加风窗洗涤剂
	天窗	检查并视情况处理	√			√	
	座椅及滑道	检查并视情况处理	√	加注润滑脂		√	加注润滑脂
	门锁及铰链	检查并视情况处理	√			√	
	机舱铰链及锁扣	检查并视情况处理	√			√	
	后背门(厢)铰链及锁	检查并视情况处理	√			√	
传动及悬架系统	变速器(减速器)	检查减速器连接、紧固及渗透	√	更换减速器齿轮油			
	传动轴	检查球笼间隙及护罩并视情况处理	√			√	
	轮毂	检查、紧固,视情处理	√				
	轮胎	检查胎压,并视情况处理	√			√	
	副车架几个悬置连接状态	检查紧固	√				
	前后减振器	检查渗漏情况并紧固,并视情况更换	√				
	机舱铰链及锁扣	检查并视情况处理	√			√	
冷却系统	冷却液液位及冰点	液位及冰点测试,视情况添加	√	更换冷却液	冷却液6L	√	冬季时检测冰点并视情况添加
	冷却管路	检查渗漏情况并处理	√			√	
	水泵	检查渗漏情况并处理	√			√	
	散热水箱	检查并清理	√			√	

针对以上维护计划,具体执行的维护项目有:

(1)动力电池系统维护项目。

①外观检查。

目的:检查外观有无磕碰、损坏。

方法:将车辆举升,目测动力电池底部有无磕碰、划伤、损坏的现象。

工具:无。

②绝缘检查(内部)。

目的:防止电池箱内部短路。

方法:将动力电池高压母线旋变拧开,用绝缘电阻表测总正、总负对地电阻,阻值大于或等于500Ω/V(1000V)。

工具:绝缘电阻表。

③底盘连接检查。

目的:防止螺栓松动造成故障。

方法:用扭力扳手紧固固定螺栓。

工具:扭力扳手。

④接插件检查。

目的:检查接插件有无异常。

方法:目测动力电池高、低压接插件变形、松脱、过热、损坏等情况。

工具:无。

⑤高低压接插件可靠性检查。

目的:确保接插件正常使用。

方法:检查是否松动、破损、锈蚀、密封等情况。

工具:目测、绝缘电阻表、万用表。

⑥电池内部温度采集点检查。

目的:确保测温点工作正常,采集点合理。

方法:电脑监控温度与红外热像仪温度对比,检查温度精度。

工具:便携式计算机、CAN卡、红外热像仪。

⑦电池加热系统测试。

目的:确保加热系统工作正常。

方法:电池箱接通12V,打开监控软件,启动加热系统,目测风扇是否正常。

工具:12V电源、便携式计算机、CAN卡。

⑧标识检查。

目的:防止脱落。

方法:目测。

工具:无。

⑨动力电池密封检查。

目的:保证动力电池箱体密封良好,防止水进入。

方法:目测密封条或更换密封条。

工具:无。

(2)驱动电机及驱动电机控制器维护项目。

①安全防护。

目的:检查外观有无磕碰、损坏。

方法:将车辆举升,目测驱动电机底部有无磕碰、划伤、损坏的现象。

工具:无。

②绝缘检查。

目的:防止驱动电机内部短路。

方法:将驱动电机 U/V/W 旋变拧开,用绝缘电阻表检测,阻值大于或等于 500Ω/V(1000V)。

工具:绝缘电阻表。

③电机和控制器冷却检查。

目的:检查电机与电机控制器冷却液循环制冷效果。

方法:捏紧冷却液管使其水道内部阻力增大,使冷却液泵转速变小声音发生变化,如无声音变化则水道内冷却液没有循环,需放气。

工具:卡环钳子;螺丝刀。

④外部检查。

目的:清洁电机及电机控制器表面。

方法:压缩空气吹驱动电机及电机控制器,禁止使用潮湿的布和高压水枪进行清洁。

工具:空气压缩机。

(3)电气电控系统维护项目。

①机舱及各部位低压线束防护及固定。检查前机舱线束各连接导线无破损、碰擦干涉,连接良好,线束是否在原位固定。

②机舱及各部位插接件状态。检查前机舱线束各连接导线接插件是否有松动、破损、锈蚀、烧熔等情况。

③机舱及底盘高压线束防护及固定。检查机舱底盘各橘黄色线束各连接导线无破损、碰擦干涉,连接良好,线束是否在原位固定。

④机舱及底盘各高、低压电器固定及插接件连接状态。检查前机舱底盘端子接线是否牢固,无松动,控制线束接插件和旋变接插件连接牢靠,集成横梁上部件是否搭铁连接牢靠,无松动。

⑤蓄电池。使用手持式蓄电池检测表测量,起动电压≥12.5V 为正常,正负极极柱无松动。

⑥灯管信号。检查前照灯、尾灯。

⑦充电口及高压线。检查充电线外观及插头是否有破损、裂痕,同时进行充电是否导通;检查充电口盖能否正常开启或关闭,当充电口盖板打开时,仪表充电指示灯应常亮,当关闭充电口盖时仪表充电指示灯应熄灭。

⑧高压绝缘检测系统。使用绝缘万用表检测高压线束绝缘值。

⑨故障诊断系统报警检测。连接诊断仪检测有无故障。

(4)制动系统维护项目。

①驻车制动器。在斜坡将驻车制动器操纵杆拉到整个行程 70% 的时候,或驻车制动器棘轮齿数 6 ~7 齿的时候测试是否溜车,是则调整驻车制动器。

②制动装置。检查制动液是否泄漏。

③制动液。每隔 2 年或者行驶 4 万 km 更换制动液,制动液选取汽车标号的制动液;检查制动液,必须不得高于 MAX 和不得低于 MIN。

④制动真空泵、真空罐、控制器。

a. 车辆停稳后,打开钥匙开关,完全踩下制动踏板,踩踏三次真空泵应正常起动,大约 10s 后真空度达到设定值时真空泵应停止运转。

b. 在制动真空泵工作时检查连接软管。检测重点部位有无磨损漏气现象:检查制动真空泵与软管连接处;制动真空罐与软管连接处。

⑤前后制动摩擦片。前后制动摩擦片检查并视情况更换。

(5)转向系统维护项目。

①转向横拉杆球头间隙,紧固程度及防尘套状态。

a. 举升车辆(车轮悬空),通过摆动车轮和转向横拉杆来检查间隙。

b. 检查转向横拉杆球头的固定螺母是否牢固。

c. 检查转向横拉杆的防尘套有无损坏和安装位置是否正确。

②转向助力功能。

a. 在道路试车过程中,通过原地转向、低速行驶中转向,检测转向时方向是否有沉重、助力效果不足等故障。

b. 将转向盘分别向左、右打至极限位置,检测是否有转向盘抖动、转向机异响等故障。

(6)车身系统维护项目

①风窗及洗涤器刮水器。检视车窗是否有裂纹,玻璃洗涤剂是否缺失,酌情添加,刮水片擦洗是否干净,必要时更换。

②清洁天窗、座椅滑道、门锁铰链、机舱铰链及锁扣、后背门铰链及锁扣,并加注润滑脂。

(7)传动及悬架系统。

①变速器(减速器)。

a. 检查变速器连接螺栓并紧固,半轴油封有无渗漏,每隔一年或行驶 2 万 km 更换变速器齿轮油。

b. 检查等速万向节及防尘套有无破损。

②轮毂。视检轮毂有无划痕、磕碰,视情况做一次动平衡。

③轮胎。视检轮胎胎面和侧面是否有损坏和异物,轮胎是否有滚动面异常磨损毛刺等;花纹深度是否达到极限;检查胎压是否正常。

④副车架悬置连接状态。检查副车架并用扭力扳手检查紧固。

⑤前后减振器。视检减振器有无漏油,检查螺栓紧固。

底盘螺栓紧固力矩见表 1-2-2 至表 1-2-4(参数以北汽 EV 车型为例)。

悬置固定螺栓 表1-2-2

部件名称	拧紧力矩(N·m)	部件名称	拧紧力矩(N·m)
电机螺栓固定孔	50~55	变速器左悬置螺母	85~90/95~105
右悬置螺母	65±5		

前 悬 架 表1-2-3

名 称	力矩(N·m)
车轮螺母	110±10
驱动轴总成与转向节装配六角凸缘面螺母	245±15
前减振器与转向节装配螺栓	80±10
前减振器上部与车身装配螺栓	44±5
转向节与前悬下摆臂总成装配螺栓	66±6
稳定杆与前悬下摆臂总成装配螺栓	50±10
前悬下摆臂总成与前副车架总成装配螺栓	140~150
前束调整杆螺母	45±5
前副车架与车身装配螺母	140~150

后 悬 架 表1-2-4

名 称	力矩(N·m)
后减振器与车身装配螺母	23±2
后减振器的下部安装螺栓	110±10
后扭力梁总成与车身装配螺栓	105±15
减振块总成装配螺栓	12±2
车轮螺母	110±10

(8)冷却系统维护项目。

①冷却液液位及冰点。每2年或行驶4万km使用冰点测试仪检测防冻液浓度,低于35%应换用新防冻液。

②冷却管路。目测检查冷却系统管路及各零部件接口处有无泄漏情况。

③冷却液泵。视检泵接口是否有渗漏痕迹,是否有异响、停转现象。

④散热水箱。在电机及电机控制器冷却后在散热器后部(电机侧)使用压缩空气冲走散热器或空调冷凝器的碎屑,严禁使用水枪对散热器散热片喷施清洗。

2)典型纯电动汽车维护

以下以比亚迪E6为例介绍纯电动汽车维护操作。

(1)比亚迪E6维护计划。比亚迪E6轿车维护计划是用于保证行车稳定、减少故障发生、安全以及经济的驾驶。计划维护的间隔,可参看计划表,按里程表的读数或时间间隔而定,以先到者为准。对于已经超过最后期限的维护项目,也应在同样的时间间隔里进行维护。每个项目的维护间隔,均记载在维护计划中。

注意：

橡胶软管（用于冷气和暖气系统、制动系统和燃油系统）应按比亚迪 E6 轿车维护计划，请合格的技术人员进行检查，软管只要有任何的劣化或损坏就应该立刻更换。

比亚迪 E6 维护计划参照相关的维修手册。

（2）主要系统的维护操作。

①前变速器驱动桥油液的检查与更换。

警告：

在执行高压车辆诊断及维护前，务必佩戴完好个人防护用品，并严格遵守正确的操作步骤。

在平时的使用中，要检查变速器箱体内的润滑油的油量（图 1-2-1）。卸下变速器注油螺塞，用手指小心地触摸螺塞孔内的油位，此时油面应达到螺塞孔的边缘。否则，应添加新的润滑油直至其自注入口溢出，然后，将注入口螺塞装回并拧紧。

对变速器箱体内的润滑油，要定期更换。在更换润滑油时，对变速器箱体进行清洗，以保证润滑油质量。

注意：

应立即清洁溢出的油液，溢出的油液会腐蚀机舱内的零件。

在变速器日常的使用中，要对变速器外部的螺栓进行检查，看是否有松动或者缺失，螺栓有松动要及时拧紧，螺栓有缺失，要及时补上，并保持螺栓及箱体的洁净，以便变速器的散热。对于变速器上的通气管组件，要经常检查，保持通气管组件性能正常。如果购买不到比亚迪汽车变速器油，建议使用 API 认证的齿轮油，作为代用品。应依照定期维护表中规定的行驶时间与里程数更换变速器油。更换时，应将变速器中的油液全部排出，然后，再注入新的变速器油。

在新变速器磨合完成后，应放掉箱体内的润滑油。拧开变速器上放油螺塞 1 放油后，拧紧放油螺塞（图 1-2-2），拧开注油螺塞 2，更换新的润滑油。润滑油采用齿轮润滑油 SAE80W－90；对于环境温度低于－15℃时，推荐使用 SAE75W－90 齿轮油。加注量在 3.5L 左右。

②检查冷却液液位。冷却液类型选择如下：只能使用比亚迪指定的冷却液，必须根据环境温度选择合适的冷却液型号加注到冷却系统中。使用不适当的冷却液将损坏电动机冷却系统。

在电动机冷却状态下，查看透明的冷却液溢水壶。溢水壶中的冷却液液位在“FULL”和“LOW”标记线之间，则符合要求。如果液位低，须加注冷却液（有关冷却液的类型，可参看以下所述的“冷却液类型选择”）。溢水壶中的冷却液液位将随电动机的温度变化而变化。在加注冷却液之后，如果冷却液液位在短时间内下降，则系统可能有泄漏。须目视检查散热器、软管、散热器盖和放油螺塞以及冷却液泵。

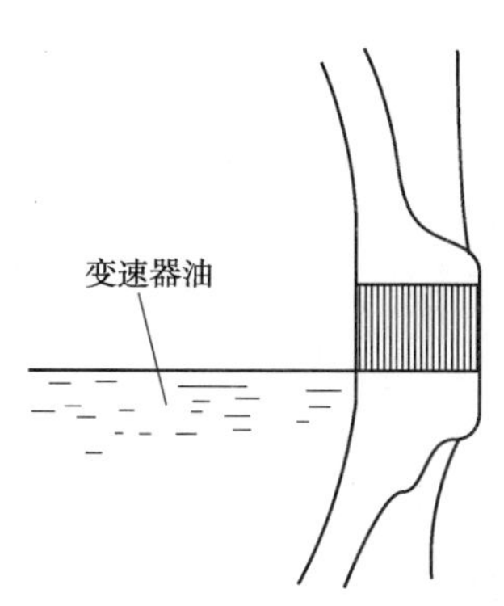

图 1-2-1　变速器正确的油液液面高度

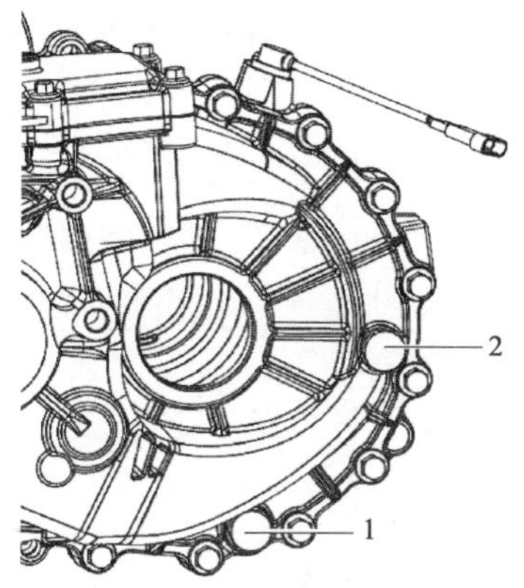

图 1-2-2　变速器放油螺塞
1-放油螺塞；2-注油螺塞

警告：

为防止灼伤，当电动机热态的时候，不要取下散热器盖（图 1-2-3）。

图 1-2-3　散热器盖

2. 混合动力汽车的维护

混合动力汽车由于车辆仍然有发动机，因此，在日常的维护要求上，与传统汽车的区别并不大。

表 1-2-5 所示为典型混合动力汽车的维护计划（I－检查；R－更换）。

混合动力汽车维护项目及内容 表 1-2-5

<table>
<tr><td rowspan="3">维护时间间隔
维护项目</td><td colspan="13">HEV 里程数或月数，以先到者为准</td></tr>
<tr><td>×1000km</td><td>3.5</td><td>11</td><td>18.5</td><td>26</td><td>33.5</td><td>41</td><td>48.5</td><td>56</td><td>63.5</td><td>71</td><td>78.5</td><td>86</td></tr>
<tr><td>月数</td><td>6（首保）</td><td></td><td>30</td><td></td><td>54</td><td></td><td>78</td><td></td><td>102</td><td></td><td>126</td><td></td></tr>
<tr><td colspan="2">发动机及变速器</td><td></td><td></td><td></td><td></td><td></td><td></td><td></td><td></td><td></td><td></td><td></td><td></td></tr>
<tr><td colspan="2">1. 检查多楔皮带有无裂纹、飞屑、磨损状况并调整其张紧度</td><td>I</td><td></td><td>I</td><td></td><td>I</td><td></td><td>I</td><td></td><td>R</td><td></td><td>I</td><td></td></tr>
<tr><td colspan="2">2. 检查整车点火回路及供电回路</td><td>I</td><td>I</td><td>I</td><td>I</td><td>I</td><td>I</td><td>I</td><td>I</td><td>I</td><td>I</td><td>I</td><td>I</td></tr>
<tr><td rowspan="2">3. 检查更换火花塞</td><td>一般使用条件</td><td colspan="12">首次 18500km 更换，之后每隔 22500km 更换一次</td></tr>
<tr><td>严酷使用条件</td><td colspan="12">检查并视情提前更换</td></tr>
<tr><td colspan="2">4. 检查曲轴箱通风系统（PCV 阀和通风软管）</td><td>I</td><td>I</td><td>I</td><td>I</td><td>I</td><td>I</td><td>I</td><td>I</td><td>I</td><td>I</td><td>I</td><td>I</td></tr>
<tr><td colspan="2">5. 检查冷却液管有无损伤，并确认接管部是否锁紧</td><td>I</td><td>I</td><td>I</td><td>I</td><td>I</td><td>I</td><td>I</td><td>I</td><td>I</td><td>I</td><td>I</td><td>I</td></tr>
<tr><td colspan="2">6. 检查副水箱内发动机防冻液液面高度</td><td>I</td><td>I</td><td>I</td><td>I</td><td>I</td><td>I</td><td>I</td><td>I</td><td>I</td><td>I</td><td>I</td><td>I</td></tr>
<tr><td colspan="2">7. 加注汽油清净剂</td><td colspan="12">定期维护时加注</td></tr>
<tr><td colspan="2">8. 更换发动机防冻液及驱动电动防冻液</td><td colspan="12">采用有机酸型防冻液，每 4 年或行驶 10 万 km 更换一次</td></tr>
<tr><td rowspan="2">9. 更换空气滤清器滤芯</td><td>一般使用条件</td><td colspan="12">首次 18500km 更换，之后每隔 22500km 更换一次，定期维护时清洁</td></tr>
<tr><td>严酷使用条件</td><td colspan="12">检查并视情提前更换</td></tr>
<tr><td rowspan="2">10. 更换机油</td><td>一般使用条件</td><td>R</td><td>R</td><td>R</td><td>R</td><td>R</td><td>R</td><td>R</td><td>R</td><td>R</td><td>R</td><td>R</td><td>R</td></tr>
<tr><td>严酷使用条件</td><td colspan="12">R：每隔 5000km</td></tr>
<tr><td colspan="2">11. 更换机油滤清器</td><td colspan="12">每次更换机油时更换</td></tr>
<tr><td colspan="2">12. 检查发动机怠速</td><td>I</td><td></td><td>I</td><td></td><td>I</td><td></td><td>I</td><td></td><td>I</td><td></td><td>I</td><td></td></tr>
<tr><td colspan="2">13. 检查排气管接头是否漏气</td><td>I</td><td></td><td>I</td><td></td><td>I</td><td></td><td>I</td><td></td><td>I</td><td></td><td>I</td><td></td></tr>
<tr><td colspan="2">14. 检查氧传感器</td><td>I</td><td></td><td>I</td><td></td><td>I</td><td></td><td>I</td><td></td><td>I</td><td></td><td>I</td><td></td></tr>
<tr><td colspan="2">15. 检查三元催化器</td><td>I</td><td></td><td>I</td><td></td><td>I</td><td></td><td>I</td><td></td><td>I</td><td></td><td>I</td><td></td></tr>
<tr><td colspan="2">16. 更换燃油滤清器</td><td></td><td></td><td>R</td><td></td><td>R</td><td></td><td>R</td><td></td><td>R</td><td></td><td>R</td><td></td></tr>
<tr><td colspan="2">17. 检查加油口盖、燃油管和接头</td><td>I</td><td></td><td></td><td></td><td>I</td><td></td><td></td><td></td><td>I</td><td></td><td></td><td></td></tr>
<tr><td colspan="2">18. 检查活性炭罐</td><td>I</td><td></td><td>I</td><td></td><td>I</td><td></td><td>I</td><td></td><td>I</td><td></td><td>I</td><td></td></tr>
<tr><td rowspan="2">19. 检查更换自动变速器内的齿轮油、前变速器齿轮油、滤清器及后总成齿轮油</td><td>一般使用条件</td><td colspan="12">首次 56000km 更换，之后每 60000km 检查油品，必要时更换</td></tr>
<tr><td>严酷使用条件</td><td colspan="12">视需要缩短周期</td></tr>
<tr><td colspan="2">20. 检查前舱盖锁及其紧固件</td><td colspan="12">每年</td></tr>
<tr><td colspan="2">21. 检查紧固底盘固定螺栓</td><td>I</td><td>I</td><td>I</td><td>I</td><td>I</td><td>I</td><td>I</td><td>I</td><td>I</td><td>I</td><td>I</td><td>I</td></tr>
<tr><td colspan="2">22. 检查制动踏板和电子驻车开关</td><td>I</td><td></td><td>I</td><td></td><td>I</td><td></td><td>I</td><td></td><td>I</td><td></td><td>I</td><td></td></tr>
</table>

续上表

维护时间间隔 / 维护项目	HEV 里程数或月数,以先到者为准												
	×1000km	3.5	11	18.5	26	33.5	41	48.5	56	63.5	71	78.5	86
	月数	6(首保)		30		54		78		102		126	
23. 检查制动摩擦块和制动盘		I	I	I	I	I	I	I	I	I	I	I	I
24. 更换制动液		首次 18 个月更换,之后每 24 个月更换一次,例行维护时检查											
25. 检查制动系统管路和软管		I		I		I		I		I		I	
26. 检查转向盘、拉杆		I		I		I		I		I		I	
27. 检查传动轴防尘罩		I		I		I		I		I		I	
28. 检查球销和防尘罩		I		I		I		I		I		I	
29. 检查前后悬架装置		I		I		I		I		I		I	
30. 检查轮胎和充气压力(含TPMS)		I	I	I	I	I	I	I	I	I	I	I	I
31. 检查前轮定位、后轮定位		I		I		I		I		I		I	
32. 检查车轮轴承有无游隙		I		I		I		I		I		I	
33. 检查冷气或暖气系统		I		I		I		I		I		I	
34. 检查空调空气过滤器		I	I	I	I	I	I	I	I	I	I	I	I
35. 检查空调装置的制冷剂		I		I		I		I		I		I	
36. 检查空气囊系统		I		I		I		I		I		I	
37. 检查车身损坏情况		每年											

任务实施

(一)工作准备

(1)防护装备:绝缘防护装备。

(2)车辆、台架、总成:比亚迪 E6 或其他纯电动汽车;丰田普锐斯或其他混合动力汽车。

(3)专用工具、设备:汽车举升机,齿轮油加注器。

(4)手工工具:组合工具。

(5)辅助材料:干抹布,润滑脂,防冻液,齿轮油。

(二)实施步骤

1. 纯电动汽车 B 级维护操作

本操作任务主要完成对纯电动汽车的日常 B 级维护操作,并结合具体的维护操作,完成表 1-2-6(在操作完成项目上打√)。

纯电动汽车 **B** 级维护操作 表 1-2-6

系统类别	检查内容	处理方法	B级维护	
			项目	配件及材料
动力电池系统	安全防护	检查并视情况处理		
	绝缘	检查并视情况处理		
	接插件状态	检查并视情况处理		
	标识	检查并视情况处理		
	螺栓紧固力矩	检查并视情况处理		
	动力电池加热功能检查	检查并视情况处理		
	外部检查	清洁处理		
	数据采集	分析并视情处理		
电机系统	安全防护	检查并视情况处理		
	绝缘检查	检查并视情况处理		
	电机和控制器冷却检查	检查并视情况处理		
	外部检查	清洁处理		
电气	机舱及各部位低压线束防护及固定	检查并视情况处理		
	机舱及各部位插接件状态	检查并视情况处理		
	机舱及底盘高压线束防护及固定	检查并视情况处理		
	机舱及底盘各高、低压电器固定及插接件连接状态	检查、视情况处理并清洁		
	蓄电池	检查电量状态,并视情况处理		
	灯光、信号	检查并视情况处理		
	充电口及高压线	检查并视情况处理		
	高压绝缘检测系统	检查并视情处理		
	故障诊断系统报警检测	检测、检查并视情处理		
制动系统	驻车制动器	检查效能并视情处理		
	制动装置	泄漏检查		
	制动液	液位检查		视情况添加制动液
	制动真空泵、控制器	检查(漏气)并视情处理		
	前后制动摩擦片	检查并视情况更换		
转向系统	转向盘及转向管柱连接紧固状态	检查并视情况处理		
	转向机本体连接紧固状态	检查并视情况处理		
	检查转向拉杆间隙及防尘套	检查并视情况处理		
	检查转向助力功能	检查并视情况处理		
车身系统	风窗及洗涤器刮水器	检查并视情况更换处理		添加风窗洗涤剂
	天窗	检查并视情况处理		
	座椅及滑道	检查并视情况处理		加注润滑脂
	门锁及铰链	检查并视情况处理		
	机舱铰链及锁扣	检查并视情况处理		
	后背门(厢)铰链及锁	检查并视情况处理		

续上表

系统类别	检查内容	处理方法	B级维护	
			项目	配件及材料
传动及悬架系统	变速器(减速器)	检查减速器连接、紧固及渗透		视情况添加
	传动轴	检查球笼间隙及护罩并视情况处理		
	轮毂	检查、紧固,视情处理		
	轮胎	检查胎压,并视情况处理		
	副车架几个悬置连接状态	检查紧固		
	前后减振器	检查渗漏情况并紧固,并视情况更换		
	机舱铰链及锁扣	检查并视情况处理		
冷却系统	冷却液液位及冰点	液位及冰点测试,视情况添加		冬季时检测冰点视情况添加
	冷却管路	检查渗漏情况并处理		
	冷却液泵	检查渗漏情况并处理		
	散热水箱	检查并清理		

2. 纯电动汽车常规维护项目操作

根据实训室配置,进行以下(以比亚迪 E6 为例)纯电动汽车常规维护操作。

警告:

(1)禁止未参加该车型高压系统知识培训的维修人员拆卸高压系统,包括手动维修开关、高压电池包、驱动电机、电力电子箱、高压配电单元、高压线束、空调压缩机、交流充电线束、快速充电口、电加热器、慢充电器。

(2)挡拆卸或装配高压配件时,必须断开 12V 电源和高压电池包上的手动维修开关。

(3)在进行高压相关操作前,维修人员必须穿戴好劳保用品,戴好绝缘手套,穿好高压绝缘鞋。在戴绝缘手套前,必须检查绝缘手套是否有破损的地方,确保手套无绝缘失效。

(4)在安装和拆卸过程中,应防止制动液、洗涤液等液体进入或飞溅到高压部件上。

提示:

请先进行维修防护用品安装。

(1)打开主驾驶车门,铺设脚垫,套上转向盘套、座椅套。

(2)断开点火开关,挂入 P 挡,拔出车钥匙。

(3)打开发动机罩,固定支架,铺设翼子板护垫。

1)比亚迪 E6 变速器油的检查

比亚迪 E6 变速器油的检查步骤界面如图 1-2-4 所示。

(1)举升车辆。

(2)将废油收集车推到变速器放油孔正下方(图 1-2-5)。

(3)松开变速器加油螺塞,目测有无齿轮油溢出,伸手检查齿轮油注油量(图 1-2-6)。

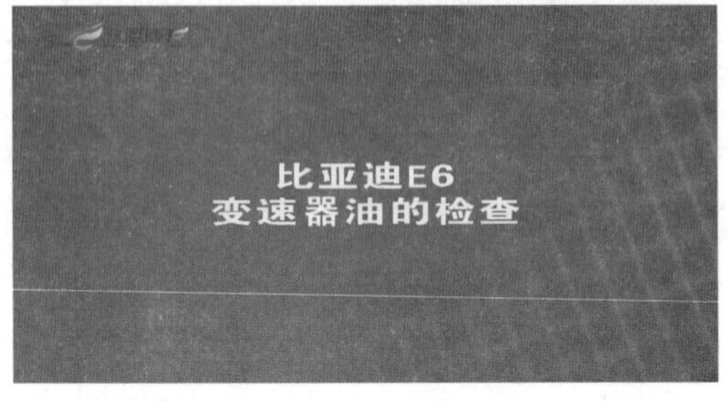

图 1-2-4　比亚迪 E6 变速器油的检查步骤界面

图 1-2-5　将废油收集车推到变速器放油孔正下方

(4)拧紧注油螺塞,拧紧力矩为 27N · m。

(5)清洁表面(图 1-2-7)。

图 1-2-6　检查齿轮油注油量

图 1-2-7　清洁表面

(6)降下车辆。

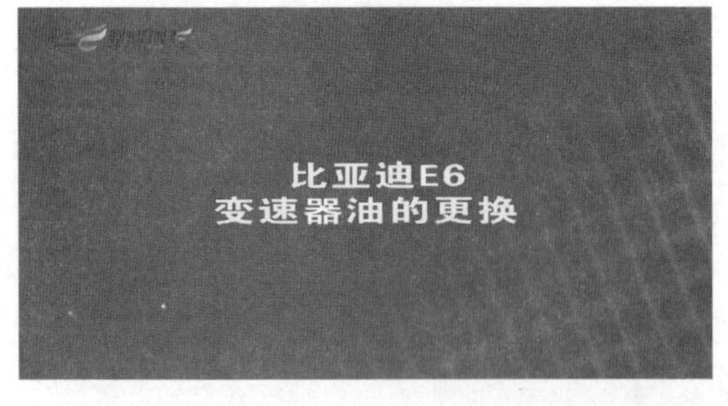

图 1-2-8　比亚迪 E6 变速器油的更换步骤界面

2)比亚迪 E6 变速器油的更换

变速器油的更换步骤界面如图 1-2-8 所示。

(1)变速器油排放步骤如下:

①举升车辆,将举升机安全锁止。

②将废油收集车推到变速器放油孔正下方(图 1-2-5)。

③松开变速器放油螺塞,排放齿轮油(图 1-2-9)。

注意:

放油时注意齿轮油流向,防止齿轮油流出废油收集车收集盘范围外。

④拧紧放油螺塞,用棉丝清洁表面(图 1-2-10)。

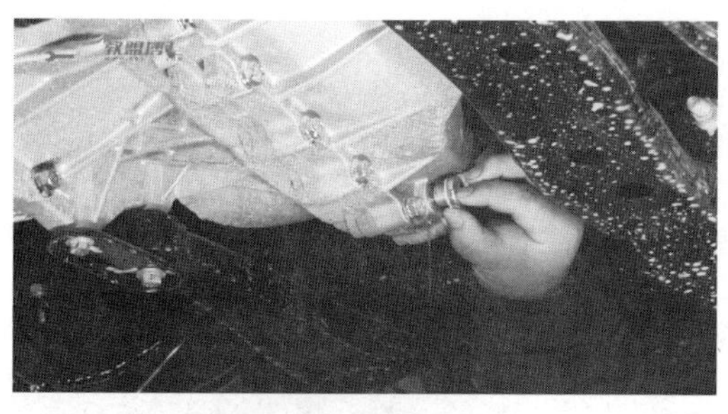

图 1-2-9　排放齿轮油

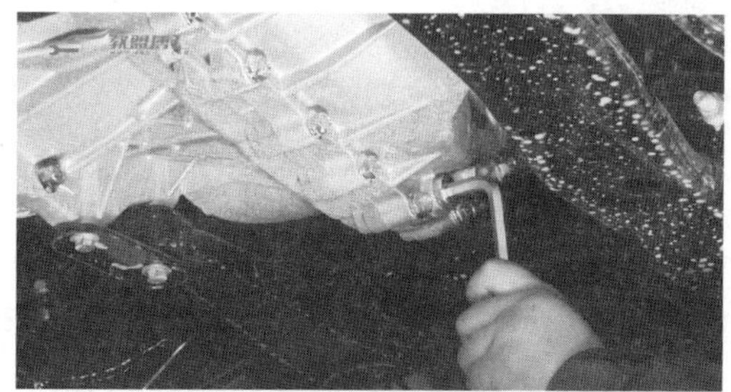

图 1-2-10　拧紧放油螺塞

⑤推走放油收集车。

⑥按照规定力矩拧紧放油螺塞，力矩为 27N · m。

（2）变速器油加注步骤如下：

①打开气压阀门（图 1-2-11）。

②调节气阀压力到 0.8 ~ 1MPa。

③打开注油管总阀门（图 1-2-12）。

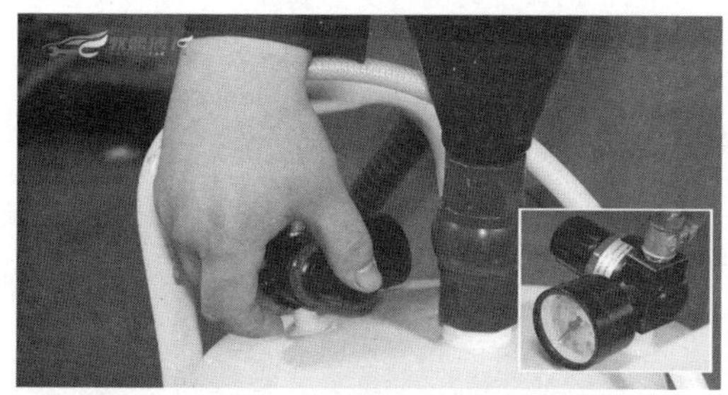

图 1-2-11　打开气压阀门

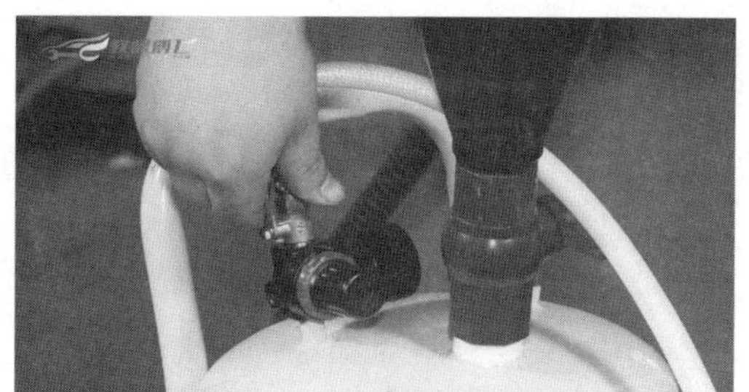

图 1-2-12　打开注油管总阀门

注意：

拧开气压阀门之前，检查注油油枪阀门是否关闭，罐体的注油漏斗阀门是否关闭。

④将注油油枪插入注油孔（图 1-2-13）。

⑤缓慢扳开注油油枪阀门（图 1-2-14）。

图 1-2-13　注油油枪插入注油孔

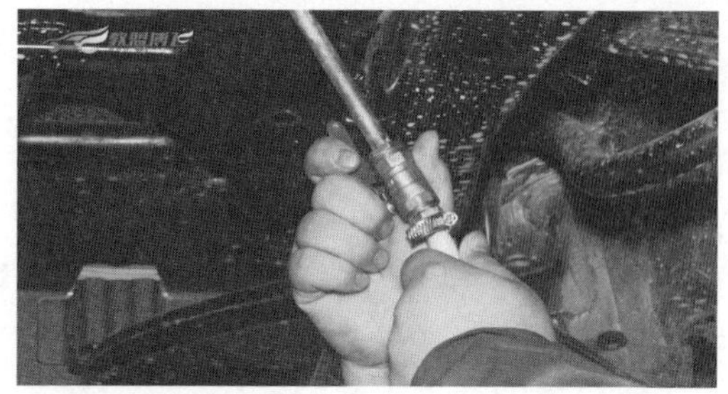

图 1-2-14　扳开注油油枪阀门

⑥当油液从注油孔溢出时，说明齿轮油已住满，关闭注油油枪阀门。

⑦将注油油枪放入加油漏斗并关闭注油管总阀门(图 1-2-15)。

⑧安装变速器注油螺塞。

⑨用棉丝擦拭变速器多余油渍。

⑩按照规定力矩拧紧加油螺塞,力矩为 27N·m。

⑪降下车辆。

⑫起动车辆,挂前进挡测试变速器是否漏油(图 1-2-16)。

图 1-2-15　关闭注油管总阀门

图 1-2-16　测试变速器是否漏油

3)比亚迪 E6 玻璃清洗液的检查步骤界面如图 1-2-17 所示。

(1)将玻璃清洗液壶盖拔出。

(2)检查刻度尺,玻璃清洗液液位是否在上下限之间。

(3)将玻璃清洗液壶盖安装到位。

4)比亚迪 E6 前照灯灯泡的更换

灯泡的更换步骤界面如图 1-2-18 所示。

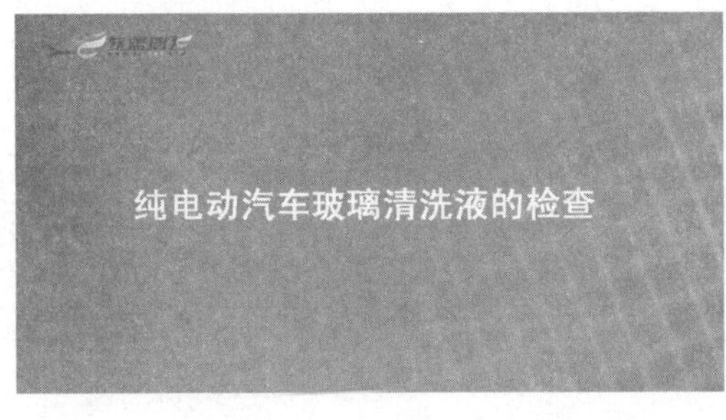

图 1-2-17　比亚迪 E6 玻璃清洗液的检查步骤界面

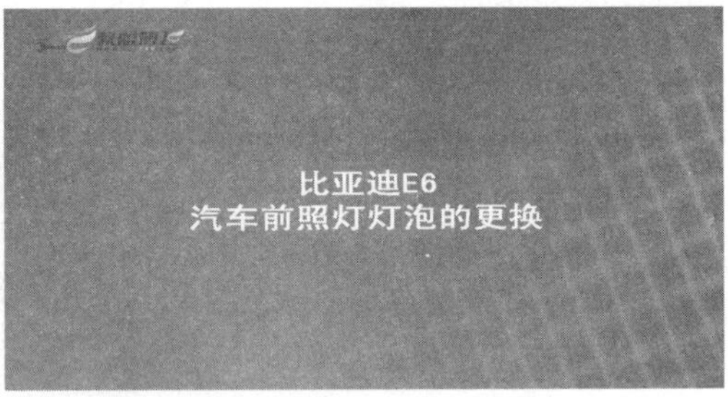

图 1-2-18　灯泡的更换步骤界面

(1)灯泡的拆卸步骤如下:

①关闭前照灯开关。

②关闭点火开关。

③拔下前照灯插头,观察外观是否损坏。

④检查灯丝是否熔断(图 1-2-19)。

⑤记录灯泡的型号和参数,如额定电压和额定功率(图 1-2-20)。

⑥更换相同参数及外观的新灯泡。

(2)灯泡的安装步骤如下:

①灯泡安装到灯座上,注意安装到位。

②安装插头。

图 1-2-19　检查灯丝是否熔断

图 1-2-20　记录灯泡的型号和参数

③检查并调试前照灯(图 1-2-21)。

5)比亚迪 E6 冷却系统的检查

比亚迪 E6 冷却系统的检查与维护步骤界面如图 1-2-22 所示。

图 1-2-21　检查并调试前照灯

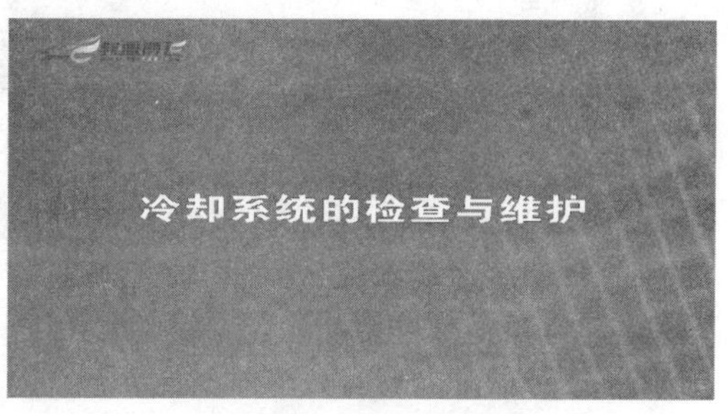

图 1-2-22　冷却系统的检查与维护步骤界面

(1)在电动机冷却状态下,检查冷却液溢水壶,溢水壶中的冷却液液位应在“FULL”和“LOW”标记线之间(图 1-2-23)。

(2)检查 DC/DC 入水管和出水管的安装情况(图 1-2-24)。

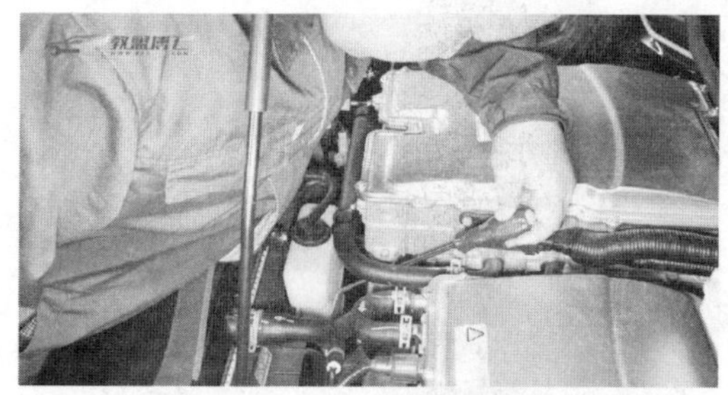
图 1-2-23　检查冷却液溢水壶

图 1-2-24　检查 DC/DC 入水管和出水管的安装情况

(3)检查散热器水管的安装情况(图 1-2-25)。

(4)检查驱动电机控制器水管安装情况(图 1-2-26)。

(5)举升车辆。

(6)检查驱动电机入水管、出水管的安装情况。

(7)检查冷却液泵水管的安装情况。

3. 混合动力汽车常规维护项目操作

根据实训室配置,进行以下(以普锐斯混合动力汽车为例)混合动力汽车常规维护操作,其步骤界面如图 1-2-27 所示。

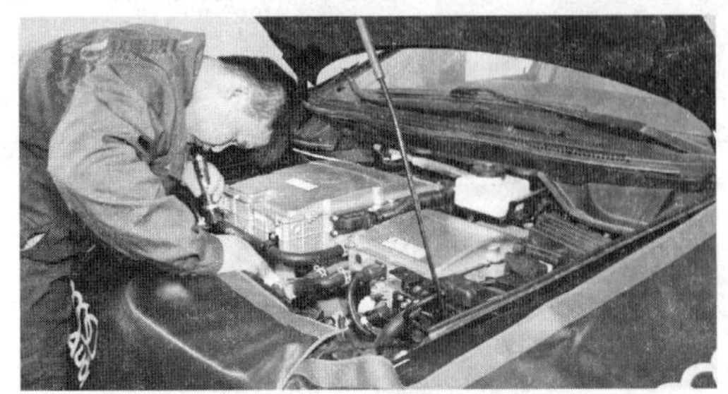
图 1-2-25　检查散热器水管的安装情况

图 1-2-26　检查驱动电机控制器水管安装情况

警告：

在执行高压车辆诊断及维护前，务必佩戴完好的个人防护设备，并严格遵守正确的操作步骤。

提示：

请先进行维修防护用品安装。

(1)打开主驾驶车门，铺设脚垫，套上转向盘套、座椅套。

(2)断开点火开关，挂入 P 挡，拔出车钥匙。

(3)打开发动机罩，固定支架，铺设翼子板护垫。

1)丰田普锐斯的液位检查

(1)检查动力单元冷却液液位，液位要在上下限之间(图 1-2-28)。

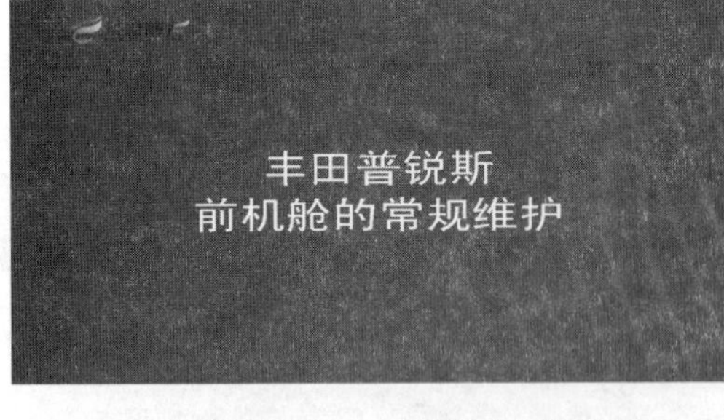

图 1-2-27　混合动力汽车常规维护操作步骤界面

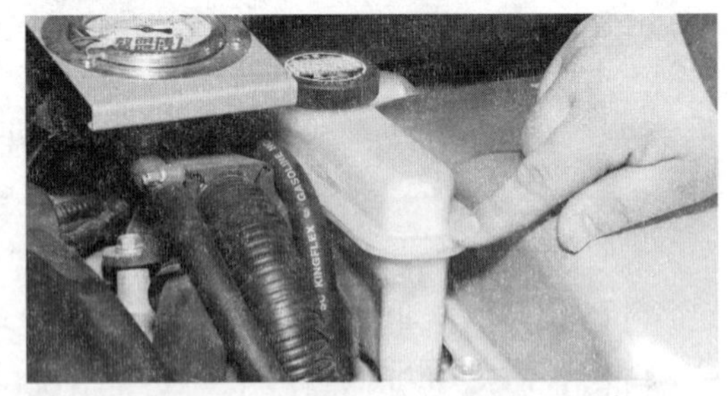
图 1-2-28　检查动力单元冷却液液位

(2)检查发动机冷却液液位，液位要在上下限之间(图 1-2-29)。

(3)检查制动液液位，液位要在上下限之间(图 1-2-30)。

(4)检查玻璃清洗液液位，保证剩余量充足(图 1-2-31)。

(5)检查机油液位，拔出机油尺，用抹布擦拭，重新插回机油尺，然后再拔出，观察液位，液位要在上下限之间(图 1-2-32)。

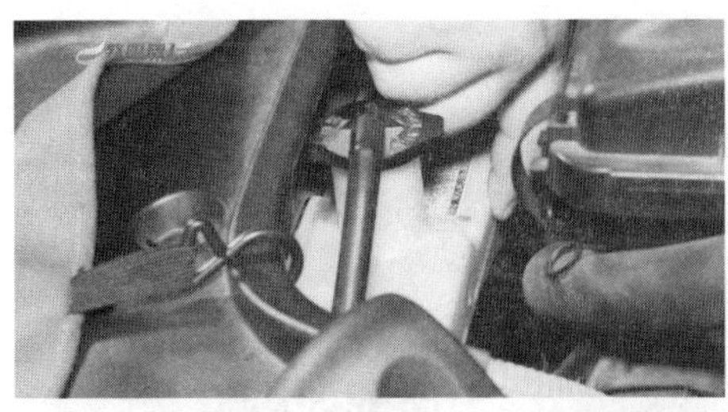

图 1-2-29　检查发动机冷却液液位

图 1-2-30　检查制动液液位

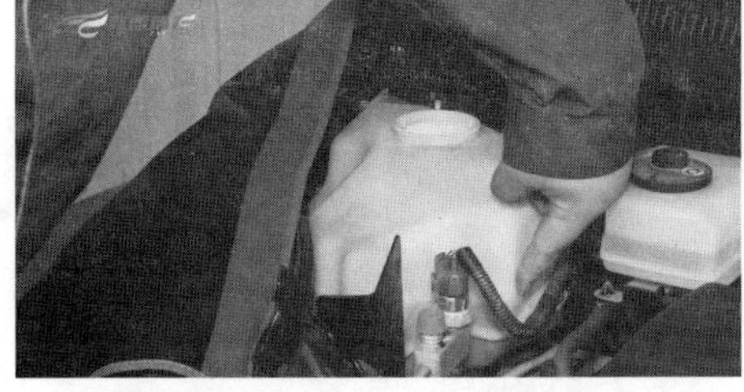

图 1-2-31　检查玻璃清洗液液位

图 1-2-32　检查机油液位

2)丰田普锐斯空气滤芯的更换

丰田普锐斯空气滤芯的更换步骤界面如图 1-2-33 所示。

(1)空气滤芯的拆卸步骤如下:

①打开空气滤清器上盖固定卡子。

②打开空气滤清器上盖(图 1-2-34)。

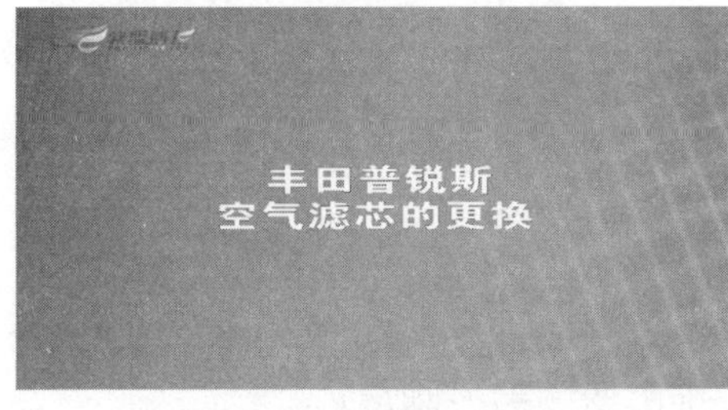

图 1-2-33　丰田普锐斯空气滤芯的更换步骤界面

图 1-2-34　打开空气滤清器上盖

③取出空气滤芯,观察滤芯脏污和损坏程度。

(2)空气滤芯的安装步骤如下:

①观察滤芯的安装方向和安装顺序,对准位置,安装空气滤芯(图 1-2-35)。

②安装空气滤清器上盖(图 1-2-36)。

图 1-2-35　安装空气滤芯

图 1-2-36　安装空气滤清器上盖

③安装滤清器固定卡子。

3）丰田普锐斯冷却液的更换

丰田普锐斯冷却液的更换如图1-2-37所示。

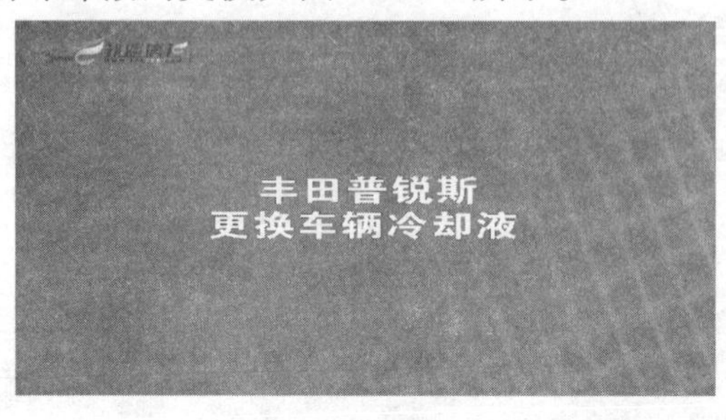

图1-2-37　丰田普锐斯更换车辆冷却液

警告：

系统处于高温状态时，不要打开发动机和动力控制单元冷却液储液罐盖。冷却系统可能存在压力，拆下冷却液储液罐盖后可能会喷出高温冷却液，从而导致严重伤害。

（1）冷却液的排放步骤如下：

①拧开散热器盖。

②打开冷却液储液罐盖。

③拧开动力控制单元冷却液储液罐盖。

④举升车辆，将举升机进行安全锁止。

⑤拧开发动机散热器排水塞，排放发动机冷却液。

⑥等待冷却液排放干净后，拧紧排水塞。

⑦松开水管卡箍，拔开变频器散热器出水管，排出变频器冷却液。

⑧等待冷却液排放干净后，安装变频器散热器出水管，卡紧水管卡箍。

⑨松开水管卡箍，拔下驱动电机入水管，排出驱动电机剩余冷却液。

⑩等待冷却液排放干净后，安装驱动电机入水管，卡紧水管卡箍，用抹布擦干冷却液水渍。

⑪降下车辆。

（2）冷却液加注步骤如下：

①散热器注水孔附近覆盖吸水抹布，防止冷却液洒到车上，安装漏斗，添加冷却液。

②添加完毕，取出漏斗，用抹布擦干溅出的冷却液，拧紧散热器盖。

③在动力控制单元储液罐注水孔附近，覆盖吸水抹布，安装漏斗，添加冷却液。

④添加完毕，取出漏斗，用抹布擦干溅出的冷却液，拧紧动力控制单元储液罐盖。

⑤在冷却液储液罐附近覆盖吸水抹布，安装漏斗，添加冷却液。

⑥添加完毕，取出漏斗，用抹布擦干溅出的冷却液。

⑦启动点火开关至 ready 挡，确定挡位在 P 挡后，踩下加速踏板，起动发动机运转 15min。

⑧检查冷却液是否缺少，不足则补充冷却液。

注意：

系统处于高温状态时，不要拆下发动机和动力控制单元冷却液储液罐盖。防止烫伤。

⑨系统冷却液温度下降后，用大块抹布盖住散热器盖，缓慢拧松散热器盖，排放气压，然后打开散热器盖。

⑩检查冷却液是否在上下限之间，不足则补充。

⑪用抹布将溅出的冷却液擦拭干净。

⑫举升车辆，检查底盘各管路有无泄漏。

⑬降下车辆。

4）丰田普锐斯前照灯灯泡的更换

丰田普锐斯前照灯灯泡的更换步骤界面如图 1-2-38 所示。

（1）灯泡的拆卸步骤如下：

①断开前照灯灯泡连接器。

②取出前照灯防尘胶套。

③掀开固定卡扣，取出灯泡。

④观察灯泡外观及型号，如额定电压和额定功率。

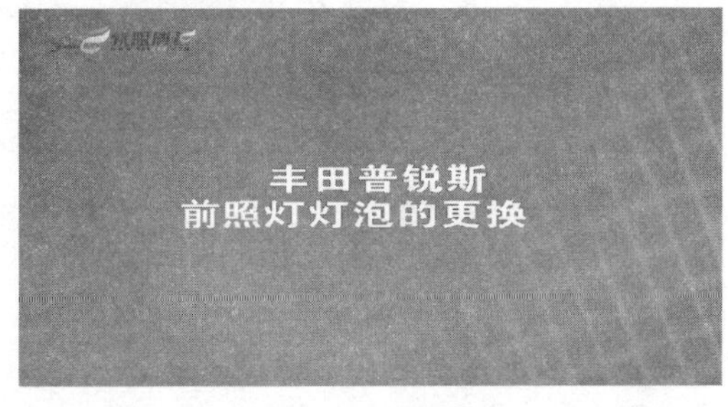

图 1-2-38 丰田普锐斯前照灯灯泡的更换步骤界面

（2）灯泡的安装步骤如下：

①安装前照灯灯泡。

②卡住固定卡扣，安装前照灯防尘胶套，安装前照灯灯泡连接器。

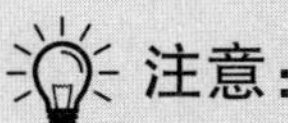
注意：

安装时不要触摸灯泡的玻璃部分，防止脏污，注意方向。

学习测试

1. 填空题

（1）电动汽车的维护主要是针对____和____以及高压线束等进行日常的维护。

（2）纯电动汽车采用____和____维护计划，并根据不同等级做出相应的维护操作。

（3）新能源汽车每隔____或者____更换制动液。

(4)维护计划是用于保证____以及经济的驾驶。

2. 判断题

(1)由于纯电动汽车是靠电机驱动,所以不需要机油、三滤、皮带等常规维护。 ( )

(2)纯电动汽车冷却系统维护时,应使用水枪对散热器散热片喷施清洗。 ( )

(3)维护计划表的维护间隔,按里程表的读数或时间间隔而定,以先到者为准。 ( )

(4)在新变速器磨合完成后,应放掉箱体内的润滑油,更换新的润滑油。 ( )

(5)新能源汽车的冷却液,与普通汽车一样。 ( )

3. 不定项选择题

(1)比亚迪 E6 冷却液更换周期要求是( )。

A. 每 2 年或行驶 4 万 km　　B. 每 6 个月或行驶 1 万 km

C. 每 6 年　　D. 长效型无须更换

(2)以下关于比亚迪 E6 日常维护叙述正确的是( )。

A. 不再需要更换制动片　　B. 需要定期更换机油及滤芯

C. 需要定期更换制动液　　D. 需要定期检查底盘球头等

(3)比亚迪 E6 变速器齿轮油采用的型号是( )。

A. SAE75W-90　　B. SN

C. SAE5W-30　　D. R134a

项目二

新能源汽车故障诊断技术基础

本项目主要介绍新能源汽车（纯电动汽车和混合动力汽车）的基本故障诊断思路和方法，主要包括以下2个任务：

任务1　新能源汽车基本故障诊断策略；

任务2　诊断仪的使用与诊断数据分析。

通过以上2个任务的学习，你将了解到新能源汽车故障诊断的基本思路与方法，并进一步掌握如何结合诊断仪来对汽车故障进行分析和确诊。

任务1 新能源汽车基本故障诊断策略

提出任务

如果有一辆新能源汽车出现了故障，你能够通过仪表上的警告灯，初步判断是哪个系统出现了故障吗？并在此基础上整理出你后面需要做的具体工作来有效处理当前故障吗？

任务要求

知识要求

1. 能够描述新能源汽车故障诊断的基本策略；
2. 能够描述新能源汽车常见警告灯与诊断方法；
3. 能够描述新能源汽车故障诊断的基本方法与流程。

能力要求

能够根据故障现象，学会分析和建立基本的故障诊断思路。

相关知识

1. 新能源汽车基本故障诊断策略

面对高电压混合动力汽车或纯电动汽车发生故障时，“基本故障诊断策略”的流程可以提供一个基础的诊断思路，并适用于所有车辆的诊断。针对每种诊断情况遵循一种类似的方案，可最大程度地提高车辆的诊断和修理效率。

“基本故障诊断策略”是具体故障诊断思路的一个基本原则，但在实际维修诊断过程中，不一定需要严格遵循这样的诊断思路，因为具体维修诊断中，有些步骤凭借个人的经验和之前的维修经历，可以直接给出正确的答案，没有必要再浪费时间重复步骤去验证。

但是，针对很多初学的技术人员来说，该诊断策略可以帮助其建立一个正确的诊断思路，为日后进一步提升诊断能力打下基础。

新能源汽车的基本故障诊断策略基本流程如图2-1-1所示。

第一步，理解并确认客户报修问题。诊断策略的第一步是尽可能多地了解客户情况。

例如,这个故障显现是何时出现?何处出现该状况?该状况持续了多长时间?该状况多久发生一次?为了确认客户报修问题,必须首先熟悉系统的正常工作情况。

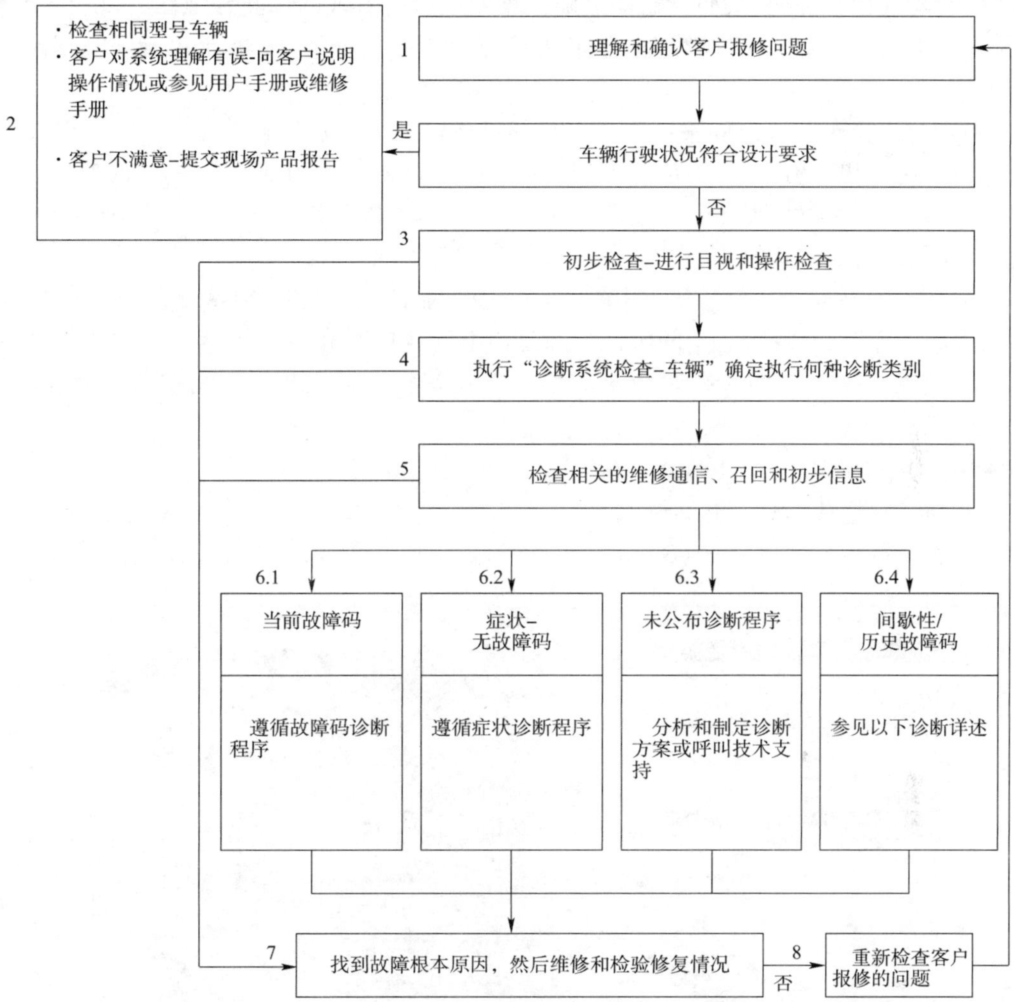

1 理解和确认客户报修问题

车辆行驶状况符合设计要求 →(是)2

2
· 检查相同型号车辆
· 客户对系统理解有误-向客户说明操作情况或参见用户手册或维修手册
· 客户不满意-提交现场产品报告

否

3 初步检查-进行目视和操作检查

4 执行"诊断系统检查-车辆"确定执行何种诊断类别

5 检查相关的维修通信、召回和初步信息

6.1	6.2	6.3	6.4
当前故障码	症状-无故障码	未公布诊断程序	间歇性/历史故障码
遵循故障码诊断程序	遵循症状诊断程序	分析和制定诊断方案或呼叫技术支持	参见以下诊断详述

7 找到故障根本原因,然后维修和检验修复情况 →(8 否)重新检查客户报修的问题 → 1

图 2-1-1　基本故障诊断策略基本流程

第二步,确认车辆行驶状况。车辆正常运行时,存在该情况,那么客户描述的故障情况可能属于正常情况。在与客户描述情况相同的条件下,与操作正常的类似车辆进行比较,如果其他车辆存在类似情况,那么这可能是车辆的设计原因。

第三步,预检并进行全面的目视检查,包括:

(1)对车辆进行外观全面检查。

(2)检测是否有异常的响声或异味。

(3)采集故障码(DTC)信息,以便进行有效的修理。

第四步,执行系统化的车辆诊断与检查。通过预检获取的信息,针对故障区域进行系统化的诊断和确认,确认系统工作是否正常,并确定执行何种诊断类别。

第五步,查询或检索相关的案例信息。查阅已有案例信息,确定是否之前已有这样的故障维修案例,这样可以最大程度缩短后期维修和诊断的时间。

第六步,诊断类别。

(1)针对当前故障码:按照指定的故障码诊断以进行有效的诊断和维修。

(2)针对无故障码:选择合适的症状诊断程序,按照症状诊断思路和步骤诊断、维修。

(3)针对未公布的诊断程序:分析问题,制订诊断方案。从维修手册中查看故障系统的电源、搭铁、输入和输出电路,确定接头和其他多条电路相连接的部位。查看部件的位置,确认部件、连接器或线束是否暴露在极端温度或湿度环境,以及是否会接触到其他具有腐蚀性的蓄电池酸液、机油或其他油液。

(4)针对间歇性/历史故障码:间歇性故障是一种不连续出现、很难重现,且只在条件符合时发生的故障。一般情况下,间歇性故障是由电气连接器和线束故障、部件故障、电磁/无线电频率干扰、行驶状况导致的。以下方法或工具有利于定位和修理间歇性故障或历史故障码:

①结合专业知识和可用的维修信息。

②判断客户描述的症状和状况。

③使用带数据捕获(数据流读取)功能的故障诊断仪、数字式万用表(图2-1-2)。

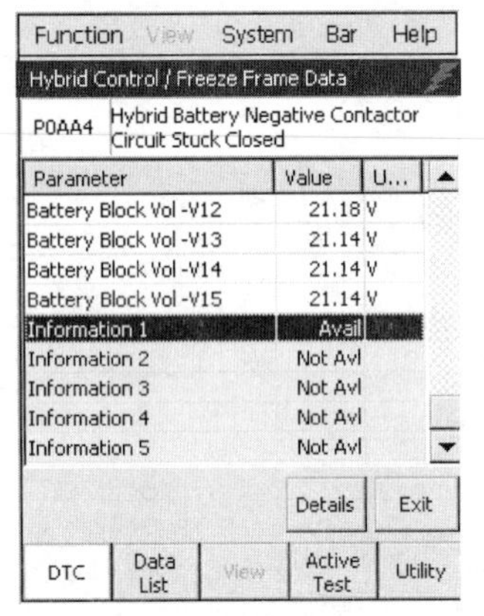

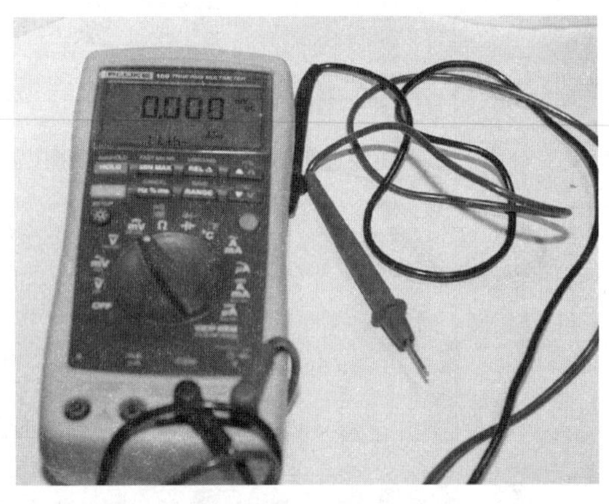

图2-1-2 使用数据记录功能或诊断仪的定格功能

第七步,找到故障根本原因,再修理并检验修复情况:找到故障根本原因后,进行修理并检验是否正确操作。确认故障诊断码或症状已消除。

第八步,重新检查客户报修问题:如果未能找到问题所在,必要时重新检查,重新确认客户报修问题。

2. 新能源汽车主要指示灯/警告灯

当纯电动汽车或插电式混合动力汽车出现故障时,通常在仪表上会显示出相应的故障灯来提醒驾驶人,并根据车辆的实际运行情况以及结合故障类型,启动相应的故障模式,见表2-1-1。

常见警告灯及其含义　　表 2-1-1

指示/警告灯	功　能　含　义
	动力电池切断:动力蓄电池处于切断状态时,LED 常亮
	动力电池故障:当动力电池发生故障时,LED 常亮
	低电量提示:当动力电池的 SOC 低时 LED 常亮,提示驾驶人需充电
	系统报警提示:当系统存在报警或降功率运行时,LED 常亮
	系统故障:当系统出现故障,不能正常工作时,LED 常亮或闪烁
	电机系统故障:当电机系统出现故障,不能正常工作时,LED 常亮
READY	车辆准备就绪指示:只有该灯亮时,车辆才可以正常行驶,且驾驶过程中常亮 注意:有些车辆也用 OK 灯
	电机及控制器过热报警:当驱动电机或电机控制器过热时,LED 常亮
	外接充电指示灯:当车辆外接充电手柄连接或者正在充电时,LED 常亮

1)指示/警告灯的使用思路

当新能源汽车出现警告灯点亮的情况后,可以遵循以下原则执行相应的检查,包括一看、二查和三清。

一看:看仪表上显示的故障灯,定位故障原因。

二查:查故障码和系统状态,找到故障原因。

三清:清除故障;问题解决以后,通过诊断仪重新清除故障码,从而消除仪表上的警告灯。

此外,针对仪表中出现多个故障警告灯后,通常可以参考图 2-1-3 所示的优先级的顺序进行诊断。

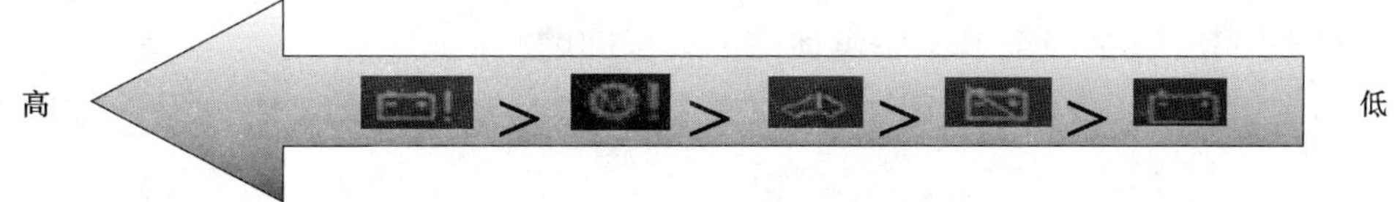

图 2-1-3　仪表故障灯优先级

注意:

(1)针对上电以后整车无故障,但是不能进入起动模式的情况,需要先确认挡位是否在空挡,如不在空挡请退回空挡以后再尝试起动。

(2)针对整车无故障,动力性能减弱的情况,需要注意电量低提示灯是否点亮,如亮请及时充电。

(3)针对电池充满电以后,电池不能连接,电池切断指示灯亮,需要查看外接充电线是否拔掉,外接充电线连接时整车不能行驶。

2）常见故障警告灯的原因及诊断方法

（1）钥匙打到 ON 挡后，仪表所有灯不亮，或闪烁，或比较暗。

①可能原因。

a. 仪表灯不亮：12V 电池的端子被拔掉或者蓄电池严重亏电。

b. 仪表灯闪烁或者比较暗：蓄电池亏电。

②诊断方法。

a. 请检查发动机舱 12V 电池的端子是否被拔掉，若被拔掉，请连接后再试。

b. 若蓄电池连接仪表灯不亮，说明 12V 蓄电池严重亏电，需更换电池。

c. 仪表灯闪烁或变暗，说明 12V 蓄电池亏电，需要及时对 12V 电池充电或者更换。

• 不更换电池的方法：在高压电池电量良好并且充电线断开的情况下，可以通过搭铁线将蓄电池与有电的 12V 蓄电池连接，钥匙拧至Ⅱ位置使高压继电器吸合，DC/DC 转换器开始工作以后即可断开搭铁线连接，在操作过程中请注意安全，正负极不要反接或短接。

注意：

有些车辆需要起动以后，DC/DC 转换器才会对低压 12V 蓄电池进行充电。

• 判断 DC/DC 转换器工作的方法：仪表 LED 指示电池电流为负值；通过电压表测试蓄电池两端的电压大于 13V。

（2）12V 蓄电池故障灯常亮。

①可能原因。下述 4 个方面的原因会导致 12V 蓄电池亏电：

a. 由于存放时间过长或者过量使用蓄电池导致 12V 蓄电池电压较低。

b. DC/DC 转换器故障，不能给 12V 蓄电池充电。

c. DC/DC 转换器熔断丝熔断，12V 蓄电池上方的熔断丝熔断。

d. 连接 DC/DC 转换器至 12V 蓄电池端的线束问题。

②诊断方法。首先尝试通过钥匙重复上电、断电操作能否清除故障灯，如不能请参照下述方法：

a. 更换蓄电池或者给蓄电池补充电。

b. 若为 DC/DC 转换器原因不能给 12V 蓄电池充电，需要对故障进行进一步排查。

（3）动力电池故障灯常亮，整车不能起动。

①可能原因。下述 2 个方面的问题会报出动力电池报警故障：

a. 高压电池系统（BMS）故障。

b. 高压动力电池本体单体存在故障。

②诊断方法。首先尝试钥匙重复上电、断电操作能否清除故障灯，如不能清除故障灯，请执行下述方法：

a. 维修人员通过诊断仪读取故障码，根据具体故障码参照整车维修手册进行维修。

b. 检测高压部件请专业人员进行，禁止私自操作，必须注意高压安全事项，按照手册中要求进行维修。

(4)系统故障灯常亮或者闪烁,整车不能起动。

①可能原因。下述10个方面的问题会报出系统报警故障:

a. 整车控制器VCU严重故障。

b. 整车CAN通信存在短路/断路故障。

c. 制动真空压力传感器异常。

d. 高压系统(电池/电机/压缩机/整车控制器)互锁系统故障。

e. 冷却风扇驱动故障。

f. 逆变器驱动/继电器驱动故障。

g. 加速踏板故障。

h. 压缩机或PTC驱动故障。

i. 电机转矩监控故障。

j. 低压主继电器驱动故障。

②诊断方法。首先尝试钥匙重复上电、断电操作能否清除故障灯,如不能清除故障灯,请执行下述方法:维修人员通过诊断仪读取故障码,根据具体故障参照整车维修手册进行维修。

(5)系统故障灯和动力电池故障灯不亮,电池断开指示灯亮。

①可能原因。下述4个方面的问题会使高压回路不能建立,整车不可以行驶:

a. 高压继电器盒内熔断丝烧断。

b. 高压继电器(正极\负极\预充电)控制线束有问题。

c. 继电器本身损坏。

d. 预充电阻失效。

②诊断方法。

a. 此问题涉及高压检查和维修,非专业人员,禁止操作。

b. 专业人员在检查时,严格遵守操作要求,注意安全。

(6)电驱动系统报警灯常亮。

①可能原因。下述2个方面故障可能导致电池断开,导致驱动系统失效:

a. 电机系统故障。

b. 电机控制器故障。

②诊断方法。出现故障灯和电池断开时,先查故障,再查电池断开指示灯。

首先尝试钥匙重复上电、断电操作能否清除故障灯,如不能清除故障灯,请执行下述方法:维修人员通过诊断仪读取故障码,根据具体故障参照维修手册进行维修。

3. 新能源汽车故障诊断基本方法

1)诊断前注意事项

必须查询并依照新能源汽车的维修手册,依规依序操作:

(1)新能源汽车高压电气系统,包含动力电池、逆变电路、驱动电机系统、电子控制系统和线束等,为了保证安全,所有的高压电线均已采取密封或隔离措施,高压电线束采用洁净的橙色加以区分。维修手册上清楚标注出所有橙色线为高压电线(200~500V)。

(2)维护时注意“READY”指示灯,“READY”灯点亮发动机可能运转中,以此判断车辆此时是处于工作还是停机状态(注意“READY”指示灯熄灭后电源仍会持续5min供电)。

在对车辆维修工作之前,都要确保“READY”指示灯是熄灭的,故应关闭点火开关,并把车钥匙取下来。

(3)在维护检修时按规定着装,禁止佩戴首饰、手表、戒指、项链、钥匙等。维护检修准备吸水毛巾或布、灭火器、绝缘胶布、万用表,必须选用适用于电工作业的绝缘的、耐碱性的橡胶手套及防碱性类型的鞋子和护目镜,防止电解液溢出等造成的意外伤害。

2)诊断前操作准备

对新能源汽车进行诊断、维修、处理损坏车辆、进行事故恢复或急救工作时,必须首先禁用高电压系统,具体方法如下:

(1)挡位开关置于P挡位置,驻车制动,拔下钥匙。

(2)断开辅助电池负极端子。

(3)戴上绝缘手套拆下手动维修开关,将手动维修开关用绝缘胶布贴封起来,隔离外露区域与高压系统的接线端或连接器。

(4)断开手动维修开关后,在开始检查前等待5min,使用万用表检测需要维修的高电压系统输入与输出线路的每一个相位电压,读数必须小于规定值(一般小于3V)。

更多详细的操作步骤和注意事项,需要参考高压安全教材对应内容。

3)诊断与维修基本步骤

第一步:初步判断故障前行驶状况、故障时车辆状况及对相关信息进行分析。

新能源汽车在故障状态下均会进入失效保护模式,虽然不同的汽车制造厂商设计的失效保护模式不一定相同,但是主要的动力驱动系统模式却很相似。普锐斯失效保护模式见表2-1-2。

普锐斯失效保护模式 表2-1-2

故障举例	故障:× 正常:○					车辆故障状态
	发动机	动力电池	电动机(MG2)	发电机(MG1)	油泵电机(MGR)	
MG1的分解器失效	×	○	○	×	○	电机驱动正常,但发动机不能起动,即MG1发电机失效。
MG2的分解器失效	○	○	×	○	○	发动机能够被起动,但是车辆不能被驱动,即MG2电动机失效。
动力电池ECU内部故障	×	继电器保持断开	×	×	×	车辆不能被驱动
动力电池自身故障	×	继电器保持断开	×	×	×	车辆不能被驱动
温度传感器等故障	○	○	○	○	○	车辆正常驱动或降低驱动功率,仪表警告灯点亮

第二步:采用车辆故障诊断仪诊断汽车故障时,检查并记录系统中所有的故障码,确认高电压系统存在的故障码,并将故障信息码优先排序。

例如,图2-1-4所示为普锐斯故障码的具体含义。

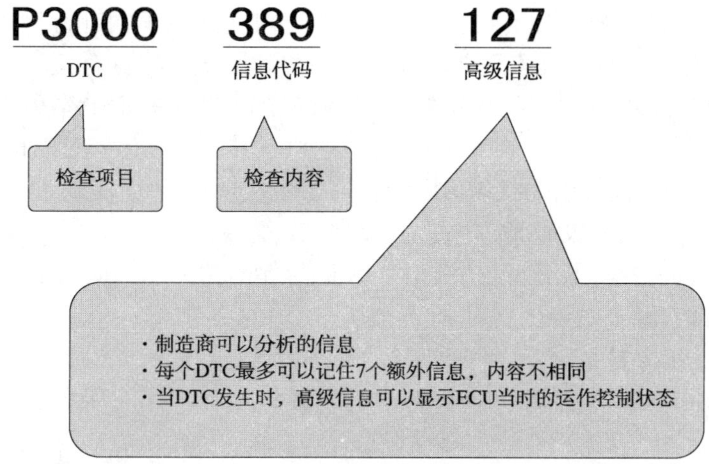

图 2-1-4　普锐斯车辆故障码具体含义

第三步:检查并记录每一个系统,并检查历史记录数据。因为历史记录数据可以被用作故障再现试验,因为它知道在故障被检测到时行驶和操作的状态。

表 2-1-3 所示为普锐斯高电压系统中历史记录数据的时间顺序。

普锐斯高电压系统中历史记录数据的时间顺序　　表 2-1-3

目　录	含　义
END RUN TIME	在一次系统启动中发动机运转的时间
DTC CLEAR WARM	在清除 DTCs 后系统启动的次数
DTC CLEAR RUN	在清除 DTCs 后行驶的里程数 (通过比较 DTC CLEAR RUN 和 Data List 可以了解到故障发生后的行驶里程)
DTC CLEAR MIN	在清除 DTCs 的时间
OCCURRENCE ORDER	故障发生的顺序

注意:

目前大多数故障诊断仪的故障码读取系统界面中,会在故障码后显示故障码出现的优先顺序,提示检车诊断维修人员排查故障正确顺序。

第四步:在分析故障码时,需要区分与故障不关联的故障码。例如,在普锐斯车型中,不关联的故障有:

(1)在日光照射不了的条件下,代码 B1424(日光传感器回路异常)有时会输出。

(2)高电压系统有故障时再生制动器不起作用,电子制动系统 ECU 从 HV ECU 接受故障信号并输出故障码 C1259(HV 系统再生故障)、C1310(HV 系统故障)。

(3)电动助力系统 ECU 从 HV ECU 接受故障信号并输出故障码 C1546(HV 系统故障)。

(4)当 12V 蓄电池端子断开,电子悬架系统输出(转向中间位置自动校正不完全故障)故障码 B2421。

(5)维修人员按照故障码优先顺序检查 P0A60－501(相位 V 电流传感器故障),在故障恢复后清除故障码,并检查故障是否能够重现,以确定故障可靠排除。

第五步：主动测试功能应用。主动测试主要用于对新能源车辆进行故障检查，并使车辆保持特定的运行状态。例如，在丰田普锐斯车型中主动测试的项目有：

(1)诊断模式1：将挡位开关置于P挡位，连续运行发动机并取消牵引力的控制，用于检查发动机点火正时、HC/CO的排放情况；检查发动机运转情况；转速表工作情况。

(2)诊断模式2：取消牵引力控制，用于检查发动机点火正时、HC/CO的排放情况；检查发动机运转情况；转速表工作情况。

(3)变频器驱动强制停止：持续切断HV ECU内部的功率三极管，用于确认是否在变频器或HV ECU内部有漏电。

其基本的检查程序是：

①诊断仪驱动HV ECU输出一个长期关闭的指令，如图2-1-5所示。

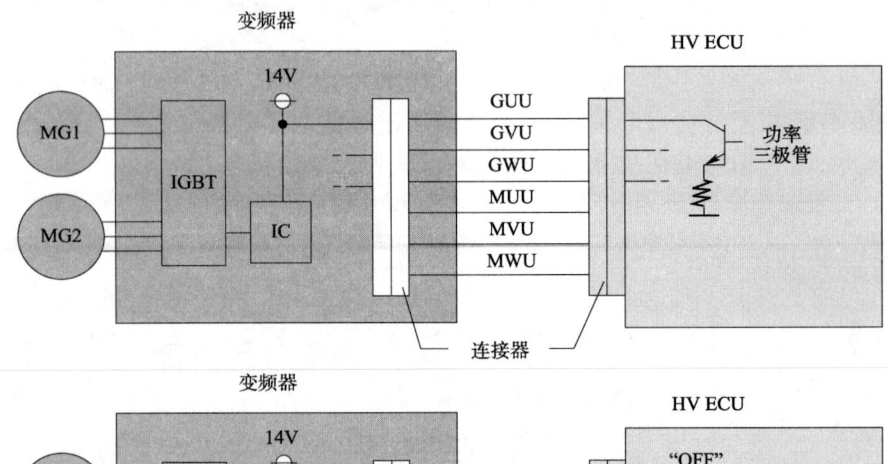

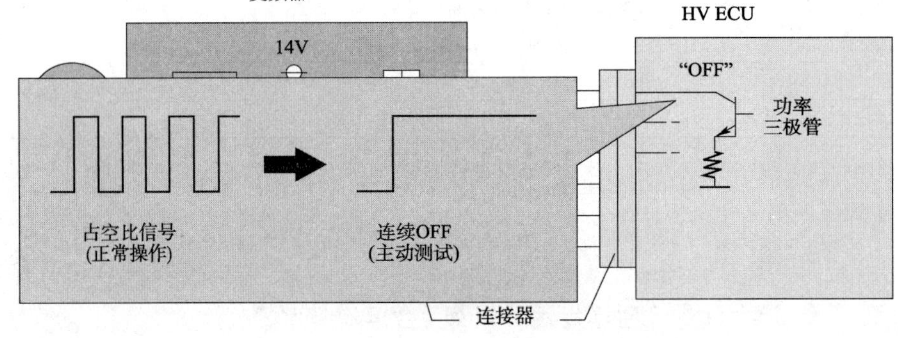

图2-1-5　HV ECU输出关闭指令

②系统检查变频器U、V、W信号，每一个端子的电压应该是12～16V，如图2-1-6所示。

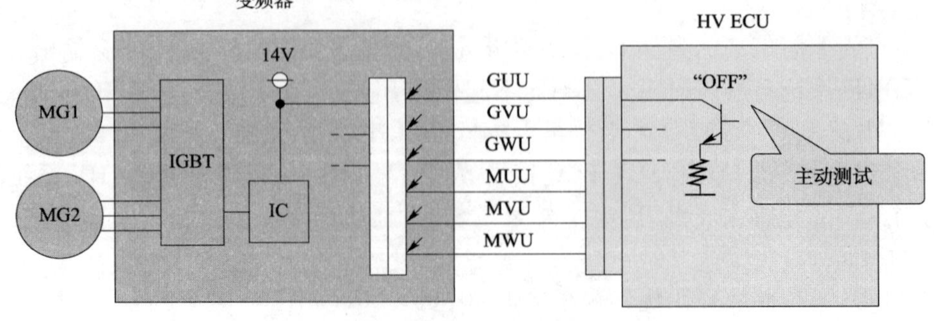

图2-1-6　系统执行输入端检查

③系统执行变频器电压检查,变频器一侧的电压应该是 14 ~ 16V,如图 2-1-7 所示。

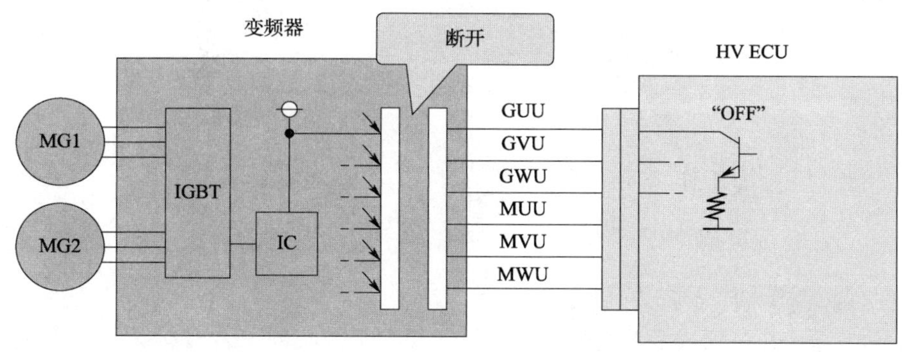

图 2-1-7　系统执行输出端检查

以上任何一步检查失效,均可以判断对应步骤中的零部件发生高电压的泄漏。

4. 诊断与修理后检验

注意:

进行修理后,部分故障诊断码需要点火开关先置于 OFF 位置,再置于 ON 位置后,才可使用故障诊断仪清除故障码。

第一步:将点火开关置于 OFF 位置。

第二步:安装所有诊断时拆下或更换的部件或连接器。

第三步:在拆下或更换部件或模块时,可能还需重新进行程序的设定。

第四步:将点火开关置于 ON 位置。

第五步:清除故障码。

第六步:将点火开关置于 OFF 位置持续 60s。

第七步:如果修理与故障码有关,则再现运行故障码的条件并使用“冻结故障状态”功能,以便确认不再设置故障码。

任务实施

(一)工作准备

(1)防护装备:绝缘防护装备。

(2)车辆、台架、总成:丰田普锐斯混合动力汽车;或同类混合动力汽车、纯电动汽车。

(3)专用工具、设备:无。

(4)手工工具:组合工具。

(5)辅助材料:无。

(二)实施步骤

> 警告:
>
> 在执行高压车辆诊断及维护前,务必佩戴完好个人防护用品,并严格遵守正确的操作步骤。

根据现有实训车辆,完成以下实操:

(1)起动车辆,并在仪表自检过程中,观察表2-1-4中所列警告灯标识,并填写完成表中其所代表的含义。

警告灯标识　　表2-1-4

警告灯	含　　义

 MAIN	

(2)分组讨论,当表2-1-4出现车辆高电压系统动力驱动系统关闭警告灯点亮后,具体的诊断思路和步骤是什么。

主要讨论的项目应包括:

①诊断的基本思路,如先应该问询或观察什么,再做初步的检查等。

②对车辆故障指示灯检查可使用的方法有哪些,包括工具、设备等。

③编写一个可供参考的诊断流程,这将基于使用诊断仪检查后发现存在电机分解器传感器故障码的情况。

学习测试

1. 填空题

(1)针对初学的技术人员来说,诊断策略可以帮助技术人员建立一个正确的____。

(2)间歇性故障通常是由____和线束故障、部件故障、____、行驶状况导致的。

(3)当纯电动汽车或插电式混合动力汽车出现故障时,通常在仪表上会显示出相应的____来提醒驾驶人,并根据车辆的实际运行情况,以及结合故障类型,启动相应的____。

(4)当新能源汽车出现警告灯点亮的情况后,遵循检查的原则包括____、____和____。

(5)针对整车无故障,动力性能减弱的情况,需要注意______是否点亮。

2. 判断题

(1)新能源汽车的基本诊断策略,第一步是理解并确认客户报修问题。　　(　　)

(2)如果控制系统记忆当前故障码,则按照指定的故障码诊断以进行有效的诊断和维修。 (　　)

(3)间歇性故障在检修中是最简单的。 (　　)

(4)仪表灯闪烁或变暗,说明仪表坏了,需要更换。 (　　)

(5)对新能源汽车进行诊断、维修等工作时,必须首先禁用高电压系统。 (　　)

3. 不定项选择题

(1)诊断新能源汽车故障的第一步是(　　)。

A. 检查并确认故障描述　　B. 使用诊断仪读取 DTC

C. 检查车辆外观　　D. 了解故障的原因

(2)诊断新能源汽车故障的最后一步是(　　)。

A. 维修故障　　B. 清除 DTC

C. 修理后检验　　D. 找出故障位置

(3)下图所示故障灯的含义是(　　)。

A. 电机过热　　B. 电机功率不足

C. 动力电池过热　　D. 制动盘需要冷却

(4)高压电池不能正常给系统供电的原因有(　　)。

A. 高压电池系统(BMS)故障　　B. 高压动力电池本体单体存在故障

C. 12V 蓄电池电量不足　　D. 制动液不足

(5)起动车辆,“READY”指示灯点亮表明(　　)。

A. 发动机已正常起动　　B. 车辆动力系统准备就绪

C. 挡位位于 D 挡　　D. 车辆有故障

任务2　诊断仪的使用与诊断数据分析

提出任务

如果你被安排到比亚迪或丰田4S店,你的主管要你去调取一辆客户反映故障车辆的DTC(故障码)和与DTC相关的关键数据信息,你能正确使用对应车型的诊断仪并读取到你需要的信息吗?

任务要求

知识要求

1. 能够描述故障自诊断系统的运行原理;
2. 能够描述比亚迪ED-400或同类系列诊断仪的组成与特点;
3. 能够描述丰田GTS或同类系列诊断仪的组成与特点。

能力要求

1. 能够正确使用ED-400或同类仪器对纯电动汽车进行诊断与数据分析;
2. 能够正确使用GTS或同类仪器对混合动力汽车进行诊断与数据分析。

相关知识

1. 新能源汽车故障自诊断内容

对于混合动力汽车或纯电动汽车都会大量使用控制模块和电气元件,如传感器、执行器等。为提高对这些电气元件在售后中故障诊断的速度和准确性,车辆的控制系统都会设计有一套自诊断系统。故障自诊断主要完成对控制模块、传感器和执行器的状态进行实时监测,其内容包括:

(1)能够实时监测系统的故障信息。

(2)设定故障失效的备份值,在设定一个故障码时,控制器也应该设定一个与该故障信息相对应的默认输入或者输出值,且此默认值必须保证整个系统还能够在一个比较安全的工况下工作。

(3)冻结帧信息的存储,为了给随后的维修提供参考,同时能够让维修人员更清楚了解

故障发生时刻车辆的相关信息。因此,必须定义并存储故障的冻结帧信息。

(4)警告驾驶人，控制器确定了某一个故障后,还必须根据实际情况给驾驶人提供相应的信息,如点亮报警灯或声音提示等。

(5)能够实现与外部通信,外部诊断仪可以获取存储的故障信息。

为了实现上述功能,在日常使用的专用诊断仪对车辆诊断时,获取的主要信息基本可以概括为故障监测、诊断数据管理和诊断服务,如图2-2-1所示。

2. 故障自诊断过程

1)故障监测

故障监测部分完成了以下几种类型的故障诊断,主要有控制器相连的传感器、执行器、CAN通信和控制器本身的故障。

(1)传感器故障。

传感器本身就产生电信号,对传感器的故障诊断在软件中编制有传感器输入信号识别程序或者相应的逻辑判断实现对传感器的故障诊断,传感器故障类型主要有对地短路/断路,对电源短路/断路,传感器性能不佳传感器类故障码举例见表2-2-1。

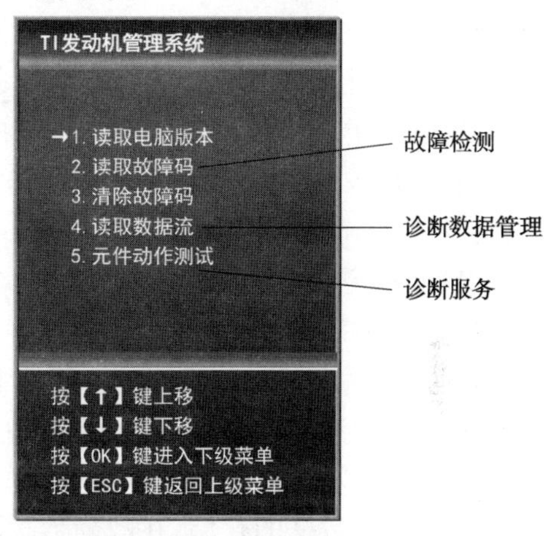

图2-2-1　故障自诊断内容

传感器类故障码举例　　表2-2-1

项目	DTC号	类　型
DTC	P2238	氧传感器泵电流电路低(A/F传感器)(列1传感器1)
DTC	P2239	氧传感器泵电流电路高(A/F传感器)(列1传感器1)
DTC	P2252	氧传感器泵电流电路低(A/F传感器)(列1传感器1)
DTC	P2253	氧传感器泵电流电路高(A/F传感器)(列1传感器1)

(2)执行器故障。

执行器进行的是控制操作,控制信号是输出信号,要对执行器的工作情况进行诊断。一般增设故障诊断电路,即ECU向执行器发出一个控制信号,执行器要有一条专用回路向ECU反馈其执行情况。当ECU得不到反馈信号或与期望值不符合时便认为该执行器已经不能正常工作。执行器类故障码举例见表2-2-2。

执行器类故障码举例　　表2-2-2

DTC号	INF代码	DTC检测条件	故障可能发生部位
P0A09	591	DC/DC转换器的信号电路开路或搭铁短路	线束或连接器 带转换器的变频器总成
P0A10	592	DC/DC转换器的信号电路或+B短路	线束或连接器 带转换器的变频器总成

(3)CAN通信故障。

①总线关闭故障:控制器不能和总线进行正常通信,CAN发送器的故障计数器大于255时,设置CAN bus关闭故障。

②数据帧发送超时故障:在特定时间内,对于CAN通信而言,一般为5倍的CAN发送周

期,如果 CAN 数据帧没有发送出去,此时设置数据帧发送超时故障。

③信号错误:如果通信过程中出现信号传输错误,必须要在应用程序中设置默认值,主要的监测方法是通过对每一个信号增加更新位,或者其他方式来间接的判断是否出现信号错误。

(4)控制器本身故障。

控制器本身故障主要包括随机存储器(RAM)、只读储存器(ROM)等故障,诊断时在硬件上增加后备回路的同时,还增加独立于电控单元系统之外的监视电路,监视回路中设置计数器。当电控单元正常运行时,由电控单元中的运行程序对计数器定时进行清零处理,此时监视电路中计数器的数值永远不会出现溢出现象。

当电控单元出现不正常运行现象时,其将不能对计数器进行定时清零,致使监视计数器发生溢出现象。监视计数器溢出时其输出电平将由低电平变为高电平,计数器输出电平的变化,将直接触发备用回路。

2)处理方式

(1)故障确认:在故障数据管理中主要对来自于故障监测模块的信息进行计数,当计数器达到限值后,即故障确认,并且设置相应的标志位信息。

(2)故障清除:在故障数据管理中根据故障监测模块的信息和当前的故障状态对相应的计数器操作,当该计数器达到相应的限值,自动清除存储器中该故障的相关信息。

(3)故障数据的存储:在故障数据管理中根据故障的状态将与此故障相关的一些冻结帧及技术器的信息存入存储器中。

普锐斯车型诊断仪对故障码的记录与计数值如图 2-2-2 所示。

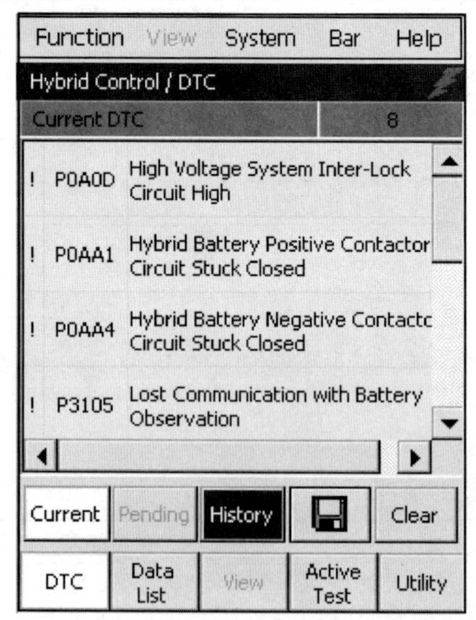

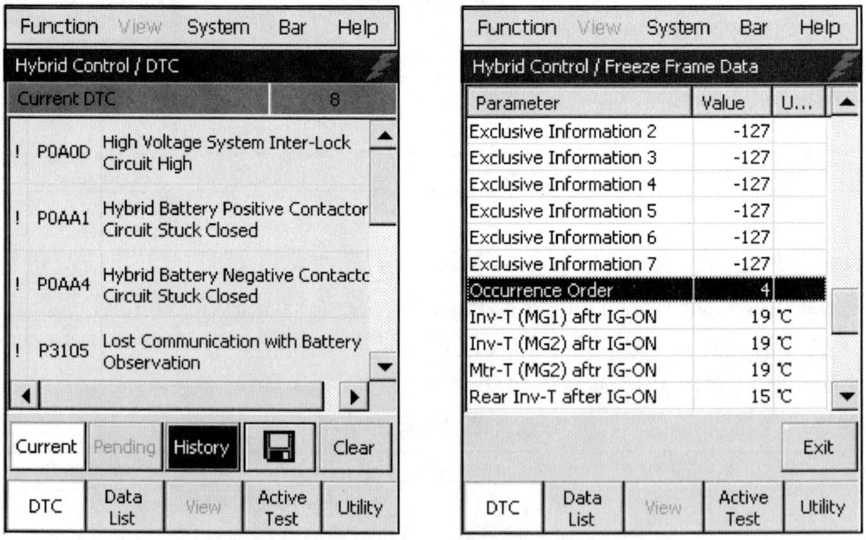

Function View System Bar Help
Hybrid Control / DTC
Current DTC 8
! P0A0D High Voltage System Inter-Lock Circuit High
! P0AA1 Hybrid Battery Positive Contactor Circuit Stuck Closed
! P0AA4 Hybrid Battery Negative Contactc Circuit Stuck Closed
! P3105 Lost Communication with Battery Observation
Current Pending History Clear
DTC Data List View Active Test Utility
Function View System Bar Help
Hybrid Control / Freeze Frame Data
Parameter Value U...
Exclusive Information 2 -127
Exclusive Information 3 -127
Exclusive Information 4 -127
Exclusive Information 5 -127
Exclusive Information 6 -127
Exclusive Information 7 -127
Occurrence Order 4
Inv-T (MG1) aftr IG-ON 19 ℃
Inv-T (MG2) aftr IG-ON 19 ℃
Mtr-T (MG2) aftr IG-ON 19 ℃
Rear Inv-T after IG-ON 15 ℃
Exit
DTC Data List View Active Test Utility

图 2-2-2 普锐斯车型诊断仪对故障码的记录与计数值

3. 比亚迪 ED400 诊断仪功能与使用

诊断仪器用于对应车型的故障诊断,也称解码器、故障扫描仪等。不同车型采用的诊断仪器也有所不同。

除了必须注意高压安全外,新能源汽车检测仪器和普通车辆的检测仪器操作基本相同。

1）主要功能

比亚迪 ED400 检测仪器具备以下功能：

（1）自诊断。主要包括：读取故障码、清除故障码。

（2）系统参数显示。主要包括：主要参数、测试项、传感器信号电压的显示。

（3）系统状态。主要包括：编程状态、冷却系统、稳定工况、动态工况、排放控制、氧传感器、怠速、故障灯、紧急操作、空调等 10 项状态的显示。

（4）执行器试验。主要包括：故障灯、燃油泵、空调继电器、风扇控制、点火测试、单缸断油等 6 项功能的测试。

（5）里程计。主要包括：车辆行驶里程、行驶时间的显示。

（6）版本信息。主要包括：车架号码（可选）、ECU 硬件号码、ECU 软件号码的显示。

2）诊断仪操作面板简介

比亚迪 ED400 面板左侧为一个液晶显示器，用于显示各种诊断信息。面板右侧为操作按键部分，如图 2-2-3 所示。

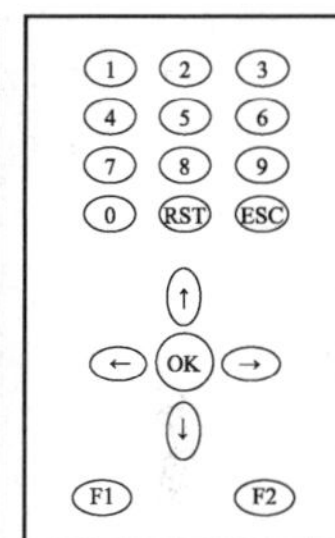

图 2-2-3　比亚迪 ED400 面板

按键功能介绍如下：

（1）数字键 0 – 9：菜单选择；数字输入等。

（2）方向键↑↓←→：上、下键进行菜单选择，左、右键进行翻页操作；在进行数字输入时，向上键进行加 1 操作，向下键进行减 1 操作，向左键进行退格操作，即清除前一位数字；在进行元件动作测试时左键为关闭操作，右键为激活或打开操作。

（3）重置按键 RST：系统复位。

注意：

须谨慎使用，使用时请按住此键保持 1 ~ 2s 再松开。

（4）返回\退出键 ESC：返回上一级目录；退出当前功能页面；退出当前设置项目。

（5）确定键 OK：进入下一级目录；确认进行某一功能操作。

（6）多功能按键 F1、F2：F1 用于显示帮助内容；F2 打印当前页面内容；这两个按键在特殊情况下可以作为辅助输入功能键，比如输入正负号等，具体见相应页面提示。

3）诊断仪使用说明

提示：

根据诊断仪的型号、版本以及车型不同，显示界面和操作步骤可能不同，请根据诊断仪器的提示操作。

新能源汽车诊断仪的使用如图 2-2-4 所示。

图 2-2-4　新能源汽车诊断仪的使用

(1)与普通车辆一样,从车上的故障诊断接口接上诊断数据线。

(2)使用一键启动按钮为车辆上 ON 挡电。

(3)进入诊断功能选择界面。

(4)选择车型诊断,如图 2-2-5 所示。

(5)进入诊断车型选择界面。

(6)选择需要诊断的车型(E6)。

(7)进入诊断系统选择界面。

(8)选择发动机管理系统,如图 2-2-6 所示。

(9)进入发动机管理系统选择界面。

(10)选择“TI 发动机管理系统”系统,如图 2-2-7 所示。

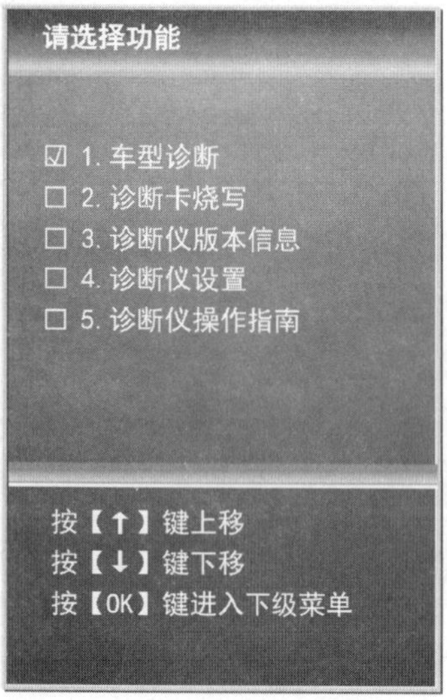

请选择功能

☑ 1. 车型诊断
☐ 2. 诊断卡烧写
☐ 3. 诊断仪版本信息
☐ 4. 诊断仪设置
☐ 5. 诊断仪操作指南

按【↑】键上移
按【↓】键下移
按【OK】键进入下级菜单

图 2-2-5　功能选择

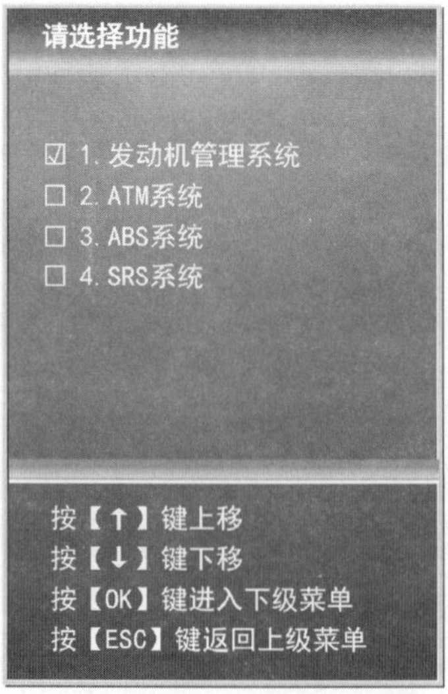

请选择功能

☑ 1. 发动机管理系统
☐ 2. ATM系统
☐ 3. ABS系统
☐ 4. SRS系统

按【↑】键上移
按【↓】键下移
按【OK】键进入下级菜单
按【ESC】键返回上级菜单

图 2-2-6　诊断系统选择

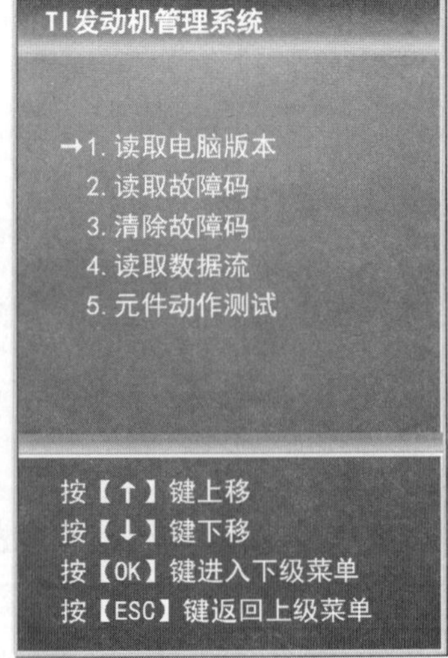

图 2-2-7　诊断系统功能选择

①读取电脑版本。

电脑版本信息是厂家自定义的一组数据。用来标识一些基本的信息，如 Vehicle Identification Number，即车辆识别码等。

②读取故障码。

该功能可以把 ECU 检测到的故障以特定代码（即故障码）形式显示出来。关于故障码的编码规范详见行业相关标准。如系统无故障，BYD－ED400 将提示“系统无故障”，如图 2-2-8 所示。

若系统有故障，“信息栏”将列出所有的故障码及相应故障信息，如图 2-2-9 所示。

图 2-2-8　系统无故障

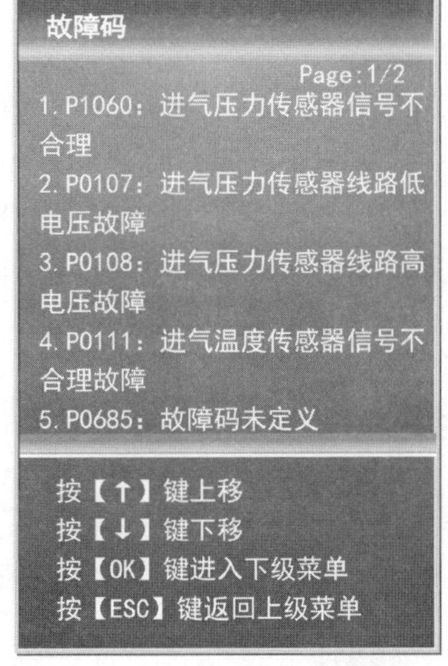

图 2-2-9　系统有故障码

每一条故障信息由 4 部分组成。最前面的是序号，无实际意义；第二部分是如“P0122”的形式，即所谓的故障码，第一个字母“P”表示该故障是发动机部分故障，与后 4 位数字“0122”共同组成一个故障码，它是按相关标准编制的；第三部分是用小括号括起来的，表示该故障的状态，有“当前”“历史”和“间歇性”三种不同状态，“当前”表示该故障一直存在着，不能通过“清除故障码”功能清除掉，“历史”表示该故障之前发生过，但在本次诊断时该故障已解决，可以通过“清除故障码”将它清除掉，“间歇性”则表明该故障是一个偶尔发生的故障，有可能是接触不良所引起的，一般也可以通过“清除故障码”功能将之清除；第四部分是完整的故障信息简单描述，有的故障信息若在 BYD－ED400 中没有包含，则会提示“故障码无定义”。

屏幕右上角“Page:1/2”表示接收到的故障信息总共分成 2 页显示，当前为第 1 页的内容，用户可以按“帮助栏”提示按方向键[→]翻到第 2 页查看其他的故障信息。也可以按[←]键翻回到第 1 页。

③清除故障码。

该功能用于把 ECU 中记录的一些历史性或间歇性故障清除。若操作成功如图 2-2-10 所示。该动作推荐用户重复进行 2～3 次，以确保清除完全。

④读取数据流。

该功能用于向用户展示车辆的各项数据状态,包括发动机当前转速、车速等信息。通信成功之后的显示如图2-2-11所示。当前显示的是第1页内容。用户可以按左、右键翻页查看其他数据内容。

⑤元件动作测试。

元件动作测试分两种控制方式,分别为开关量、控制量,如图2-2-12所示。每种量的执行动作方式各不相同,下面分别叙述。

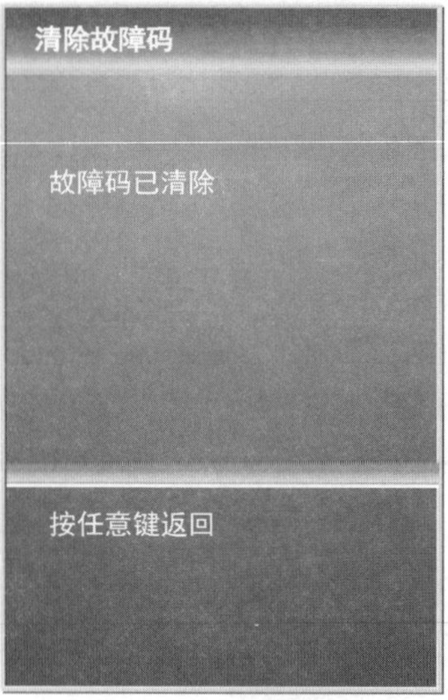

清除故障码

故障码已清除

按任意键返回

图2-2-10 故障码清除

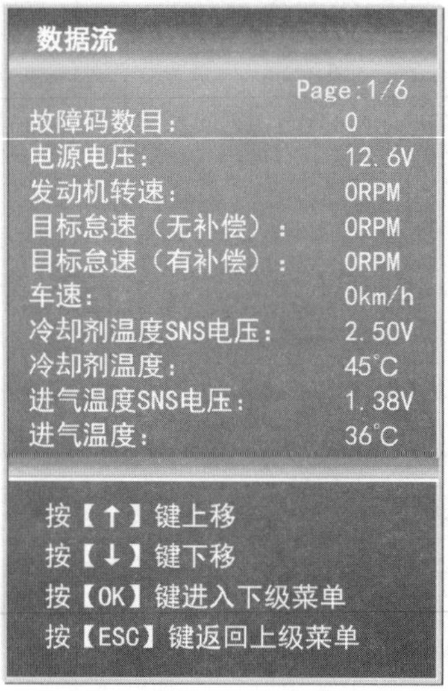

数据流

Page:1/6

故障码数目:	0
电源电压:	12.6V
发动机转速:	0RPM
目标怠速(无补偿):	0RPM
目标怠速(有补偿):	0RPM
车速:	0km/h
冷却剂温度SNS电压:	2.50V
冷却剂温度:	45℃
进气温度SNS电压:	1.38V
进气温度:	36℃

按【↑】键上移
按【↓】键下移
按【OK】键进入下级菜单
按【ESC】键返回上级菜单

图2-2-11 数据流显示

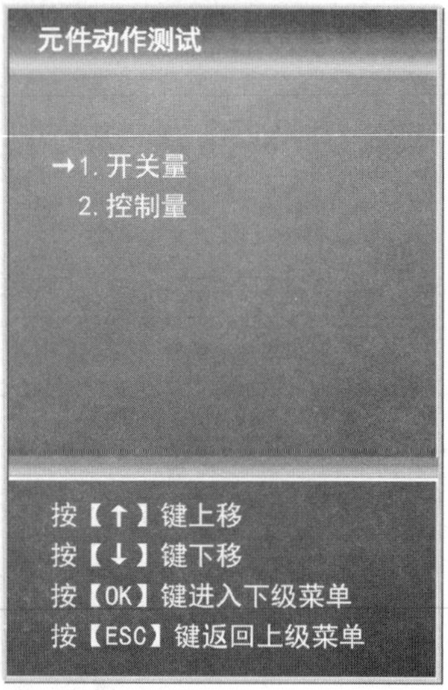

元件动作测试

→1.开关量
2.控制量

按【↑】键上移
按【↓】键下移
按【OK】键进入下级菜单
按【ESC】键返回上级菜单

图2-2-12 开关量选择

所谓开关量是指这些量只有两种状态:打开或关闭。所以用户只需要进行简单操作即可完成相应动作。

如图2-2-13所示,符号"★"表示当前正在控制的量。同时右边会显示当前的用户期望操作状态:开或关(未进行操作时显示的状态为"未知")。用户可以按上、下键来选择所要测试的项目。按左、右键控制当前开关量,左键执行关闭操作,右键则执行打开操作。

用户如果需要放弃对当前选中项目的控制权,只需按上下键选择另外的测试项目即可,或者也可以通过按【ESC】键退出当前页面。

控制量是一些设置量,通过这些量的设定可以改变ECU的一些内部变量,从而改变发动机的工作状态。

如图2-2-14符号"★"表示用户当前可以设置的项目。用户可以通过按上、下键选择所需要进行设置的量。用户按【OK】键进入相应的项进行设置。

以第一项碳罐控制阀的设置为例,进入设置界面后显示如图2-2-15所示的界面。

图中信息栏中第一行为用户输入的设置值,第二行为输入设置值的取值范围。输入的值不能超过规定的范围,否则会操作失败。

说明:"元件动作测试"这部分请慎用。非专业技术人员或专业维修人员请不要使用这

部分功能，以免操作不当，损坏发动机系统。

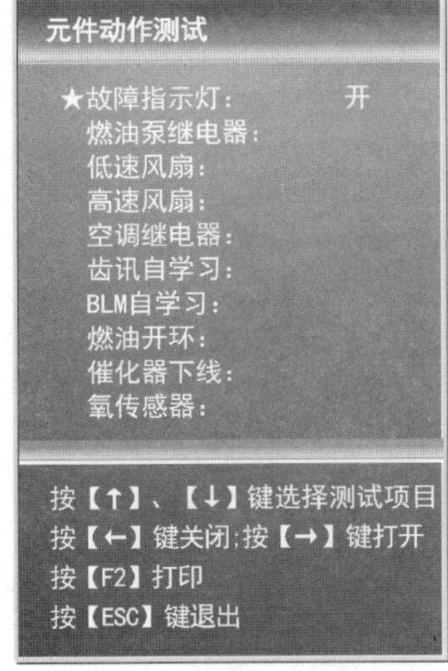

图 2-2-13　开关量元件动作测试

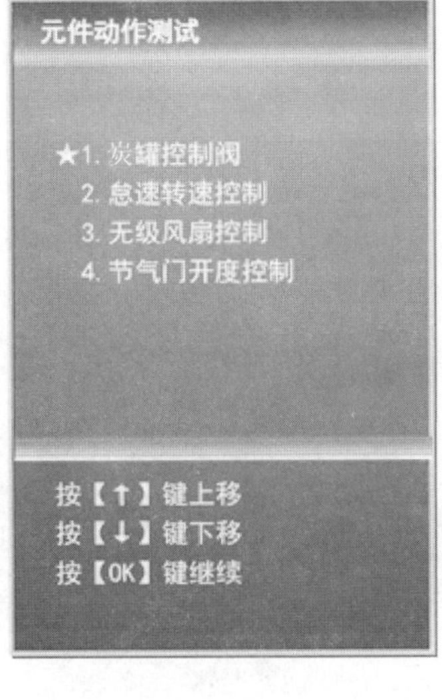

图 2-2-14　控制量元件动作测试

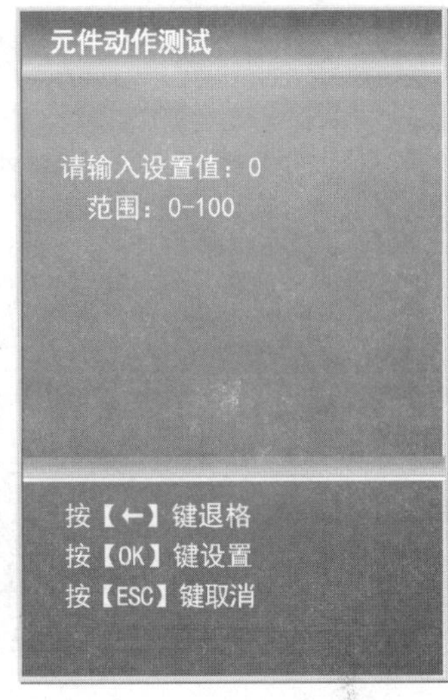

图 2-2-15　输入设置值

4. 丰田 GTS 诊断仪功能与使用

1）组成部件

GTS 是一款基于 PC 平台的诊断仪，它由两部分组成：GTS 软件以及车辆接口模块（VIM），如图 2-2-16 所示。

图 2-2-16　GTS 主要组成部件

注意：

GTS 软件拥有一年的许可使用权限，经销商可以将 GTS 软件许可权限安装到多台电脑中。GTS 软件一年更新两次，而主版本每年升级一次。

GTS 连接车辆时会执行系统的自检，自检过程中会点亮相应的指示灯，如图 2-2-17 所示。

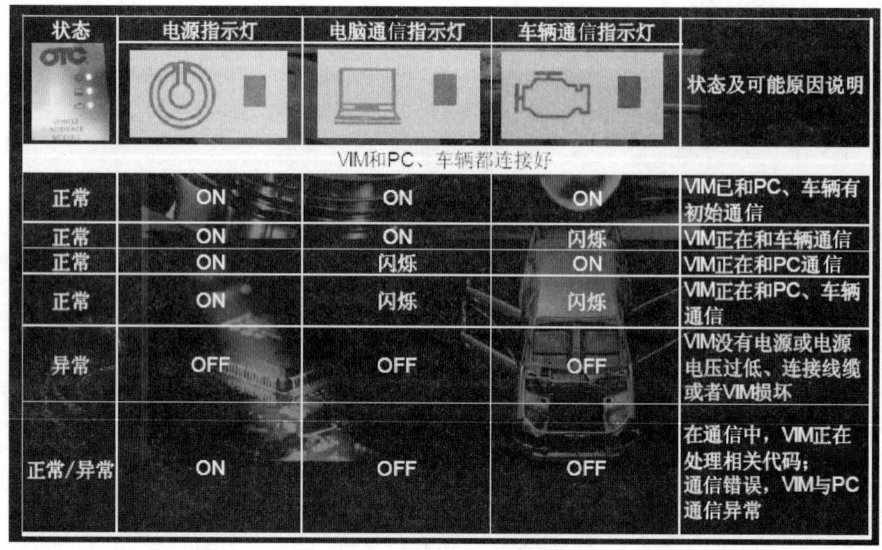

状态	电源指示灯	电脑通信指示灯	车辆通信指示灯	状态及可能原因说明
VIM和PC、车辆都连接好				
正常	ON	ON	ON	VIM已和PC、车辆有初始通信
正常	ON	ON	闪烁	VIM正在和车辆通信
正常	ON	闪烁	ON	VIM正在和PC通信
正常	ON	闪烁	闪烁	VIM正在和PC、车辆通信
异常	OFF	OFF	OFF	VIM没有电源或电源电压过低、连接线缆或者VIM损坏
正常/异常	ON	OFF	OFF	在通信中，VIM正在处理相关代码；通信错误，VIM与PC通信异常

图 2-2-17　故障自检过程

2）诊断仪主要功能

GTS 主要提供的功能包括：

（1）诊断功能：

①健康检查（一键式检查）。

②DTC 及 FFD（快照故障停帧数据）查看。

③主动测试。

④数据流查看、利用、对比。

⑤OBD－Ⅱ（车载自动诊断系统）。

⑥MPX 总线检查。

⑦DLC－3 电缆检查。

⑧检查模式。

⑨全部准备好。

（2）数据文档的保存、使用（文件树、时间记录、驾驶记录仪数据、数据合并）。

（3）其他功能：

①定制。

②钥匙码注册与删除。

③维修辅助：重置学习值、制动系统排气等。

3）常用功能使用

（1）健康检查。

操作健康检查即一键式检查，其检查结果包含当前车辆的 DTC、DTC 的时间标签、FFD、监视器状态及 ECU 通信（包括编程 ID）的诊断检查。健康检查连接界面如图 2-2-18 所示。

在健康检查中，ECU 按照“系统区域”进行分类，如“传动系”“底盘”及“车身电气”。用户通过“健康检查”可以诊断特定系统区域的 ECU，从而缩短检查所需的时间。健康检查结果如图 2-2-19 所示。

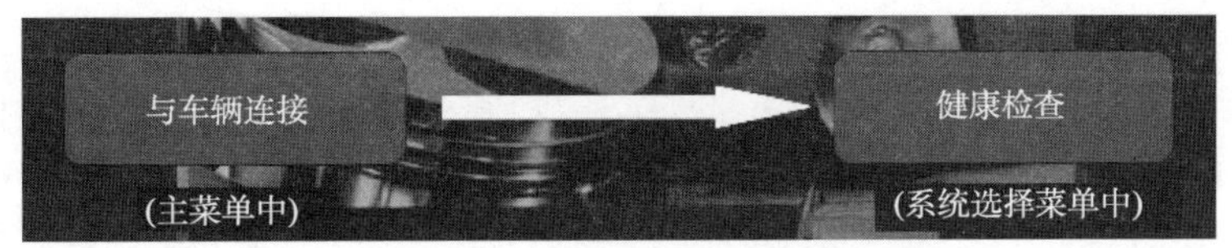

图 2-2-18　健康检查连接界面

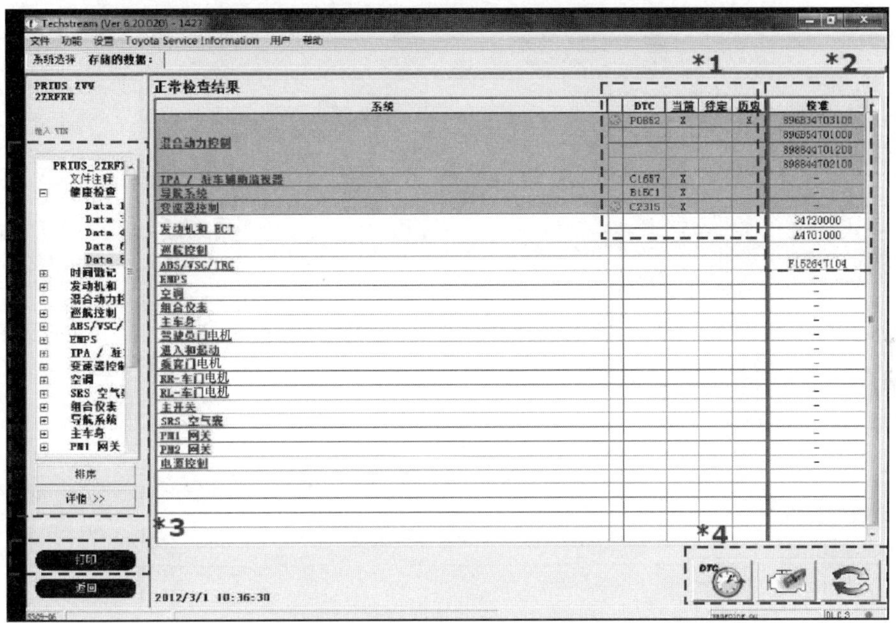

图 2-2-19　健康检查结果

1-显示的 DTC 信息;2-显示的校准代码;3-系统目录;4-设置菜单

(2)DTC 显示。

DTC 数据显示在“系统选择菜单”上所选系统的 DTC 数据,如图 2-2-20 所示。

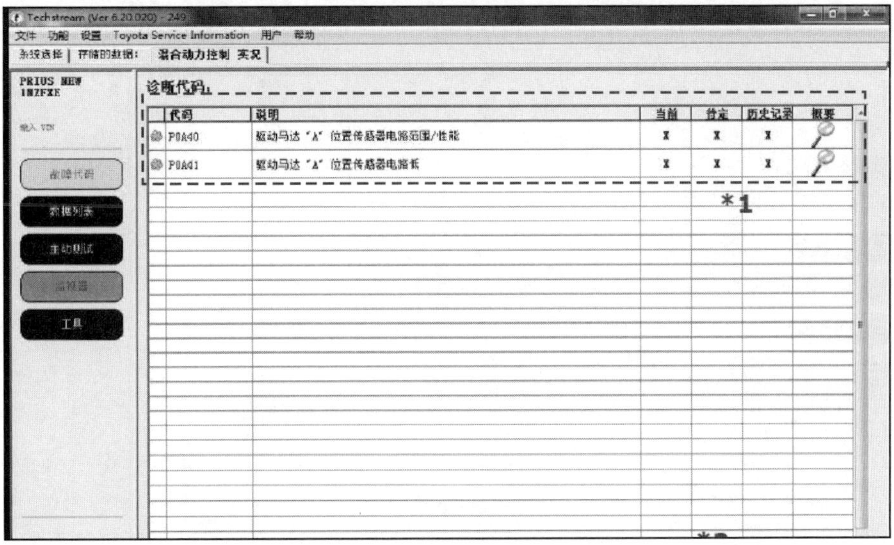

代码	说明	当前	待定	历史记录	概要
P0A40	驱动马达“A”位置传感器电路范围/性能	X	X	X	
P0A41	驱动马达“A”位置传感器电路低	X	X	X	

图 2-2-20　系统显示的 DTC 信息

（3）主动测试。

主动测试功能强制驱动继电器和电磁线圈等执行器。如果在主动测试中运行正常，则可以判断从 ECU 至继电器和电磁线圈等执行器的电路正常，如图 2-2-21 所示。

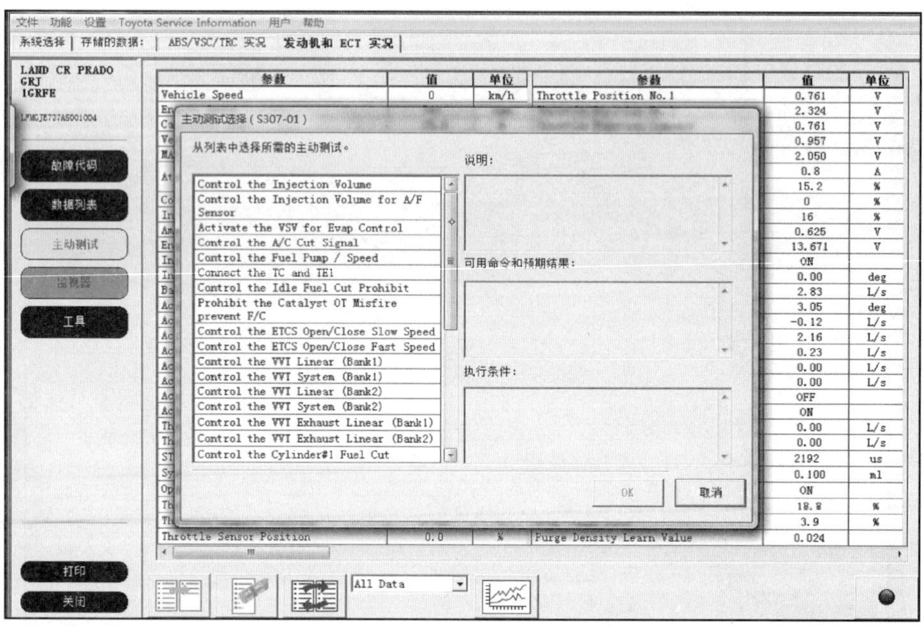

图 2-2-21　主动测试与功能选项

（4）数据流。

数据流以数据或图标的方式监控在系统选择画面上所选系统的 ECU 数据，如图 2-2-22、图 2-2-23 所示。

Techstream (Ver 6.20.020) - 1562

文件　功能　设置　Toyota Service Information　用户　帮助

系统选择 | 存储的数据： | ABS/VSC/TRC 实况　发动机和 ECT 实况

LAND CR PRADO
GRJ
1GRFE

故障代码　数据列表　主动测试　监视器　工具

参数	值	单位
Vehicle Speed	0	km/h
Engine Speed	738	rpm
Calculate Load	25.8	%
Vehicle Load	13.7	%
MAF	4.84	gm/sec
Atmosphere Pressure	101	kPa(abs)
Coolant Temp	85	C
Intake Air	24	C
Ambient Temperature	16	C
Engine Run Time	1408	s
Initial Engine Coolant Temp	18.7	C
Initial Intake Air Temp	24.3	C
Battery Voltage	13.417	V
Accelerator Position	0.0	%
Accel Sens. No.1 Volt %	15.6	%
Accel Sens. No.2 Volt %	31.7	%
Accel Sensor Out No.1	0.781	V
Accel Sensor Out No.2	1.582	V
Accelerator Idle Position	ON	
Accel Fully Close Learn #1	19.5	deg
Accel Fully Close Learn #2	39.5	deg
Throttle Sensor Volt %	15.2	%
Throttl Sensor #2 Volt %	46.6	%
ST1	OFF	
System Guard	ON	
Open Side Malfunction	OFF	
Throttle Idle Position	ON	

参数	值	单位
Throttle Position No.1	0.761	V
Throttle Position No.2	2.324	V
Throttle Position Command	0.761	V
Throttle Sens Open Pos #1	0.957	V
Throttle Sens Open Pos #2	2.050	V
Throttle Motor Current	0.8	A
Throttle Motor DUTY	15.2	%
Throttle Motor Duty (Open)	0	%
Throttle Motor Duty (Close)	16	%
Throttle Fully Close Learn	0.625	V
+BM Voltage	13.690	V
Actuator Power Supply	ON	
Throttle Position	0.00	deg
ISC Flow	2.83	L/s
ISC Position	3.05	deg
ISC Feedback Value	-0.12	L/s
ISC Learning Value	2.16	L/s
Electric Load Feedback Val	0.23	L/s
Air Conditioner FB Val	0.00	L/s
PS Feedback Val	0.00	L/s
Low Revolution Control	OFF	
N Range Status	ON	
Eng Stall Control FB Flow	0.00	L/s
Deposit Loss Flow	0.00	L/s
Injector (Port)	2189	us
Injection Volum (Cylinder1)	0.100	ml
Fuel Pump/Speed Status	ON	
EVAP (Purge) VSV	18.8	%

图 2-2-22　查看到的数据流信息

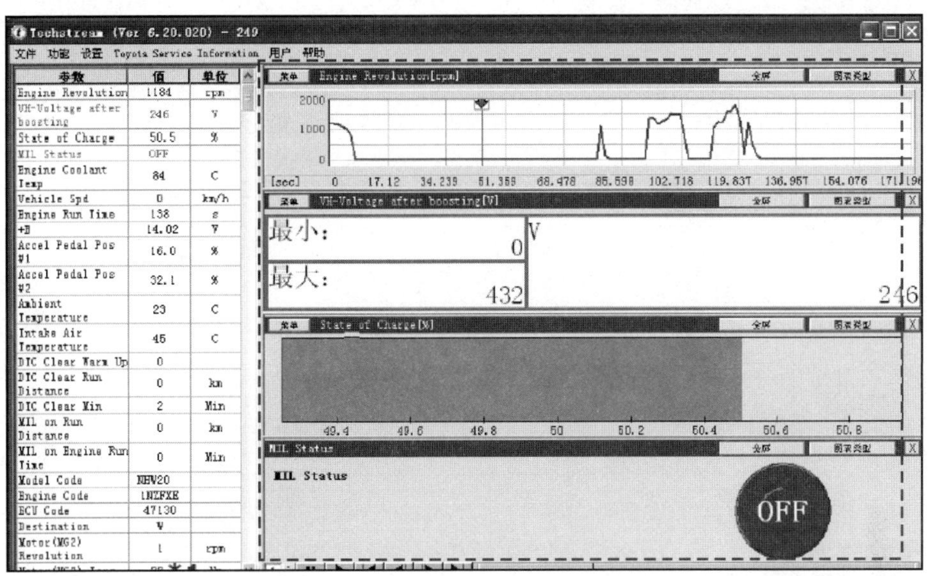

图 2-2-23　查看到的数据流以图形的方式显示

(5)CAN 总线检查。

执行此项功能时,可以显示连接到 CAN 的所有控制模块,如图 2-2-24 所示。

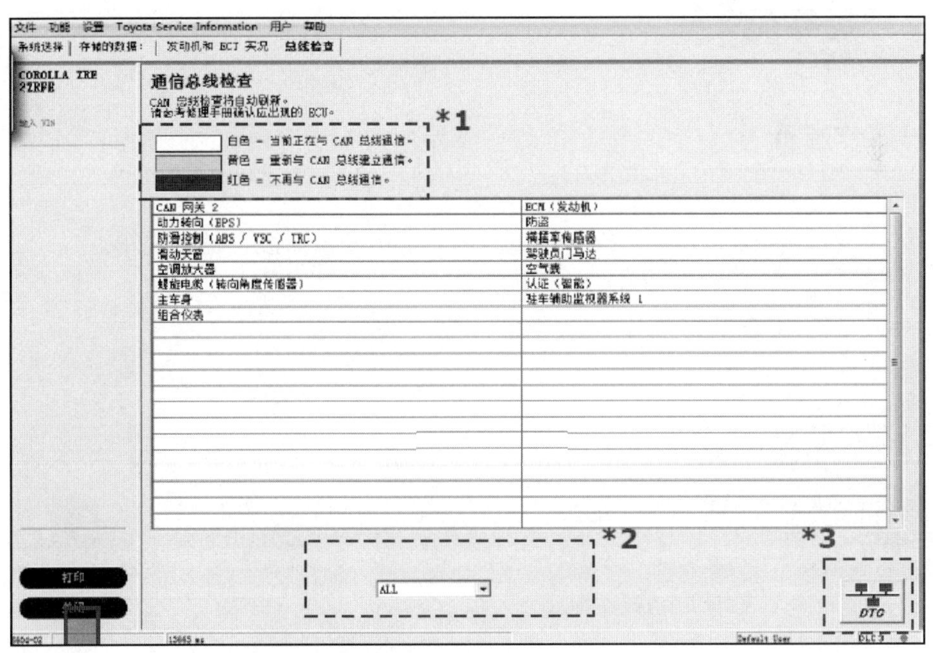

图 2-2-24　CAN 总线检查显示的模块

1-显示的状态;2-选择显示的范围;3-总线通信 DTC

如果选择图 2-2-24 所示 3 的功能,还可以显示总线中存在 DTC 的通信模块,如图 2-2-25 所示。

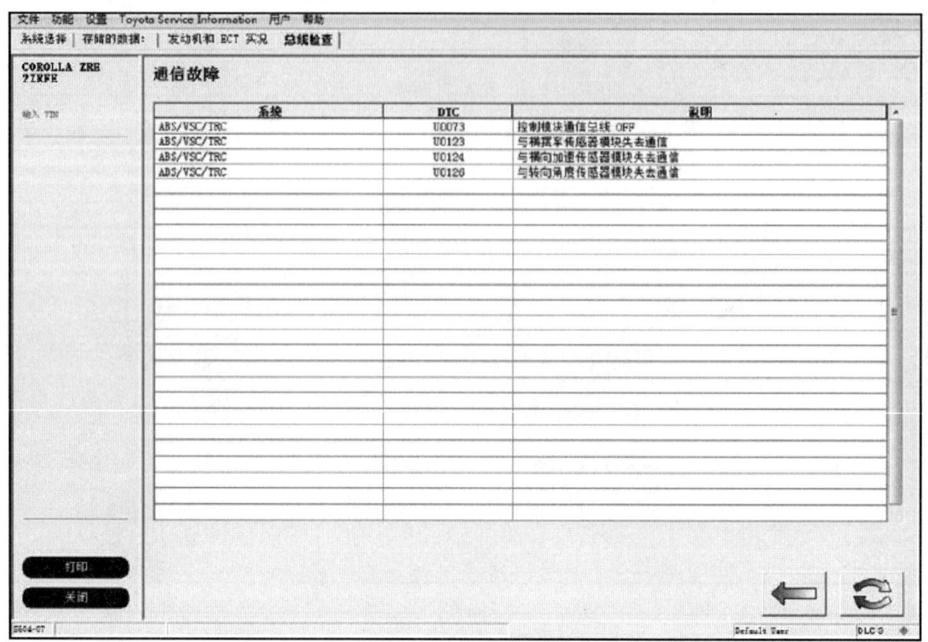

图 2-2-25　存在通信异常的模块

任务实施

(一)工作准备

(1)防护装备:绝缘防护装备。

(2)车辆、台架、总成:比亚迪 E6 纯电动汽车;丰田普锐斯混合动力汽车。

(3)专用工具、设备:ED－400、GTS 专用诊断仪;或适用的同类仪器。

(4)手工工具:组合工具。

(5)辅助材料:无。

(二)实施步骤

提示:

检测前请进行维护用品的安装。

(1)检查翼子板布是否齐全。

(2)打开主驾驶车门,铺设脚垫,套上转向盘套、座椅套。

(3)断开点火开关,挂入 P 挡,拔出车钥匙。

(4)打开发动机罩,固定支架,铺设翼子板护垫。

1. 比亚迪 ED－400 诊断仪使用与数据流的读取

以下以比亚迪 E6 为例，介绍比亚迪 ED－400 诊断仪使用与数据流读取方法，如图 2-2-26 所示。

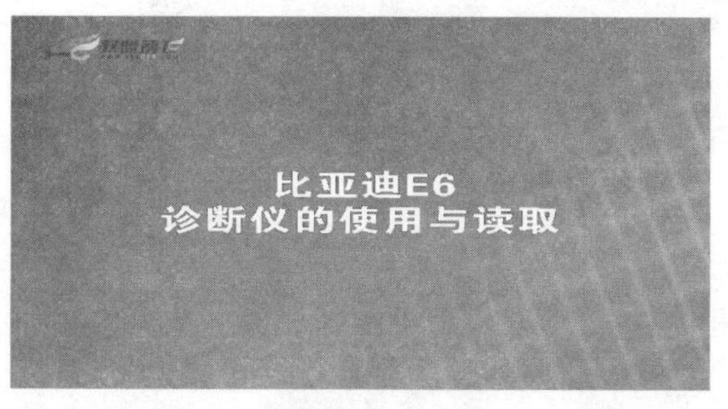

图 2-2-26　诊断仪使用与数据流读取方法

警告：

在接通汽车后诊断仪屏幕会亮起，若程序未运行或出现乱码情景，可拔下仪器的数据线重新连接一次，即可继续操作；并且请确保测试接头和诊断仪器接触良好，以保证信号传输不会中断。

比亚迪 E6 各系统静态数据流读取步骤如下：

(1)打开诊断仪工具箱。

(2)取出诊断仪器、诊断仪连接线。

(3)连接诊断仪器上的通信接口(图 2-2-27)。

(4)连接诊断线到车辆 OBD－Ⅱ诊断座(图 2-2-28)。

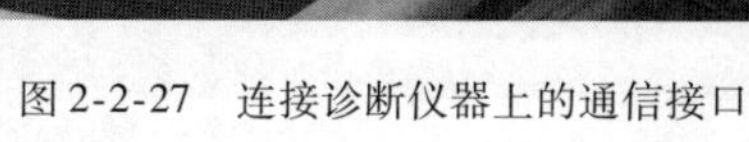

图 2-2-27　连接诊断仪器上的通信接口

图 2-2-28　连接诊断线到车辆 OBD－Ⅱ诊断座

(5)起动车辆，打开仪器电源，进入功能选择界面，选择车型诊断。

(6)选择所检测的车型，进入 E6 动力网系统。

(7)进入读取动力网全部模块故障码，查询所有故障(图 2-2-29)。

(8)进入主控制器，选择 PTC 模块(图 2-2-30、图 2-2-31)。

(9)读取系统故障码(图 2-2-32、图 2-2-33)。

(10)记录故障码内容后，清除故障码。

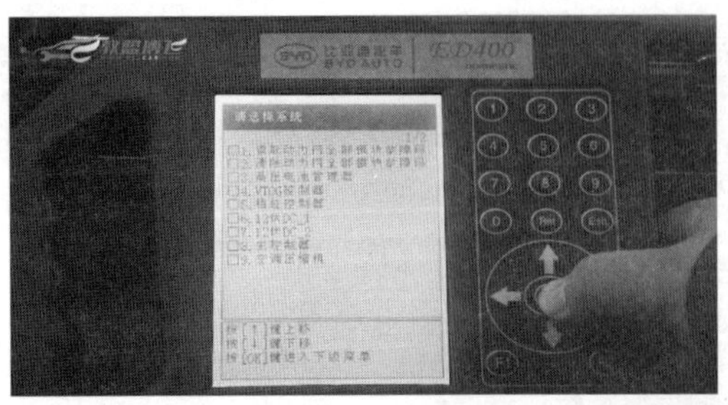
图 2-2-29　查询所有故障

图 2-2-30　进入主控制器

图 2-2-31　选择 PTC 模块

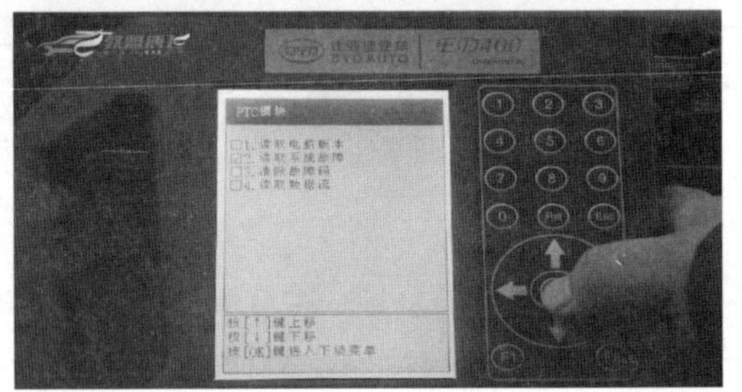
图 2-2-32　读取系统故障码

(11)重新读取故障码,查看故障码是否被清除。

(12)返回车辆主菜单,进入高压电池管理器(图 2-2-34)。

图 2-2-33　读取系统故障码

图 2-2-34　进入高压电池管理器

(13)读取电脑版本。

(14)读取系统故障码。如有故障码,参照前面步骤清除故障码(图 2-2-35)。

(15)读取数据流。根据检测需要进行数据流读取(图 2-2-36)。

图 2-2-35　清除故障码

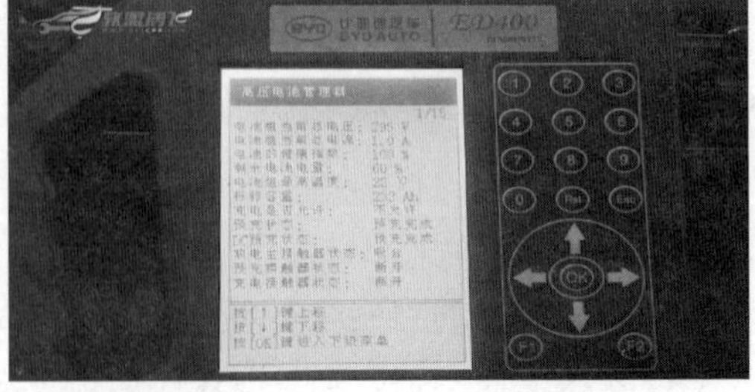
图 2-2-36　进行数据流读取

(16)退出至诊断仪主菜单(图 2-2-37)。

比亚迪 E6 动态数据流读取步骤如下：

(1)进入车型诊断。

(2)进入车辆车型。

(3)进入 E6 动力网系统。

(4)进入 VIOG 控制器。

(5)读取电脑版本。

(6)读取各工况的动态数据流。

①踩下制动踏板，挂入前进挡(图 2-2-38)。

图 2-2-37　退出至诊断仪主菜单

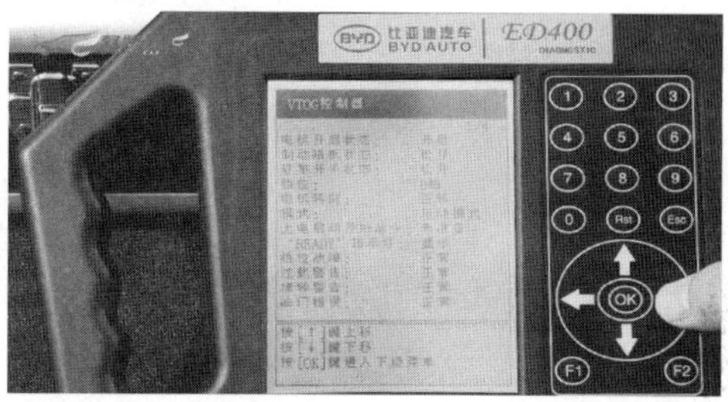

图 2-2-38　挂入前进挡

②踩下加速踏板(图 2-2-39)。

③踩下制动踏板，挂入倒车挡。

④踩下加速踏板(图 2-2-40)。

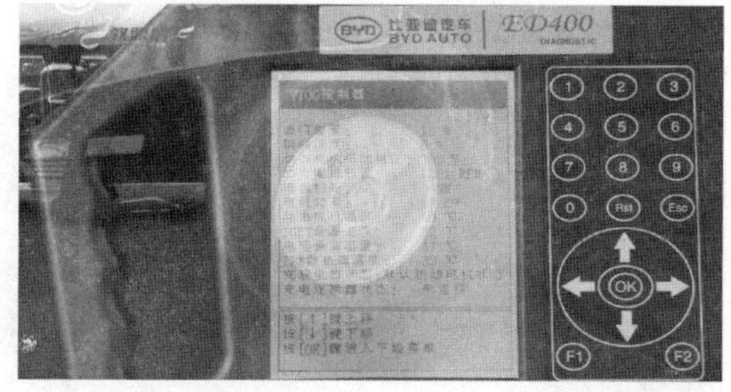

图 2-2-39　踩下加速踏板

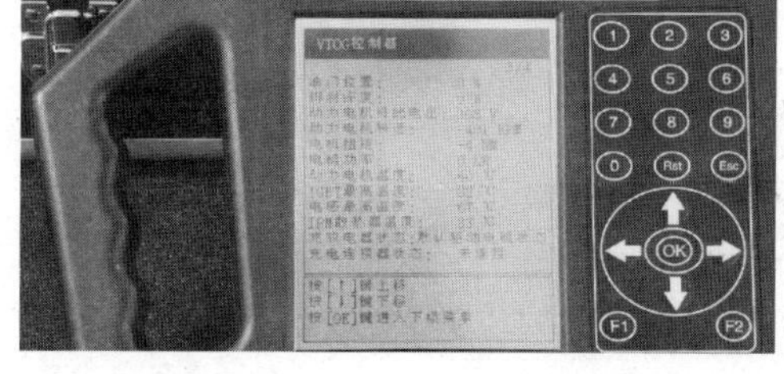

图 2-2-40　踩下加速踏板

(7)踩下制动踏板，挂入空挡。

(8)返回诊断仪主菜单

2. 普锐斯故障码的读取、数据流读取和执行主动测试

丰田普锐斯诊断仪使用与数据读取界面如图 2-2-41 所示。

(1)将诊断仪接口插入 OBD－Ⅱ诊断座(图 2-2-42)。

(2)打开点火开关至 ON 挡。

注意：

如果点火开关处于 OFF 或 ACC 位置，则无法与车辆电脑进行通信。当 GTS 被打开时，切记将点火开关转到 ON 或起动发动机。

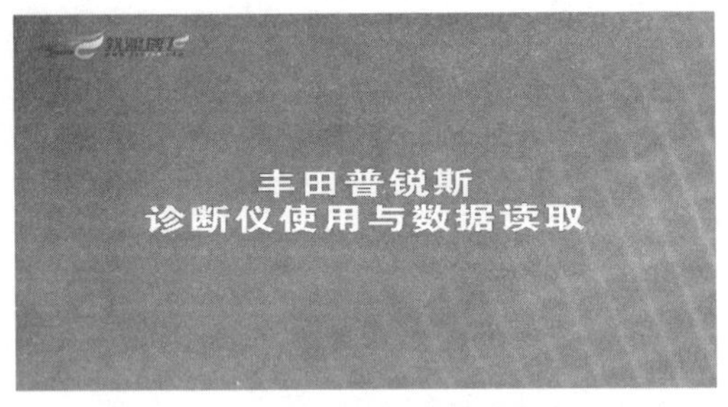

图 2-2-41　丰田普锐斯诊断仪使用与数据读取界面

图 2-2-42　将诊断仪接口插入 OBD－Ⅱ诊断座

(3)按下 GTS 电源开关，将电源接通。

提示：

GST 通信检查如下：

①三个灯同时都是常亮状态，表示 VIM 已和 PC、车辆有初始通信正常。

②如果电源指示灯常亮，电脑通信指示灯、车辆通信指示灯闪烁，说明 VIM 正在和 PC、车辆通信(图 2-2-43)。

(4)启动诊断仪，选择与车辆连接，选择合适车型，点击下一步。

(5)进入诊断主界面(图 2-2-44)。

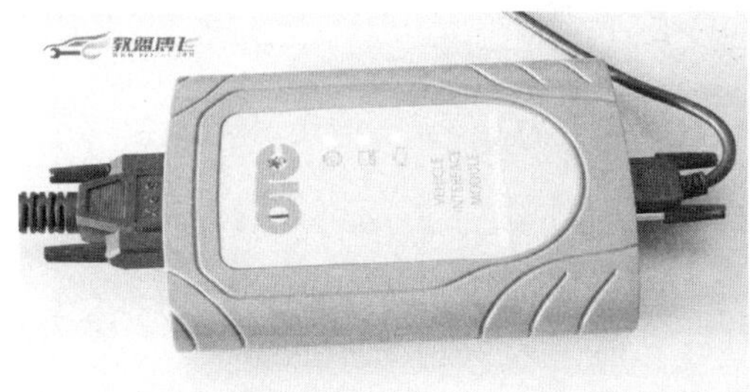

图 2-2-43　GST 通信检查

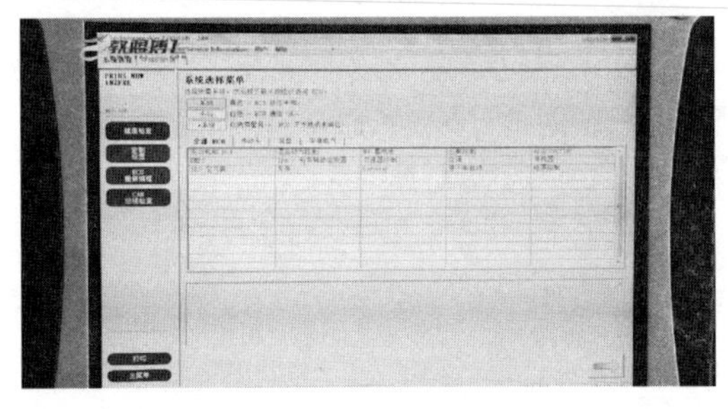

图 2-2-44　进入诊断主界面

(6)健康检查即一键式检查，其检查结果包含当前车辆的故障码、故障码的时间标签、传感器监视器状态及 ECU 通信的诊断检查。

(7)在健康检查中，ECU 按照“系统区域”进行分类，如“传动系”“底盘”及“车身电气”。用户通过“健康检查”可以诊断特定系统区域的 ECU，从而缩短检查所需的时间。

(8)健康检查完毕，可以看到检查的系统及对应的故障码(图 2-2-45)。

(9)点击可以查看故障码的时间标签，及故障码对应的解释信息。

(10)返回首页可以看到健康检查的结果，白色表示 ECU 通信 OK(图 2-2-46)。

(11)点击系统名称可以看以查看对应系统的内容。

(12)首先显示系统有无故障码。

(13)选择数据列表可以查看对应系统的数据流(图 2-2-47)。

(14)还可以查看和对比数据波形(图 2-2-48)。

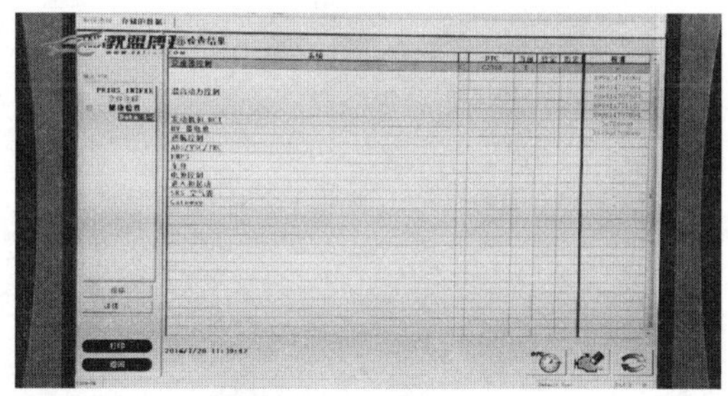

图 2-2-45　健康检查完毕

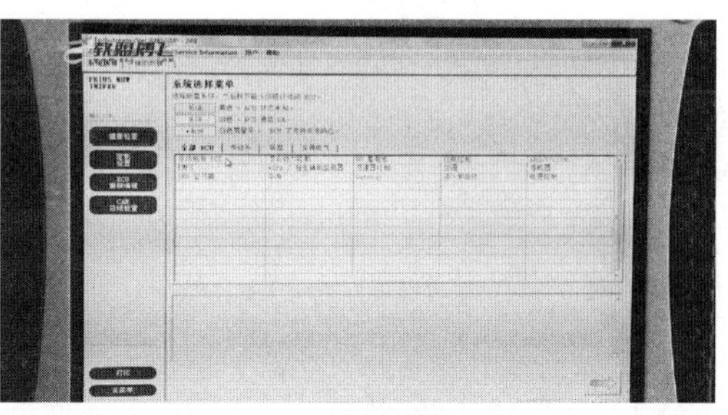

图 2-2-46　健康检查的结果

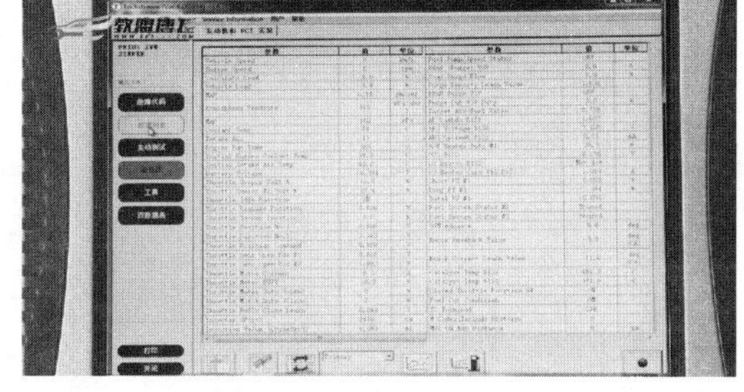

图 2-2-47　对应系统的数据流

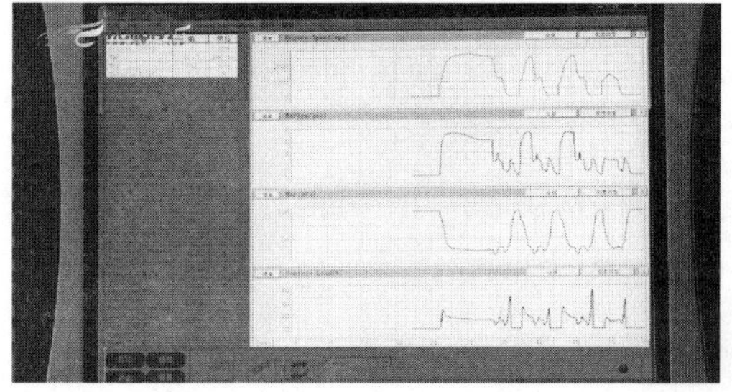

图 2-2-48　对比数据波形

(15)主动测试功能强制驱动继电器、执行器和电磁线圈等。如果在主动测试中运行正常,则可以判断从 ECU 至继电器、执行器和电磁线圈等的电路正常(图 2-2-49)。

(16)CAN 总线检查。

(17)执行此功能,可以显示连接到 CAN 总线的所有 ECU 列表(图 2-2-50)。

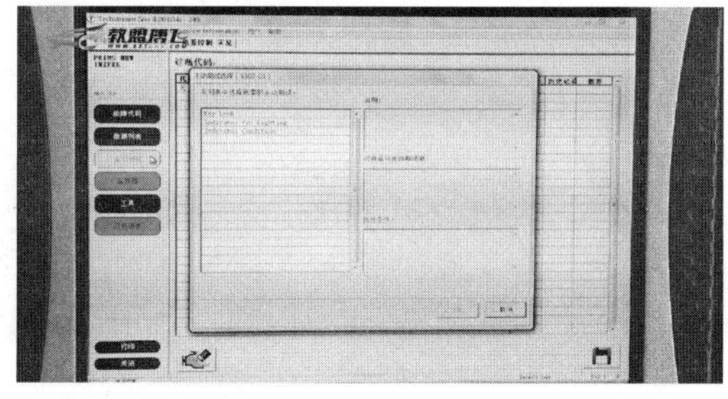

图 2-2-49　判断电路是否正常

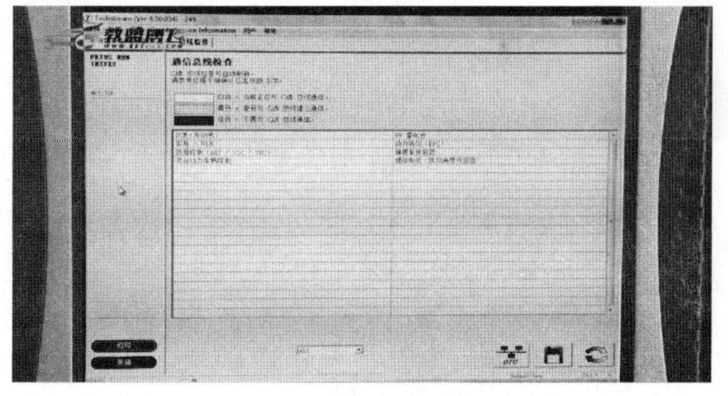

图 2-2-50　执行 CAN 总线检查

(18)读取完毕,关闭检测仪。

(19)取下诊断接头。

学习测试

1. 填空题

(1)故障自诊断主要完成对____、传感器和____的状态进行实时监测。

(2)数据流读取的功能用于向用户展示车辆的各项____,包括发动机当前转速、车速等信息。

(3)元件动作测试分两种控制方式,分别为____和____。

(4)诊断仪器的主动测试功能强制驱动____和____等执行器。

2. 判断题

(1)如果控制模块记忆了传感器故障码,那就更换传感器。 ( )

(2)除了必须注意高压安全外,新能源汽车检测仪器和普通车辆的检测仪器操作基本相同。 ( )

(3)元件动作测试的控制量具有打开和关闭两种工作状态。 ( )

(4)如果在主动测试中运行正常,则可以判断从 ECU 至执行器的电路正常。 ( )

3. 不定项选择题

(1)诊断仪可以诊断车辆的( )系统。

A. 电气传感器　　B. 机械故障

C. 控制模块　　D. 线束连接情况

(2)ED-400 的组成部件包括( )。

A. 诊断仪主机

B. 诊断卡

C. 诊断连接线 OBDⅡ/DB15 和扩展连接线 DB25/DB9/DV

D. 专用电源适配器

(3)使用 ED-400 可以执行的诊断或读取功能有( )。

A. 读取 DTC　　B. 读取数据流

C. 保存数据流　　D. 元件动作测试

(4)使用 IT-2 可以执行的诊断或读取功能有( )。

A. 读取 DTC　　B. 读取数据流

C. 保存数据流　　D. 主动测试

(5)主动测试功能用于( )。

A. 强制驱动继电器、执行器和线圈工作

B. 主动去读取车辆 DTC

C. 主动去检查车辆模块内部故障和数据流

D. 主动记录 DTC

项目三

纯电动汽车故障诊断与排除

本项目主要介绍纯电动汽车的故障诊断与排除。根据纯电动汽车常见的故障范围及维修策略，主要学习以下3个任务：

任务1　纯电动汽车电池系统故障诊断与排除；

任务2　纯电动汽车电机及驱动系统故障诊断与排除；

任务3　纯电动汽车整车动力控制系统故障诊断与排除。

通过以上3个任务的学习，你将了解到纯电动汽车的结构组成与控制原理，掌握纯电动汽车主要系统的基本诊断流程，以及常见车辆运行数据的分析与判断思路，并掌握纯电动汽车的故障排除方法。

任务1　纯电动汽车电池系统故障诊断与排除

提出任务

一辆比亚迪E6纯电动汽车因为电池系统存在故障而无法行驶，动力故障灯点亮。你的主管已经初步做了诊断，确定故障的范围应该在电源管理控制器或高压配电箱上，要求你负责诊断并排除这辆汽车的故障，你能完成这个任务吗？

任务要求

知识要求

1. 能够描述电源管理控制器故障的诊断与排除方法；
2. 能够描述高压配电箱故障的诊断与排除方法；
3. 能够描述动力电池故障判断基本思路与注意事项。

能力要求

1. 能够进行动力电池包更换；
2. 能够进行动力电池电压检测；
3. 能进行动力电池组及单个电池电压数据检测；
4. 能够进行高压配电箱更换。

相关知识

1. 电源管理控制器故障的诊断与排除方法

电源管理控制器是整车动力电池的主控模块，负责采集动力电池的电池单元电压、温度、电流数据，控制动力电池处于最佳的充放电水平；此外，该模块还会负责控制高压配电箱内高电压继电器的接通与断开，并诊断继电器（接触器）故障信息。

1）故障症状

（1）电源管理控制器存在故障时，会导致高电压系统内接触器不能工作，使车辆失去动力。

(2)位于车辆仪表内 动力系统故障指示灯将点亮。

2)故障可能原因

电源管理控制器的主要故障原因是电源供电异常,或模块自身搭铁不良。

3)诊断步骤

(1)读取 DTC。使用诊断仪读取可能存在以下 DTC:P1A58－00——电池管理系统初始化错误。

(2)诊断步骤。根据 DTC 提示完成故障检测,包括电源和搭铁的线路检测。

电源与搭铁诊断参考电路(图 3-1-1):

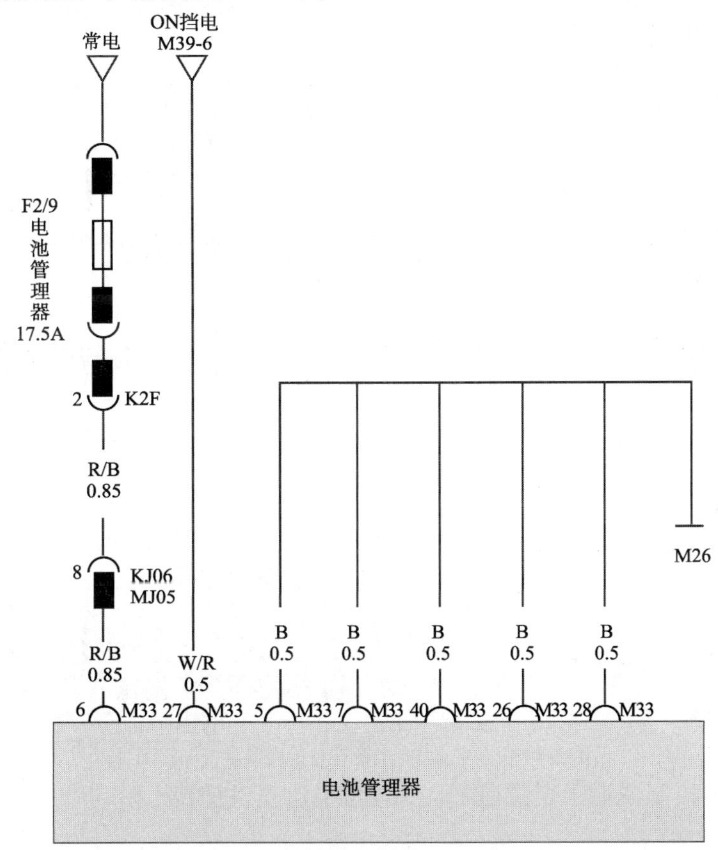

图 3-1-1　比亚迪 E6 电源管理控制器电源和搭铁参考电路图

①使用万用表测量电源管理控制器 M33－6 号针脚,标准值:蓄电池电压。

②使用万用表测量电源管理控制器 M33－27 号针脚,在点火 ON 下,标准值:蓄电池电压。

③使用万用表测量 M33－5、7、40、26、28 号针脚,在蓄电池负极断开情况下,标准值:与车身搭铁电阻为 0.2Ω 以下。

4)电源管理控制器其他的故障诊断

(1)典型故障 DTC。使用诊断仪读取可能存在以下 DTC:P1A40－00——单节电池温度传感器故障。

可能的故障范围:温度传感器、线束。

(2)DTC 诊断步骤。参考维修手册制定 DTC 诊断步骤执行诊断。

(3)DTC 诊断参考电路图如图 3-1-2 所示。

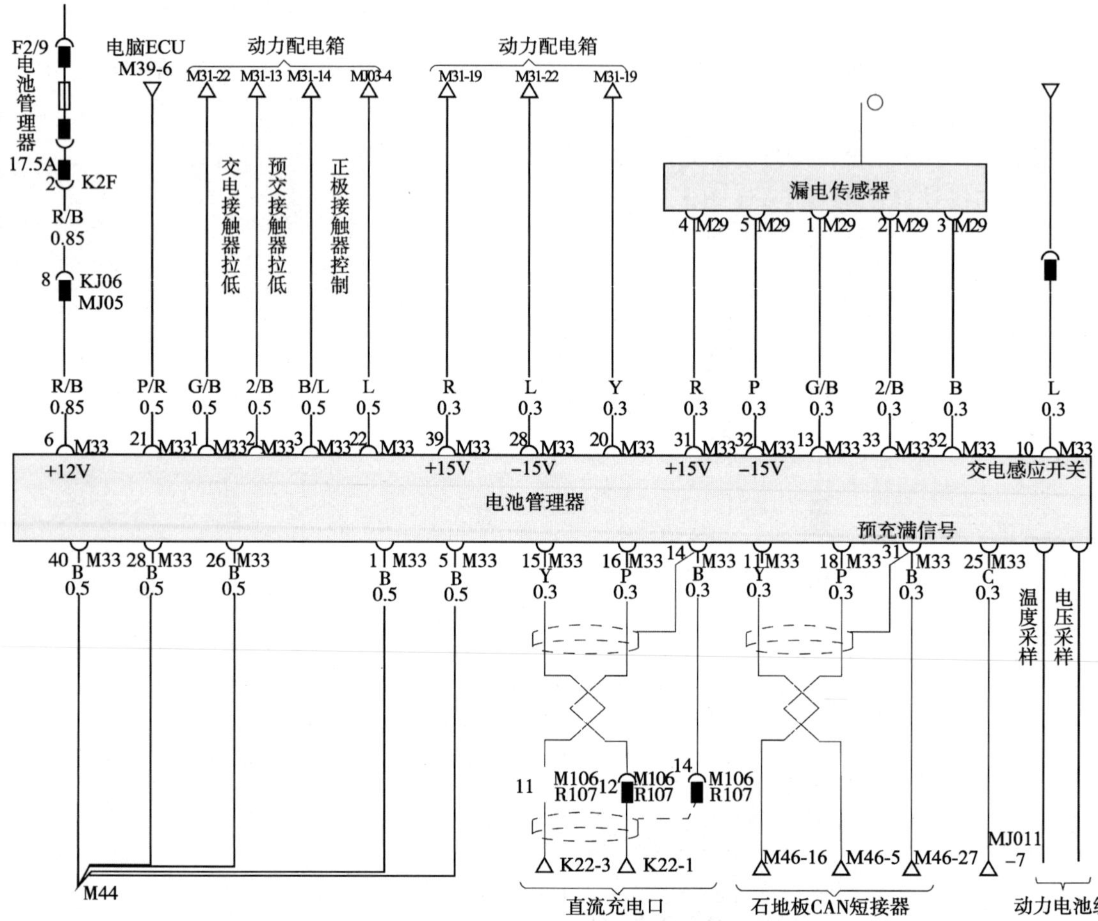

图 3-1-2　比亚迪 E6 电源管理控制器参考电路图

(4)电源管理控制器端子定位(图 3-1-3)与电压正常值(表 3-1-1)

M33

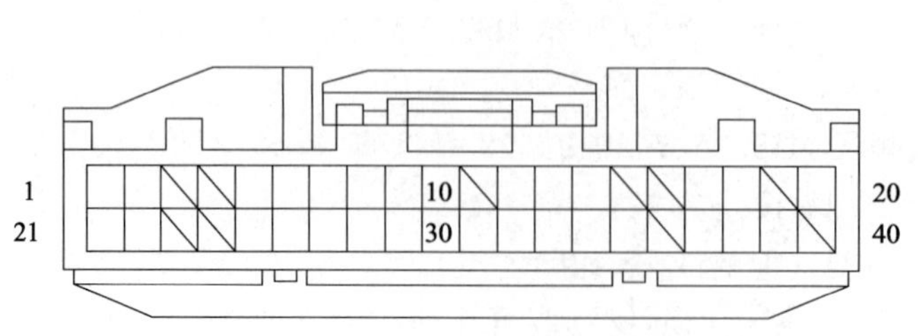

图 3-1-3　比亚迪 E6 电源管理控制器端子图

电源管理控制器端子与电压正常值 表 3-1-1

连接端子	端子描述	线色	条件	正常值
1—车身搭铁	充电接触器控制	G/B	充电	<1V
2—车身搭铁	预充接触器控制	Y/B	起动	<1V
5—车身搭铁	车身搭铁	B	始终	<1V
6—车身搭铁	电源信号	R/B	常电	11 ~ 14V
7—车身搭铁	车身搭铁	B	始终	<1V
10—车身搭铁	充电感应开关	L	充电	<1V
12—车身搭铁	漏电传感器电源	W	起动	约 -15V
13—车身搭铁	一般漏电信号	G/Y	一般漏电	<1V
14—车身搭铁	屏蔽地	B	始终	<1V
15—车身搭铁	充电通信 CAN - L	V	充电	1.5 ~ 2.5V
16—车身搭铁	充电通信 CAN - H	P	充电	2.5 ~ 3.5V
17—车身搭铁	F - CAN - L	V	电源 ON 挡	1.5 ~ 2.5V
18—车身搭铁	F - CAN - H	P	电源 ON 挡	2.5 ~ 3.5V
20—车身搭铁	电流霍尔信号	G	电流信号	—
21—车身搭铁	正极接触器控制	R/Y	起动	<1V
22—车身搭铁	DC 继电器	L	充电或起动	<1V
25—车身搭铁	预充信号	G/R	上 ON 挡电后 2s	<1V
26—车身搭铁	车身搭铁	B	始终	<1V
27—车身搭铁	电源	W/R	电源 ON 挡/充电	11 ~ 14V
28—车身搭铁	车身搭铁	B	始终	<1V
31—车身搭铁	漏电传感器电源	R	起动	约 +15V
32—车身搭铁	漏电传感器地	B	始终	<1V
33—车身搭铁	严重漏电信号	B/Y	严重漏电	<1V
37—车身搭铁	屏蔽地	B	始终	<1V
38—车身搭铁	电流霍尔电源	L	起动	约 -15V
39—车身搭铁	电流霍尔电源	R	起动	约 +15V

5)电源管理控制器更换流程

如果确认电源管理控制器损坏,应进行更换。

(1)将车辆退电至 OFF 挡,拆下后排座椅,断开维修开关,等待 5min。

(2)拔掉电源管理控制器上连接的动力电池采样线和整车低压线束的接插件,拔掉整车低压线束在电池管理控制器支架上的固定卡扣。

(3)用 10 号套筒拆卸电池管理控制器的固定螺母。

(4)更换电源管理控制器,插上动力电池采样线和整车低压线束的接插件,插上维修开关手柄。

(5)断开维修开关,用 10 号套筒拧紧电池管理控制器的固定螺母。

(6)插上维修开关手柄,完成更换。

2. 高压配电箱故障的诊断与排除方法

如图 3-1-4 及动画所示，高压配电箱是控制高电压接通与关闭的执行部件，内部主要由多个接触器与继电器组成，这些接触器或继电器由电源管理控制器控制。其接触器工作流程如图 3-1-5 所示。

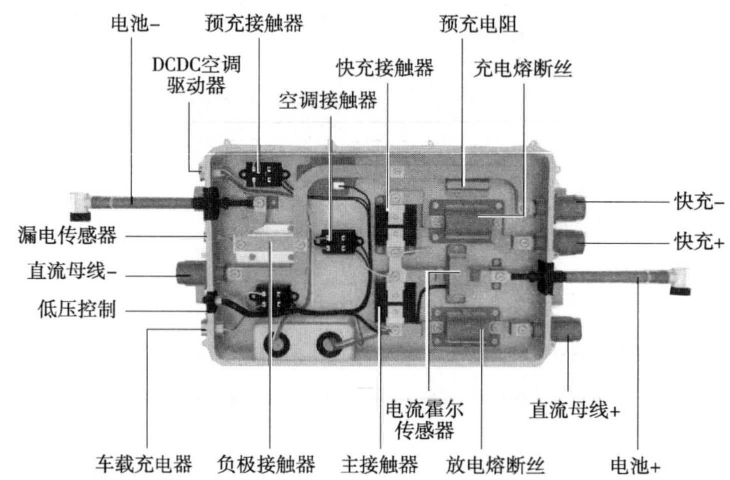

图 3-1-4　比亚迪高压配电箱结构

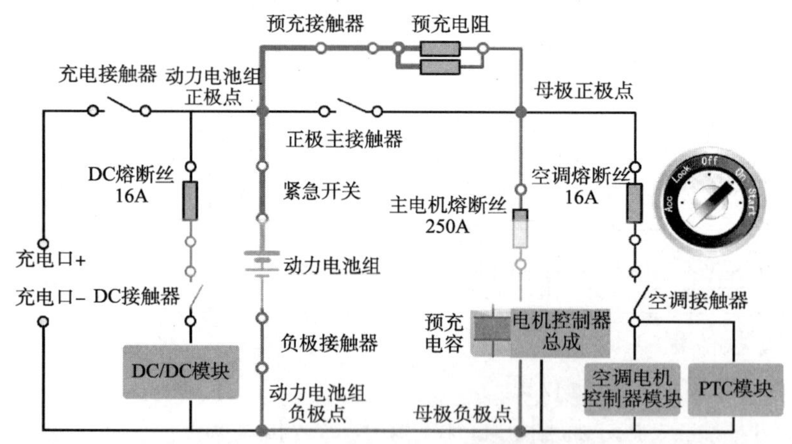

图 3-1-5　预充满回路示意图

电源管理控制器是高压配电箱内继电器与接触器的诊断主控模块，会诊断接触器是否按照预定的要求打开与关闭，不正常的吸合，如触电烧蚀会产生接触器类 DTC。

1）故障症状

（1）高压配电箱内接触器或继电器存在故障时，会导致高电压系统内接触器不能工作，使车辆失去动力。

(2)位于车辆仪表内动力系统故障指示灯将点亮。

2)故障可能原因

接触器自身线圈损坏或者控制线路接触不良。

排除方法:检修线路,更换配电箱。

3)诊断步骤

(1)读取 DTC。使用诊断仪读取可能存在以下 DTC:P1A5D－00——电机控制器预充未完成。

(2)诊断步骤。根据 DTC 提示完成故障检测,包括电源和搭铁的线路检测。

电源与搭铁诊断参考电路如图 3-1-6 和图 3-1-7 所示。

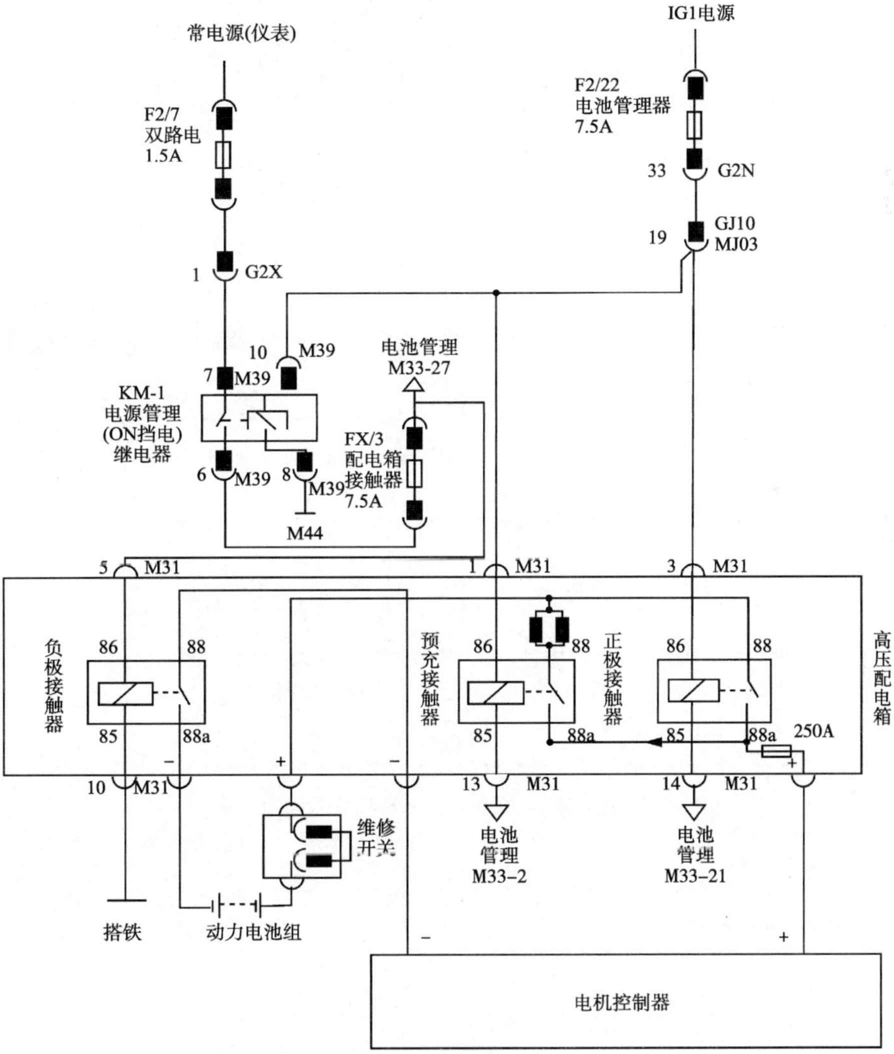

图 3-1-6　比亚迪 E6 高压配电箱驱动系统电路图

(3)配电箱端子测量。

①拔下高压配电箱 M31 连接器。

②测量线束端连接器各端子间电压或电阻(图 3-1-8、表 3-1-2)。

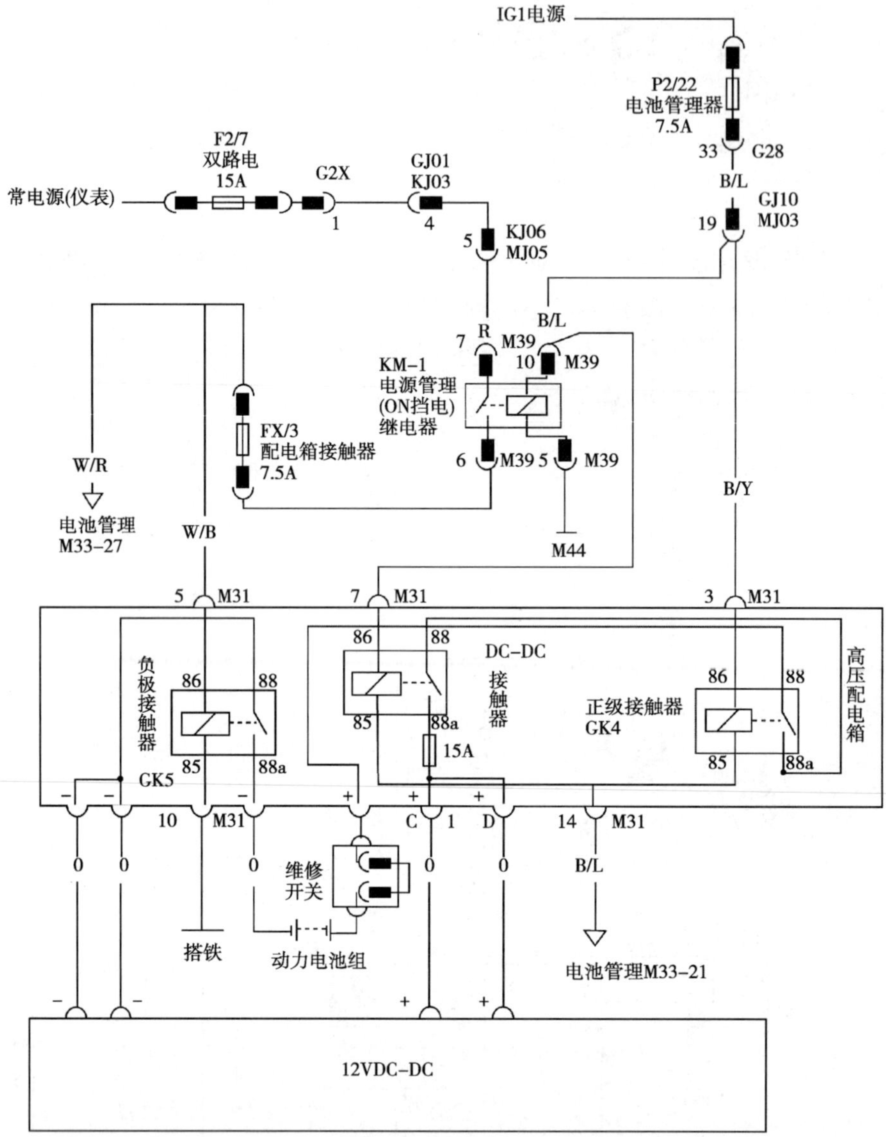

图 3-1-7　比亚迪 E6 配电箱在 DC/DC 系统的高压电路图

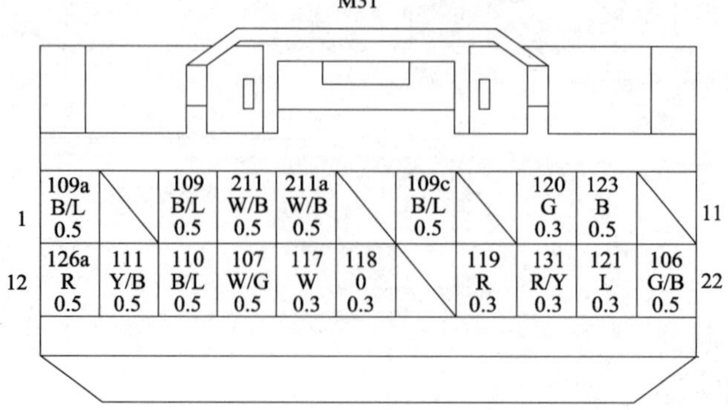

图 3-1-8　配电箱端子图

连接器各端子间电压或电阻正常值　　表3-1-2

端　　子	线色	条　　件	正常值
M31－1—车身搭铁	G	电源打到ON挡	11～14V
M31－3—车身搭铁	B/Y	电源打到ON挡	11～14V
M31－10—车身搭铁	B	始终	<1Ω

3.动力电池故障判断基本思路与注意事项

1)基本判断思路

(1)通过故障诊断仪读取电池组数据,并配合接线板进行实测,通过最终数据进行判断是动力电池故障,还是电源管理控制器或其他组件故障。

(2)单节电池电压值异常,单节电压过高会导致无法充电,过低会导致断电保护。充电过程中,单节最高电压应低于3.8V,行车过程中,单节电压低于2.2V会断电保护,低于2.4V系统报警。

(3)单节电池温度异常,温度过高会导致无法充电(高于65℃充电保护)。

(4)电池包损坏、漏液、漏电检测。

2)动力电池对外绝缘电阻要求

(1)绝缘电阻值的要求。在动力电池的整个寿命内,根据标准计算方法计算得到绝缘电阻值,所得值大于100Ω/V。

(2)测试前要求。在整个测试过程中,动力电池的开路电压等于或高于其标称电压值,动力电池两极应与动力装置断开。

(3)测量工具。能够测量直流电压的伏特表,其内阻应大于10MΩ。

任务实施

(一)工作准备

(1)防护装备:绝缘防护装备。

(2)车辆、台架、总成:比亚迪E6或其他纯电动汽车;或同类车型台架。

(3)专用工具、设备:比亚迪故障诊断仪、万用表;或其他适用的设备。

(4)手工工具:组合工具。

(5)辅助材料:诊断与维修必要的熔断丝等耗材。

(二)实施步骤

本操作任务主要完成对纯电动汽车(比亚迪E6为例)的动力电池系统的故障诊断与排除。

警告：

（1）禁止未参加该车型高压系统知识培训的维修人员拆卸高压系统，包括手动维修开关、高压电池包、驱动电机、电力电子箱、高压配电单元、高压线束、空调压缩机、交流充电线束、快速充电口、电加热器、慢充电器。

（2）在拆卸或装配高压配件时，必须断开12V电源和高压电池包上的手动维修开关。

（3）在进行高压相关操作前，维修人员必须穿戴好劳保用品，戴好绝缘手套，穿好高压绝缘鞋。在戴绝缘手套前，必须检查绝缘手套是否有破损的地方，确保手套无绝缘失效。

（4）在安装和拆卸过程中，应防止制动液、洗涤液等液体进入或飞溅到高压部件上。

警告：

执行高压中止与检验步骤！

（1）断开点火开关，挂入P挡，拔出车钥匙。

（2）打开蓄电池负极端子防护盖。

（3）用10mm扳手松开蓄电池负极螺栓。

（4）断开蓄电池负极线，并固定好蓄电池负极线，防止工作时，负极线与蓄电池重新连接。

（5）拆卸扶手箱内底部的盖板。

（6）用螺丝刀拆下USB及点烟器接口集成器上面的4个螺钉，并取出。

警告：

警告：高压操作前，维修人员必须穿戴好劳保用品，戴好绝缘手套，穿好高压绝缘鞋。在戴绝缘手套前，必须要检查绝缘手套是否有破损的地方，确保手套无绝缘失效。

（7）检查绝缘手套外观有无明显磨损痕迹。

（8）检查绝缘手套密封性。

①卷起手套边缘。

②折叠开口，并封住手套开口。

③向手套内吹气，确认有无空气泄漏。

④用同样的方法检查第二只手套。

⑤确认密封良好后，佩戴绝缘手套。

（9）轻轻向上掀起维修开关把手，当把手与维修开关垂直时，向上拔出维修开关。

（10）拆下手动维修开关，等待5min。

警告：

正常情况下，在拆除手动维修开关后，高压系统还存在高压电，这是因为电机控制器中高压电容的存在造成的，需要经过一段时间的等待，高压电容中的电，才能被完全释放。

1. 动力电池电压检测

动力电池电压检测操作过程如图3-1-9所示。

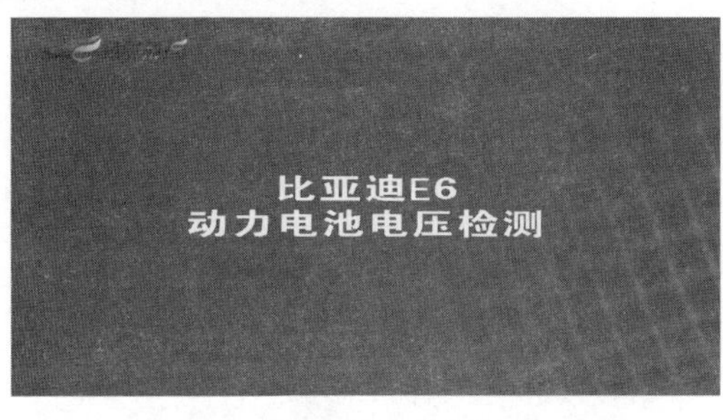

图3-1-9　比亚迪E6动力电池电压检测

(1)如图3-1-10所示，拆卸动力电池母线，拉出限位销，拔出动力电池高压母线负极(图3-1-10)。

(2)拉出限位销，拔出动力电池高压母线正极。

(3)如图3-1-11所示，安装维修开关。

图3-1-10　拆卸动力电池母线

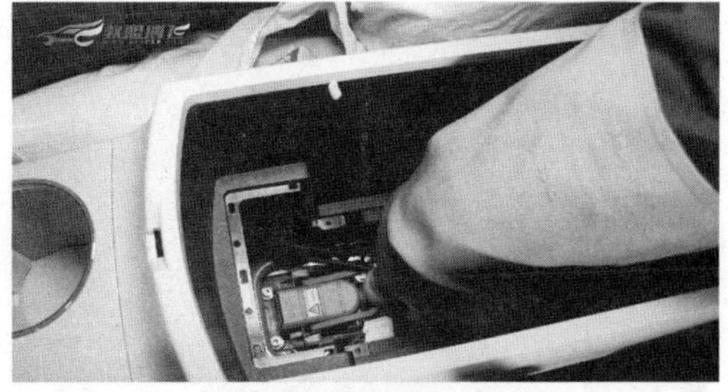

图3-1-11　安装维修开关

(4)安装低压蓄电池负极。

(5)按下电源开关。

(6)将万用表旋至直流电压挡(图3-1-12)。

(7)将红黑表笔分别插入动力电池高压正、负极端子，测得动力电池高压接线柱电压307V(图3-1-13)。

(8)拔出表笔，关闭万用表。

(9)安装电池母线。

(10)拆下蓄电池负极。

(11)拆下手动维修开关,等待5min。

(12)对准限位槽,安装动力电池高压母线负极,插入限位销。

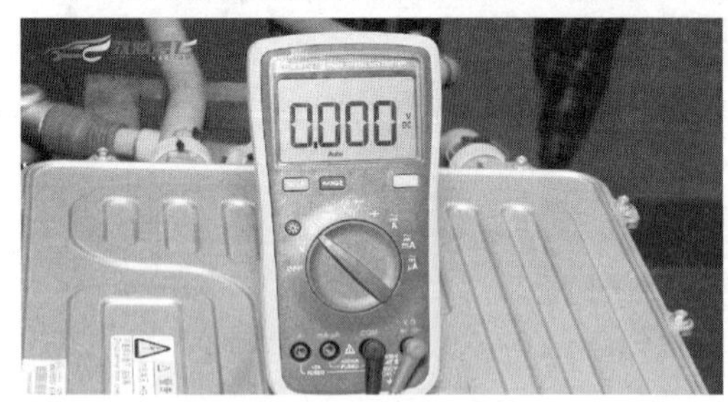

图3-1-12　将万用表旋至直流电压挡

图3-1-13　测量动力电池电压

(13)对准限位槽,安装动力电池高压母线正极,插入限位销。

(14)安装维修开关。

(15)安装低压蓄电池负极。

2. 动力电池组及单个电池电压数据检测

动力电池组及单个电池电压检测操作流程界面如图3-1-14所示。

警告:

在接通汽车后诊断仪屏幕会亮起,若程序未运行或出现乱码情景,可拔下仪器的数据线重新连接一次,即可继续操作;并且请确保测试接头和诊断仪器接触良好,以保证信号传输不会中断。

(1)打开诊断仪工具箱。

(2)取出连接线。

(3)取出诊断仪器。

(4)连接诊断仪器上的数据接头。

(5)如图3-1-15所示,连接车辆OBD－Ⅱ诊断座。

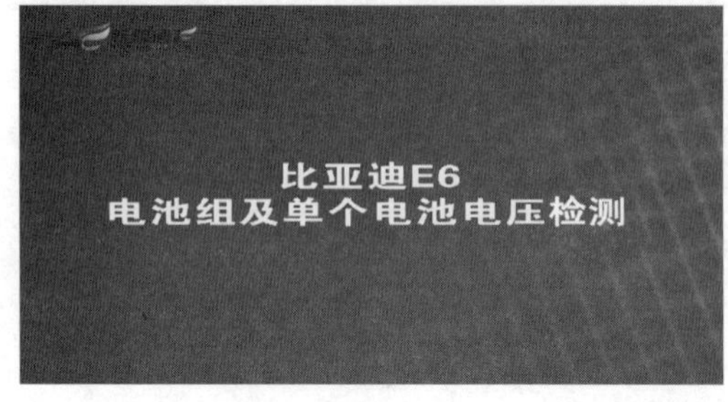

图3-1-14　动力电池组及单个电池电压数据检测流程界面

图3-1-15　连接车辆OBD－Ⅱ诊断座

(6)起动车辆。

(7)如图3-1-16所示,选择高压电池管理器。

(8)如图 3-1-17 所示,读取电脑版本,读取完毕后退出。

(9)如图 3-1-18 所示,读取系统故障码,读取完毕后退出。

图 3-1-16　选择高压电池管理器

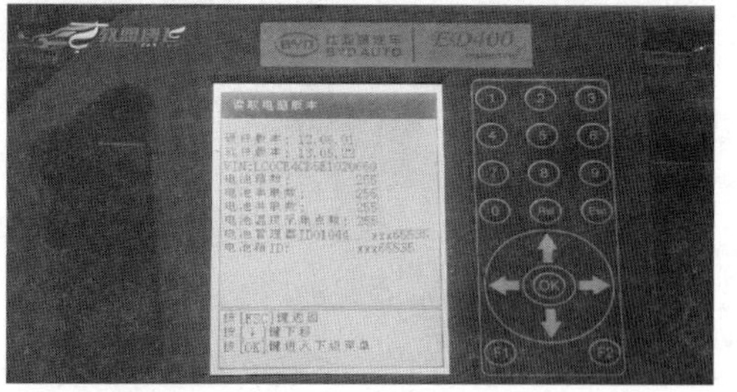

图 3-1-17　读取电脑版本,读取完毕后退出

(10)读取数据流。

①查看单体电池、均衡累计时间数据(图 3-1-19)。

图 3-1-18　读取系统故障码

图 3-1-19　查看单体电池、均衡累计时间数据

②查看电池包电压采样数据(图 3-1-20)。

③查看电池包温度采样数据(图 3-1-21)。

(11)退出至诊断仪主菜单。

(12)关闭仪器,拆卸接线。

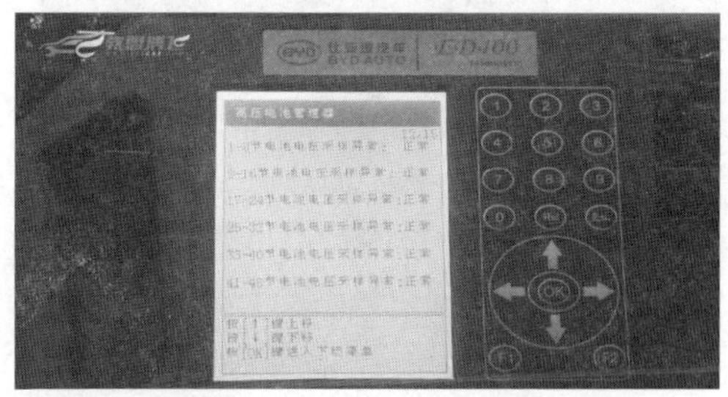

图 3-1-20　查看电池包电压采样数据

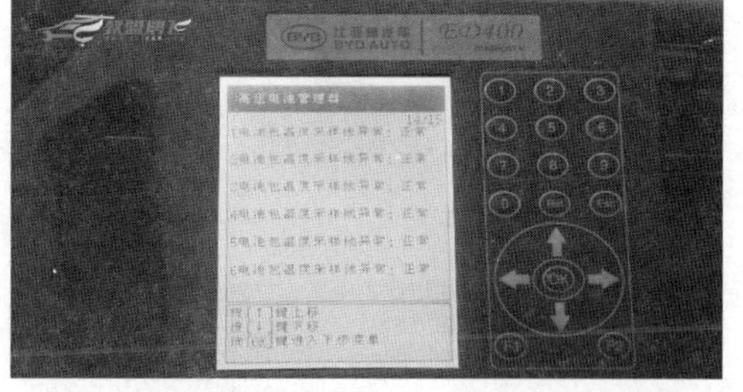

图 3-1-21　查看电池包温度采样数据

3. 高压配电箱的更换

1)高压配电箱的拆卸

高压配电箱的拆卸步骤界面如图 3-1-22 所示。

(1)在后座椅上铺翼子板护垫。

(2)拆下后排座椅坐垫左右两侧固定螺栓(图 3-1-23)。

(3)掀开后排座椅坐垫前方左右两侧固定卡钩,取出后排座椅坐垫。

(4)取出行李舱盖板,取出随车工具(图 3-1-24)。

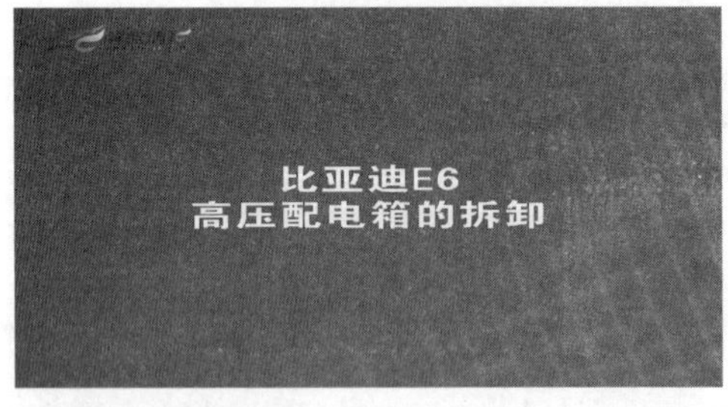

图 3-1-22 比亚迪 E6 高压配电箱的操作步骤界面

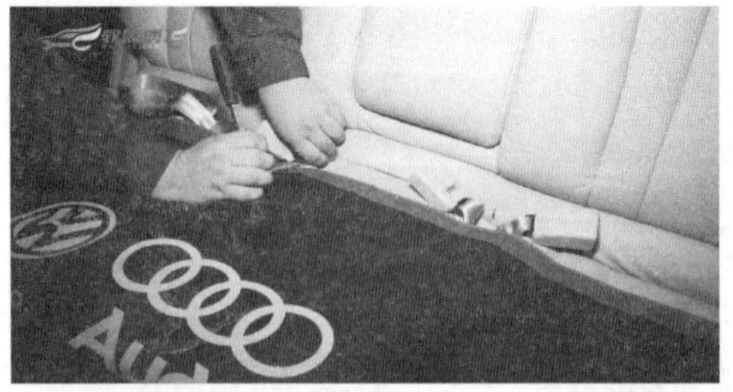

图 3-1-23 拆下后排座椅坐垫左右两侧固定螺栓

(5)拆卸高压配电箱保护盖后部 2 个固定螺栓(图 3-1-25)。

图 3-1-24 取出行李舱盖板,取出随车工具

图 3-1-25 拆卸高压配电箱保护盖后部固定螺栓

(6)拆卸高压配电箱保护盖前部 2 个固定螺栓(图 3-1-26)。

(7)取下左右两侧后排座椅转轴支架护罩(图 3-1-27)。

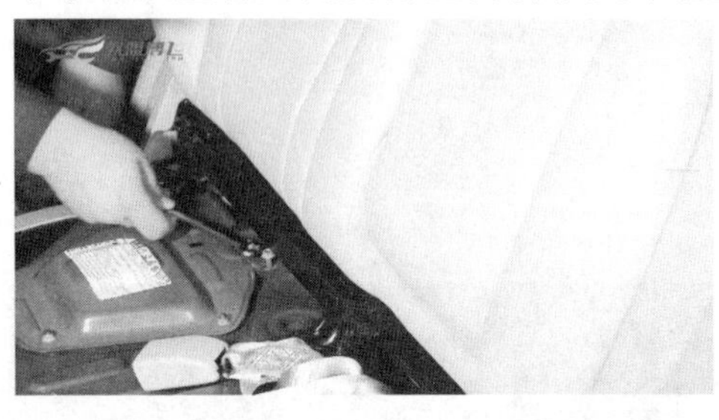

图 3-1-26 拆卸高压配电箱保护盖前部固定螺栓

图 3-1-27 取下两侧后排座椅转轴支架护罩

(8)拉下座椅左右两侧固定导索(图 3-1-28)。

(9)拆下后排座椅转轴支架螺栓。

(10)将后排座椅靠垫搬出驾驶室。

(11)挑开与高压配电箱盖板相连接的安全气囊线束(图 3-1-29)。

图 3-1-28 拉下座椅左右两侧固定导索

图 3-1-29 挑开安全气囊线束

(12)掀开高压配电箱盖板,拔下遥控器天线插头,取出高压配电箱盖板。

(13)拉出限位销,拔出动力电池高压母线负极;拉出限位销,拔出动力电池高压母线正极(图3-1-30)。

警告:

正常情况下,在拆除高压母线后,高压系统还存在高压电,这是因为电机控制器中高压电容的存在造成的,需要经过一段时间的等待,高压电容中的电,才能被完全释放。

(14)拔下电机控制器高压母线正极;拔下电机控制器高压母线负极(图3-1-31)。

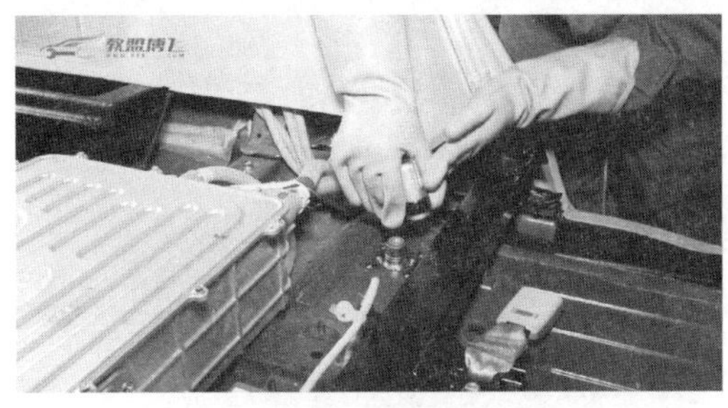

图3-1-30　拔出动力电池高压母线

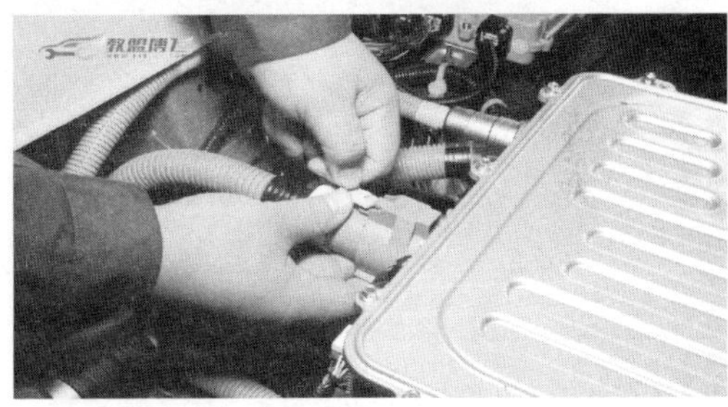

图3-1-31　拔下电机控制器高压母线

(15)拔下车载充电机充电线(图3-1-32)。

(16)拔下低压控制线束插头(图3-1-33)。

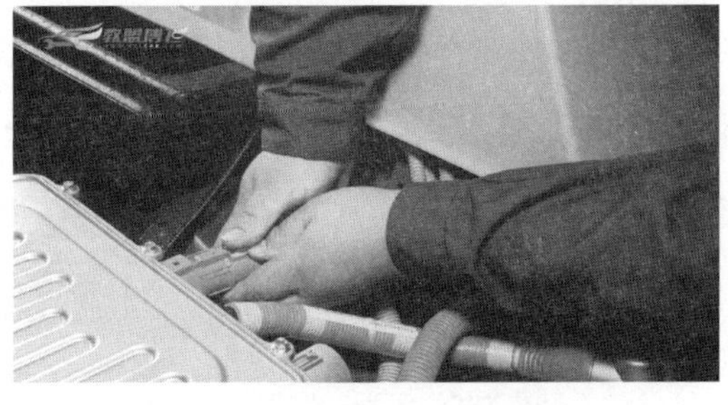

图3-1-32　拔下车载充电机充电线

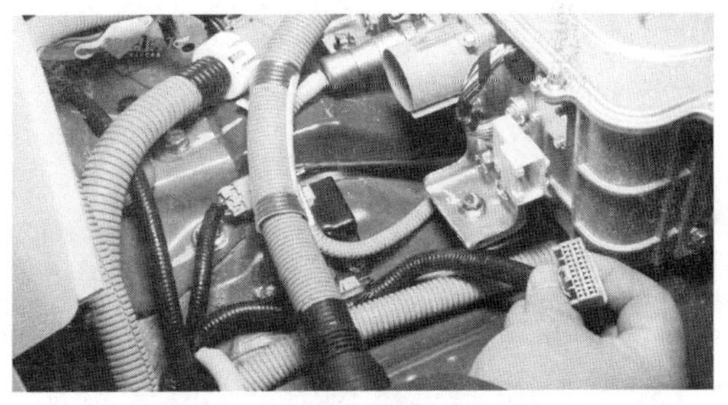

图3-1-33　拔下低压控制线束插头

(17)拔下漏电传感器高压负极插头。

(18)拔下DC/DC、空调控制器高压插头。

(19)拆下高压配电箱4个固定螺栓。

(20)取下高压配电箱(图3-1-34)。

2)高压配电箱的安装

高压配电箱的安装步骤界面如图3-1-35所示。

操作流程如下:

(1)将高压配电箱抬入驾驶室,安装到指定位置。

(2)安装固定螺栓。

图 3-1-34　取下高压配电箱

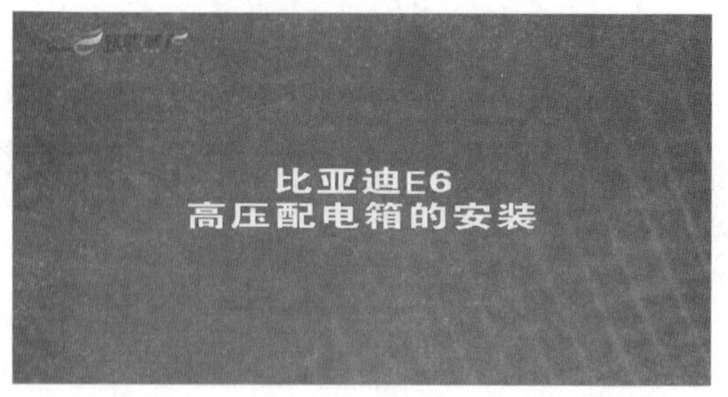

图 3-1-35　高压配电箱的安装步骤界面

(3)安装 DC/DC、空调控制器插头(图 3-1-36)。

(4)安装漏电传感器高压负极插头(图 3-1-37)。

图 3-1-36　安装 DC/DC、空调控制器插头

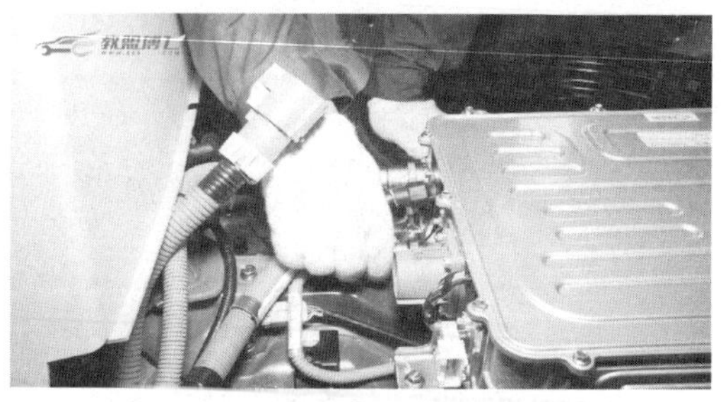
图 3-1-37　安装漏电传感器高压负极插头

(5)安装电机控制器高压母线负极插头,插入限位销(图 3-1-38)。

(6)安装低压线束插头(图 3-1-39)。

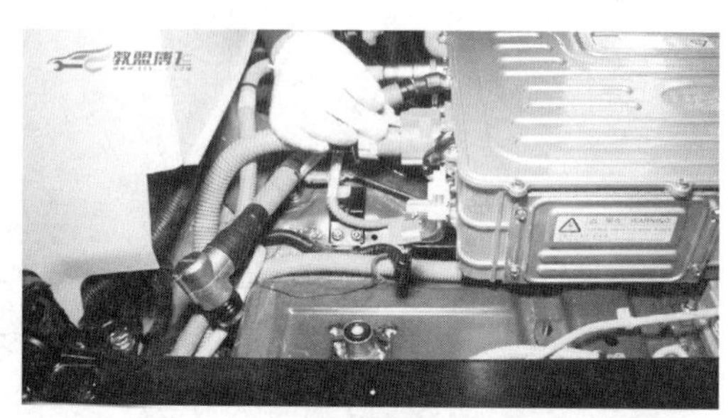
图 3-1-38　安装电机控制器高压母线负极插头,插入限位销

图 3-1-39　安装低压线束插头

(7)安装车载充电机充电线,并锁紧(图 3-1-40)。

(8)安装电机控制器高压母线正极插头,插入限位销。

图 3-1-40　安装车载充电机充电线,并锁紧

(9)拉出限位销,拔出动力电池高压母线负极,插入限位销;拉出限位销,拔出动力电池高压母线正极,插入限位销。

(10)安装高压配电箱保护盖,将盖板固定到后排座椅支架下方的两个螺丝杆上。

(11)安装保护盖前部螺母,安装遥控器天线插头。

(12)紧固保护盖后部螺母。

(13)安装安全气囊线束固定卡扣。

(14)紧固保护盖前部螺母。

(15)将后排座椅坐垫放入车内;整理好安全带,将安全带插头插入后排座椅的孔内;安装后排座椅坐垫,紧固螺钉。

(16)将后排座椅靠垫固定在后排座椅支架上。

(17)安装后排座椅支架的固定螺栓(图3-1-41)。

(18)用力推后排座椅靠垫,将后排座椅靠垫固定在支柱上(图3-1-42)。

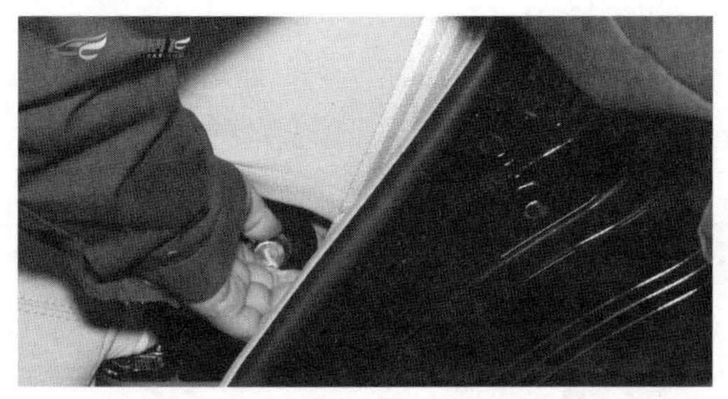

图3-1-41　安装后排座椅支架的固定螺栓

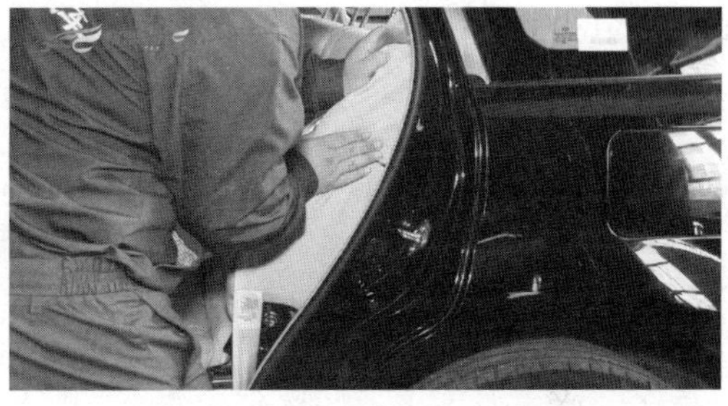

图3-1-42　将后排座椅靠垫固定在支柱上

(19)安装后排座椅转轴支架护罩。

(20)放好随车工具,安装行李舱盖板。

(21)关闭行李舱。

(22)安装维修开关。

(23)安装低压蓄电池负极。

4.动力电池包的更换

提示:

本实训步骤根据实训室条件及实际情况选做。

若确定动力电池有问题需要维修,目前仅支持更换整个电池包总成,并不支持单独的电池单元维修或更换,因为不同电池的特性不一致,电池性能不一致装配在一起会影响电池的寿命和使用,按以下步骤拆卸更换总成。

(1)将车辆退电至OFF挡,拆下后排座椅,断开维修开关,等待5min。

(2)用万用表检测电池是否漏电。

检测方法为:将万用表正极分别搭在电池正负极引出,负极搭车身搭铁,正常值为10V以下。若过大请不要拆卸,检测漏电原因和地方,排除问题后再进行以下操作。

(3)佩戴绝缘手套,用套筒依次拆卸掉每一根动力电池串联、维修开关线束、动力电池包正负极线束固定螺栓,同时取下每一根动力电池串联线、维修开关线束、动力电池包正负极线束。拆卸锁止装置如图3-1-43所示。

注意：

拆卸动力电池正负极时，注意锁紧装置的拆卸与安装。

(4)用一字螺丝刀撬开动力电池采样线固定卡扣，拔掉所有动力电池采样线与电池信息采集器连接的接插件(图 3-1-44)。

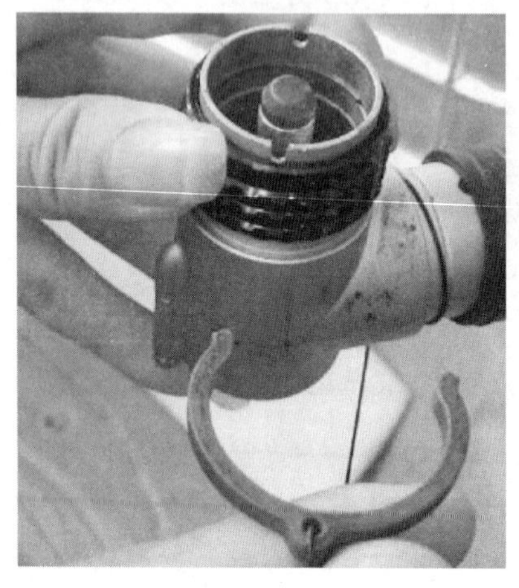

图 3-1-43　拆卸锁止装置

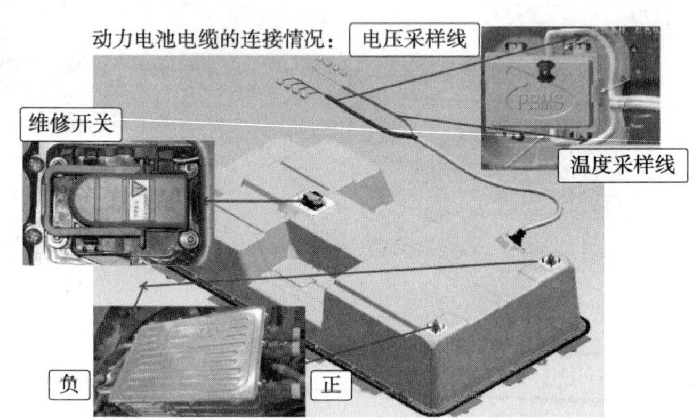

图 3-1-44　拆卸接插件

(5)安装合适的电池包总成支撑架，佩戴绝缘手套，用套筒拆卸掉动力电池总成的各个固定螺栓(图 3-1-45)。

图 3-1-45　安装电池包总成支撑架

(6)拆下动力电池包总成，并按与拆卸相反的顺序安装新的动力电池包。

学习测试

1. 填空题

(1)电源管理控制器是整车动力电池的____，负责采集动力电池的______、温度、电流数据，控制动力电池处于最佳的__________。

(2)电源管理控制器的主要故障原因是______异常，或模块自身______不良。

(3)高压配电箱是控制高电压______的执行部件，内部主要由多个接触器与继电器

组成。

(4)在动力电池的整个寿命内,根据标准计算方法计算得到绝缘电阻值,所得值大于____。

(5)在动力电池整个测试过程中,动力电池的________等于或高于其标称电压值,动力电池两极应与动力装置____。

2. 判断题

(1)电源管理控制器存在故障时,会导致高电压系统内接触器不能工作,使车辆失去动力。　(　　)

(2)电源管理控制器是高压配电箱内继电器与接触器的诊断主控模块。　(　　)

(3)单节电池温度异常,温度过低会导致无法充电。　(　　)

(4)电源管理控制器存在故障时,会使车辆失去动力并点亮故障灯。　(　　)

(5)电源管理控制器电路发生故障,不会产生 DTC。　(　　)

3. 单项选择题

(1)高压配电箱内继电器与接触器的诊断主控模块是(　　)。

A. DC/DC　　B. 温度传感器

C. 电源管理控制器　　D. VCU

(2)能够测量动力电池直流电压的伏特表,其内阻应大于(　　)。

A. 5MΩ　　B. 10MΩ　　C. 50MΩ　　D. 100MΩ

(3)比亚迪 E6 高压电池管理系统模块位于(　　)。

A. 行李舱备胎下方　　B. 高压电池组总成内部

C. 前机舱中间　　D. 仪表台下方

(4)高压电缆内部的电阻应该(　　)。

A. 小于 1Ω　　B. 大于 10Ω　　C. 小于 10Ω　　D. 越大越好

(5)单节电池电压过高会导致的故障是(　　)。

A. 无法充电　　B. 断电保护　　C. 没有影响　　D. 都有可能

任务2　纯电动汽车电机及驱动系统故障诊断与排除

提出任务

一辆比亚迪 E6 纯电动汽车，车主反映在仪表中有一个类似于汽车的感叹号灯点亮，起动车辆也不能行驶。你的主管初步判断是因为电机及驱动系统存在故障，要求你去诊断并找到故障的可能原因。你能完成这个任务吗？

任务要求

知识要求

1. 能够描述驱动电机控制器故障的诊断与排除方法；
2. 能够描述驱动电机故障诊断与排除方法；
3. 能够描述驱动电机与控制器冷却系统故障诊断方法。

能力要求

1. 能够进行电机解角器传感器的检测；
2. 能够进行电机解角器传感器的波形检测；
3. 能够进行电机控制器的更换。

相关知识

1. 驱动电机控制器故障的诊断与排除方法

电机控制器是驱动系统的核心执行模块。电机控制器接收电池管理器和整车控制单元的信息，控制三相驱动电机的运转，并实现电机转速、方向和转矩的改变。电机控制器通过接收电机角度传感器（电机解角器传感器）信号作为控制命令的输出反馈，实现系统的闭环控制。

1）故障症状

（1）电机控制系统存在故障时，会导致电机不能正常运转，使车辆失去动力。

（2）位于车辆仪表内动力系统故障指示灯将点亮。

(3)如果仅该指示灯点亮,说明电机的温度过高,系统将降低电机的功率输出。

2)故障可能原因

电机控制系统的主要故障集中在:

(1)控制器模块本身的故障。

(2)角度传感器故障。

(3)电源和搭铁不良。

3)诊断步骤

(1)读取 DTC。使用诊断仪读取可能存在 DTC,见表 3-2-1。

电机及驱动系统相关的故障码　　表 3-2-1

MG2 电机控制器模块		
故障码(DTC)	故障描述	可能发生部位
P1B00-00	IPM 故障	电机控制器
P1B01-00	旋变故障	MG2 电机线束,接插件
P1B02-00	欠电压保护故障	电机控制器
P1B03-00	主接触器异常故障	电机控制器 电池管理器 电压配电箱
P1B04-00	过电压保护故障	电机控制器
P1B05-00	IPM 散热器过温故障	电机控制器
P1B06-00	挡位故障	挡位管理器 电机控制器/线束
P1B07-00	节气门异常故障	节气门深度传感器回路
P1B08-00	电机过温故障	制动深度传感器回路
P1B09-00	动力电机过电流故障	MG2 电机
P1B0A-00	缺相故障	电机控制器,线束
P1B0B-00	EEPROM	

(2)诊断步骤。

①控制器电源与搭铁的诊断。根据 DTC 提示完成故障检测,包括电源和搭铁的线路检测。

电源与搭铁诊断参考电路如图 3-2-1 所示。

a. 拔下电机控制器 B32(外围 24PIN 棕色接插件)连接器。

b. 测量线束端连接器各端子间电阻或电压。

c. 连接器端子与正常值如表 3-2-2 及图 3-2-2 所示。

连接器 B32 端子与正常值　　表 3-2-2

端　子	线色	条　件	正常值
B32-8—车身搭铁	L	电源打到 ON 挡	11~14V
B32-1—车身搭铁	B	电源打到 ON 挡	<1Ω

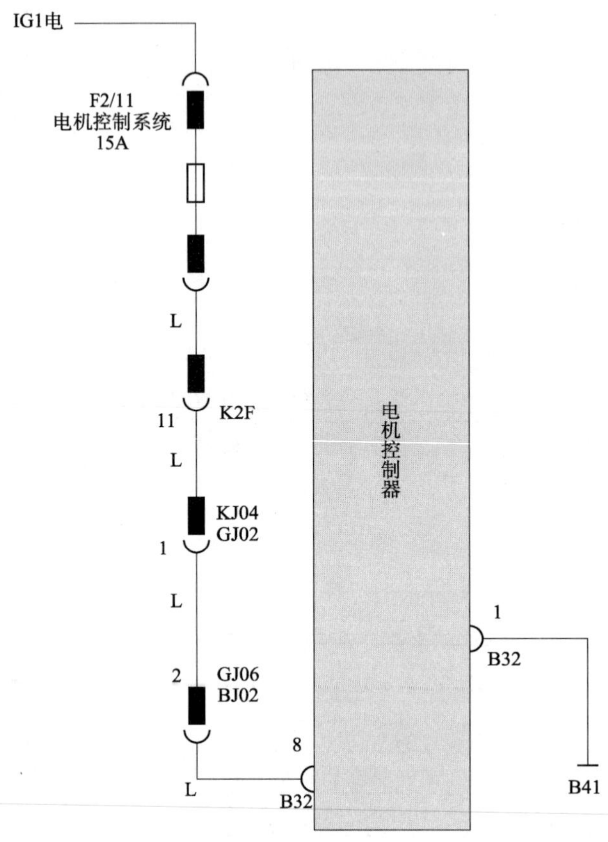

图 3-2-1 电机控制器电源与搭铁参考电路

②电机控制器与电机低压端子线束电阻检查。

a. 用诊断仪检查电机控制器和电机。

b. 对照下面的结果测量(表 3-2-3、图 3-2-3),如果不符合规格则更换相应的组件。

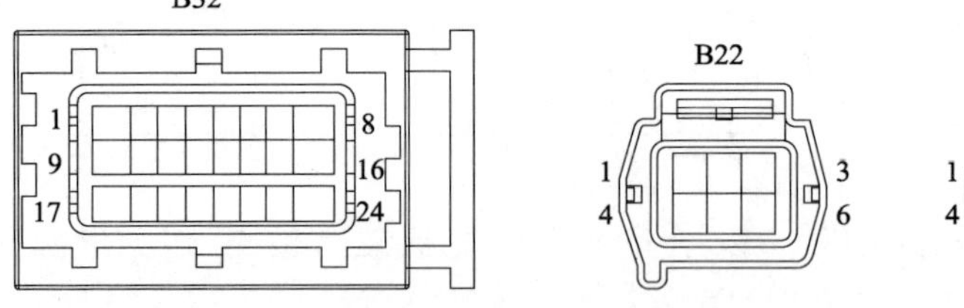

图 3-2-2 电机控制器连接器 B32 端子

图 3-2-3 电机控制器连接器 B22 B23 端子

连接器 B22、B23 端子与正常值 表 3-2-3

端　　子	线色	正常值
B33 - 7—B23 - 1	O	<1Ω
B33 - 15—B23 - 4	Lg	<1Ω
B33 - 4—B22 - 1	Y/L	<1Ω
B33 - 5—B22 - 2	Y/O	<1Ω
B33 - 6—B22 - 3	Y/G	<1Ω

续上表

端子	线色	正常值
B33－12—B22－4	L/W	<1Ω
B33－13—B22－5	L/O	<1Ω
B33－14—B22－6	Gr	<1Ω

主电机控制器检测数据：测量电机控制器高压正负极输入端与控制器向动力电机输出端的电压值(表3-2-4)。

动力电机输出端电压值　　表3-2-4

至动力电机输出相位	电压数值(V)正常值在0.3V左右	
A相	与控制器输入正极	0.3V
	与控制器输入负极	
B相	与控制器输入正极	
	与控制器输入负极	
C相	与控制器输入正极	
	与控制器输入负极	

③角度传感器的诊断。

a.使用诊断仪诊断会产生DTC:P1B01－00——旋变故障。

b.检查低压接插件。退电OFF挡，拔掉电机控制器低压接插件B33。

测量B33－4和B33－12是否为8～10Ω；测量B33－5和B33－13电阻是否为14～18Ω；测量B33－6和B33－14电阻是否为14～18Ω。

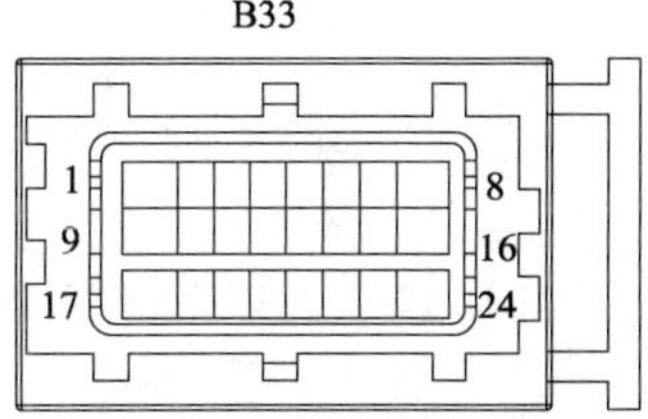

图3-2-4　电机控制器连接器B33端子规格

如果所测电阻正常，则检查B22接插件是否松动，如果没有，则为动力总成故障。

c.更换驱动电机控制器与DC总成。

电机控制器连接器B33端子如图3-2-4所示，其主要端子定义及正常值见表3-2-5。

电机控制器连接器B33端子与正常值　　表3-2-5

端子号	线色	端子描述	条件	正　常　值
3	绿	MG2旋变屏蔽地	始终	<1V
4	黄	MG2励磁+	线束端(断线插件)	与励磁－(8.1±2)Ω
5	蓝	MG2正弦+	线束端(断线插件)	与正弦－(14±4)Ω
6	橙	MG2余弦+	线束端(断线插件)	与余弦－(14±4)Ω
7	粉	MG2电机过温	线束端(断线插件)	与15脚有电阻值(<100Ω)
8	灰	运行模式切换信号输入	ON挡	<1V或11～14V
11	紫	CAN屏蔽地	始终	<1V
12	绿黑	MG2励磁－	线束端(断线插件)	与励磁+(8.1±2)Ω

续上表

端子号	线色	端子描述	条件	正　常　值
13	黄黑	MG2 正弦 -	线束端(断线插件)	与正弦 +(14 ±4)Ω
14	蓝黑	MG2 余弦 -	线束端(断线插件)	与余弦 +(14 ±4)Ω
15	绿黄	MG2 电机过温地	线束端(断线插件)	与 7 脚有电阻值(<100Ω)
16	黄红	运行模式切换信号输出	ON 挡	<1V 或 11 ~14V
19	棕	CAN 信号高	始终	2.5 ~3.5V
20	白	CAN 信号低	始终	1.5 ~2.5V
21	白黑	驻车制动信号	驻车	<1V
22	白红	行车制动信号	踩制动踏板	11 ~14V

4)相关 DTC P1B03:欠电压保护故障(或 P1B04:过电压保护故障)的诊断

其流程操作界面如图 3-2-5 及视频所示。

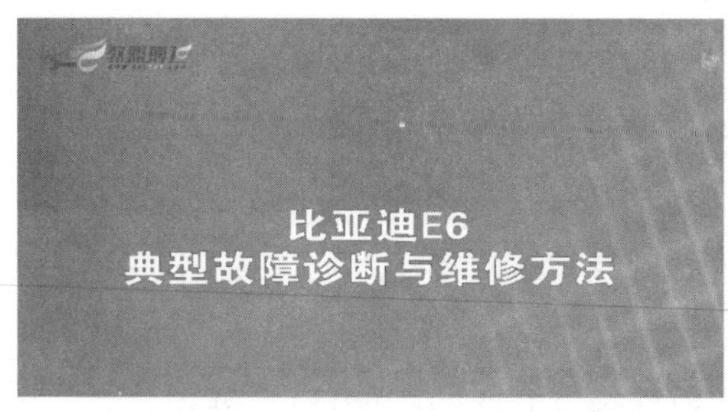

图 3-2-5　比亚迪 E6 典型故障诊断与维修方法流程操作界面

(1)检查动力电池电量,动力电池电量是否大于 10% 。

(2)如果正常,检测高压母线。

①断开维修开关,等待 5min。

②拔掉电机控制器高压接插件端子。

③插上维修开关,整车上 OK 电。

④测量母端电压值(表 3-2-6)。

测量母端电压值　　表 3-2-6

端子	正常值
母线正→母线负	标准动力电池电压

(3)如果母端电压值不在正常范围,那么检查高压配电盒及高压线路。

(4)否则,更换驱动电机控制器。

5)更换驱动电机控制器

(1)拆卸前需求:

①整车 OFF 挡。

②拔掉紧急维修开关,等待 5min 以上。

③断开起动电池。

④拆掉配电盒。

(2)拆卸：

①拆掉电机三相线接插件的4个螺栓。

②拔掉高压母线接插件。

③拆掉附在箱体的配电盒上端螺栓。

④拆掉底座4个紧固螺栓。

⑤将控制器往左移，拔掉低压接插件，拆掉搭铁螺栓，拔掉DC低压输出线，拔掉4个低压线束卡扣。

⑥将控制器往右移，拆掉进水管，拆掉出水管。(注：拆掉进水管时将留出的冷却液用容器接住)

(3)安装：

①将控制器放进安装位置。

②将控制器往右边移动，安装进水管、出水管。

③安装4个底座螺栓(先对准左上方螺栓，将螺栓放进去，拧进1/3，再对准右下方螺栓，将螺栓拧进1/3，之后放进其他螺栓，将所有螺栓拧紧，打紧力矩为22N·m)。

④卡上DC12V输出线卡扣，插上DC12V接插件；卡上ACM线束卡扣；安装搭铁螺栓(拧紧力矩为22N·m)；插接插件。

⑤安装贴在箱体侧面的配电盒螺栓。

⑥插上高压母线接插件。

⑦安装电机三相线接插件(先装最靠近车头下方螺栓，拧进1/3；再装其对角螺栓，拧进1/3；之后安装其他螺栓；将所有螺栓拧紧，拧紧力矩为9N·m)。

2. 驱动电机故障诊断与排除方法

驱动电机发生故障时，通常仪表板会点亮动力系统的故障警告灯，应先利用故障诊断仪读取DTC(故障码)，根据故障码提示的内容进行检修。

驱动电机常见的故障如下：

(1)电机起动困难或不能起动。

①电源电压过低修理方法：调整电压到所需值。

②电机过载修理方法：减轻负载后再起动。

③机械卡住修理方法：检查后先停车解除机械锁止然后再起动电机。

(2)电机运行温度过高。

①负载过大修理方法：减轻负载。

②电机扫膛修理方法：检查气隙及转轴、轴承是否正常。

③电机绕组故障修理方法：检查绕组是否有搭铁、短路、断路等故障，给予排除。

④电机冷却不良修理方法：检查冷却系统故障，给予排除。

3. 驱动电机与控制器冷却系统故障诊断方法

1)电机与控制器过热常见故障排除

电机与控制器过热常见故障排除见表3-2-7和表3-2-8。

电机与控制器过热常见故障排除表1 表3-2-7

故障现象	故障部位	故障原因	解决方案
电机或控制器过热	冷却液缺少	冷却液缺少,未按维护手册添加冷却液	溢水罐处添加冷却液
	冷却液泄漏	环箍破坏,水管接口处冷却液泄漏	更换全新环箍,留存故障件
		水管破损,水管本身冷却液泄漏	更换全新水管,留存故障件
		散热器芯体破坏,芯体处渗漏冷却液	更换散热器芯体,留存故障件
		散热器水室开裂,水室外侧泄漏冷却液	更换散热器芯体,留存故障件
		散热器水室与散热器芯体压装不良,接缝处渗漏冷却液	更换散热器芯体,留存故障件
		散热器防水堵塞丢失,放水孔渗漏冷却液	更换散热器放水堵塞
	电动水泵	冷却液杂质,导致电动水泵堵转	更换系统冷却液
		电动水泵破损,泵盖/密封圈/泵轮破坏	更换电动水泵,留存故障件

电机与控制器过热常见故障排除表2 表3-2-8

故障现象	故障部位	故障原因	解决方案
电机或控制器过热	电动水泵	整车线束故障,虚接/短路/断路等故障	查找线束故障,依据线束维修手册处理
		水泵控制器熔断丝/继电器熔断/插接件针脚退针	更换电动水泵,留存故障件
	散热器风扇	风扇控制器/继电器/插接件针脚退针	更换散热器风扇,留存故障件
		整车线束故障,虚接/短路/断路等故障	查找线束故障,依据线束维修手册处理
		扇叶破损/断裂,扇叶不工作	更换扇叶,留存故障件
		电机/控制器温度传感器故障,风扇不工作	查找电机/控制器故障,依据相应维修手册处理
	散热器	芯体老化,芯管堵塞	更换散热器
		散热带倒伏,影响进风量	更换散热器
		水室堵塞,影响冷却液循环	更换散热器
	前保险杠中网或下格栅	进风口堵塞	查找进风口故障,依据相应维修手册处理

2)电机系统过热故障实例分析

以下列举典型的电机与控制器过热的故障实例。车型以北汽EV系列纯电动汽车为例,其他车型可参考。

(1)电机过热被限速9km/h。

①故障现象。车辆行驶几千米以后,出现限速9km/h现象,仪表显示电机控制器过热。

②可能原因。水泵故障、散热风扇故障、冷却液缺少或冷却系统内部堵塞。

③故障诊断与排除。用诊断仪读数据流显示电机控制器温度为75℃，散热器风扇高速旋转，检查水泵工作正常、膨胀水壶冷却液也不缺少；水泵在工作过程中观察膨胀水壶发现冷却液循环不畅现象，进一步对冷却系统进行水道堵塞排查。采用压缩空气对散热器和管路和电机控制器进行疏通检查时发现电机控制器内部有阻塞。找到堵塞点用高压空气将电机控制器内部异物吹出，恢复冷却系统管路加注冷却液后进行试车不再出现电机系统高温，故障排除。

④故障分析。电机系统冷却方式采用水冷式，电机控制器和电机是串联式循环，电机控制器的温度在75～85℃时电机降功率，当电机控制器温度高于85℃时电机将立即停止工作，所以此车电机控制器温度达到75℃被降功率。

(2)间歇性断高压。

①故障现象。车辆在行驶几千米偶尔"掉高压"现象，仪表显示动力蓄电池故障指示灯亮，系统故障灯亮，车辆无法行驶。

②可能原因。动力蓄电池故障、电机控制器故障温度过高。

③故障诊断与排除。

a.使用故障检测仪读出故障码为P0518、定义是：电机控制器欠电压故障。使用诊断仪清除故障码，故障码无法清除则说明存在现行故障。

b.起动空调系统能正常工作。

c.检测高压绝缘性能未发现异常。

d.检查电机控制器低压电路电源正常，插接件也未发现退针现象。通过以上检查空调系统正常，基本排除了动力电池故障；结合故障现象和故障码显示可以断定为电机控制器故障，更换电机控制器故障现象消失。

④故障分析。故障码为P0518(电机控制器欠电压故障)，因为电机控制器是个比较昂贵的部件需要确定故障后才进行更换以免更换后故障未能解决。因此需要把相关部件和外围电路进行排查，最终确定是电机控制器故障才进行处理，避免多次维修不能解决问题。

(3)MCU IGBT 过温故障。

①故障现象：故障码为P117098/ P117198/ P117298。

②故障处理方式。

MCU：当任意一相IGBT温度大于IGBT温度限制值(90℃)，MCU进入零转矩控制模式，同时向VCU转矩发送零转矩模式状态标志位。

VCU：

a.VCU在IGBT温度限制值的基础上提前10℃，根据温度线性限制转矩，同时闪烁电机温度灯。

b.上报故障时仪表点亮电机温度报警灯。

c.仪表点亮MIL灯，报警音短鸣。

③导致故障的原因：

a.MCU长期大负载运行。

b.冷却系统故障。

④故障可能造成的影响：

a.MCU最大可用转矩降低。

b. 整车动力性能降低，甚至不能正常行驶。

⑤处理措施：

a. 如果间隔一段时间重新上电，车辆恢复正常，则不需要派工。同时将信息反馈技术中心电机工程师。

b. 如果间隔一段时间重新上电，车辆运行重复出现，则按以下方法处理：

- 首先优先排查风扇、水泵及其驱动电路故障，若异常，则联系冷却系统派工解决。
- 然后优先排查是否缺冷却液，若缺冷却液，则及时补冷却液。
- 若不缺冷却液，然后排查冷却管路是否存在堵塞和漏水，若冷却管路存在堵塞和漏水，则进行排查解决。
- 若冷却液和冷却管路均无问题，则需要派工。

⑥维修措施：

a. 检查运行工况。

b. 检查冷却水泵、冷却液和冷却管路。

(4) MCU 过温故障。

①故障现象：故障码为 P117F98。

②故障处理方式：

MCU：当电机温度大于 MCU 温度限制值（75℃），MCU 进入零转矩控制模式，同时向 VCU 发送零转矩模式状态标志位。

VCU：

a. VCU 在 MCU 温度限制值的基础上提前 10℃，根据温度线性限制转矩，同时闪烁电机温度灯。

b. 仪表点亮电机系统专用报警灯（闪烁）。

c. 仪表点亮 MIL 灯，报警音短鸣。

③导致故障的原因：

a. MCU 长期大负载运行。

b. 冷却系统故障。

④故障可能造成的影响：

a. MCU 最大可用转矩降低。

b. 整车动力性能降低，甚至不能正常行驶。

⑤处理措施：

a. 如果间隔一段时间重新上电，车辆恢复正常，则不需要派工。同时将信息反馈技术中心电机工程师。

b. 如果间隔一段时间重新上电，车辆运行重复出现，则按以下方法处理：

- 首先优先排查风扇、水泵及其驱动电路故障，若异常，则联系冷却系统派工解决。
- 然后优先排查是否缺冷却液，若缺冷却液，则及时补冷却液。
- 若不缺冷却液，然后排查冷却管路是否存在堵塞和漏水，若冷却管路存在堵塞和漏水，则进行排查解决。
- 若冷却液和冷却管路均无问题，则需要派工。

⑥维修措施：

a. 检查运行工况。

b. 检查冷却水泵、冷却液和冷却管路。

提示：

如果处于 state30，在 MCU 上报此故障前，VCU 在指定温度值（65℃）至 MCU 温度限制值（75℃）之间限制转矩命令。点亮电机系统专用报警灯（闪烁）。

任务实施

（一）工作准备

（1）防护装备：绝缘防护装备。

（2）车辆、台架、总成：比亚迪 E6 或其他纯电动汽车。

（3）专用工具、设备：比亚迪故障诊断仪、万用表、示波器；或其他适用的设备。

（4）手工工具：组合工具。

（5）辅助材料：诊断与维修必要的熔断丝等耗材。

（二）实施步骤

本操作任务主要完成对纯电动汽车（以比亚迪 E6 为例）的电机及驱动系统的故障诊断。

警告：

在执行高压车辆诊断及维护前，务必佩戴完好的个人防护用品，并严格遵守正确的操作步骤！

1. 电机解角传感器的检测

提示：

电机解角传感器也称“角度传感器”，是一种检测磁极位置的传感器，它对保证 MG1 和 MG2 的高效控制是必需的。解角传感器的定子包括一个励磁线圈和两个检测线圈。因为转子是椭圆形状的，定子和转子间的间隙随着转子转动而变化。预定频率的交流电流过励磁线圈和检测线圈 S 和 C，并且根据传感器转子的位置输出交流电。

电机控制器根据检测线圈 S 和 C 的相位及它们的波形高度来检测转子的绝对位置。此外，为了把解角传感器用做一个速度传感器，CPU 计算出在一段预定的时间内位置的变化次数。

E6 电机解角传感器由电机控制器模块监测，根据这些位置传感器的信号，电机控制器监测电机的角位置、转速和方向。解角传感器包含一个励磁线圈、两个驱动线圈和一个不规则形状的金属转子。金属转子以机械方式固定在电机轴上。将点火开关置于 ON 位置时，电机控制模块输出一个 5 V 交流电、一定频率的励磁信号至驱动线圈。驱动线圈励磁信号生成一个环绕两个从动线圈和不规则形状转子的磁场。然后，电机控制模块监测两个从动线圈电路，以获得一个返回信号。不规则形状金属转子的位置引起从动线圈的磁感应返回信号发生大小和形状的变化。通过比较两个从动线圈信号，电机控制器能确定电机的确切解角、转速和方向。解角传感器工作原理如图 3-2-6 所示，其安装位置及结构如图 3-2-7 所示。解角器安装位置如图 3-2-8 及动画所示。

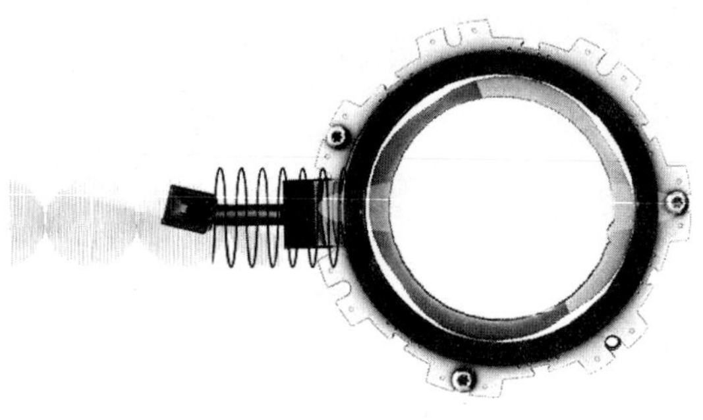

图 3-2-6　解角传感器工作原理

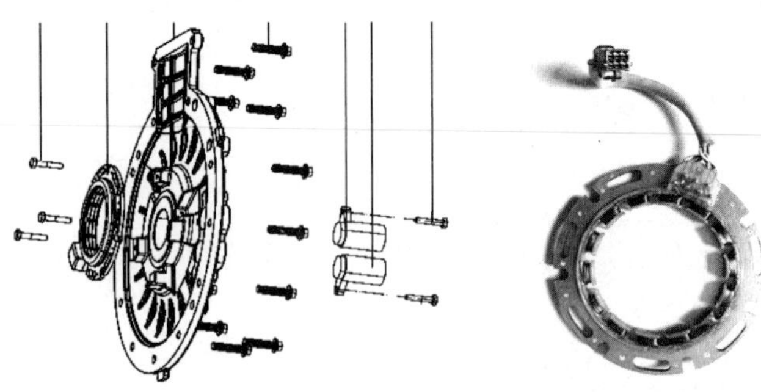

图 3-2-7　解角传感器(旋转变压器)安装位置及结构

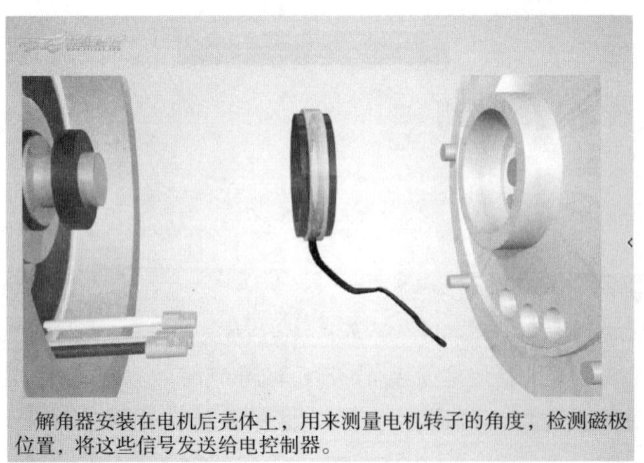

图 3-2-8　解角器的安装位置

(1)检测电机控制器到传感器之间的线路连接,步骤界面如图3-2-9所示。

操作步骤如下:

①关闭点火开关至OFF挡。

②断开蓄电池负极。

③断开电机解角传感器连接器(图3-2-10)。

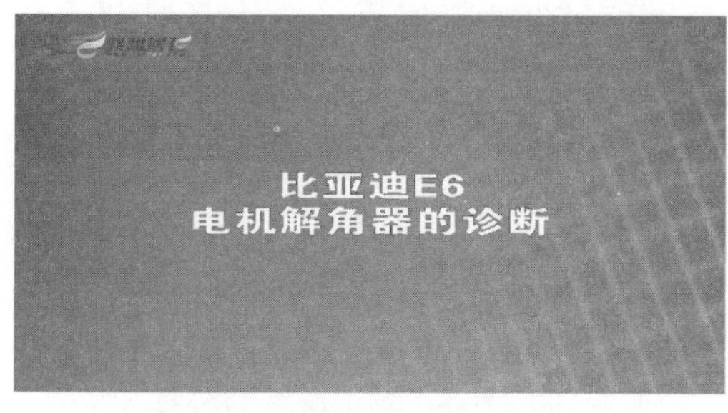

图3-2-9　电机解角器的诊断步骤界面

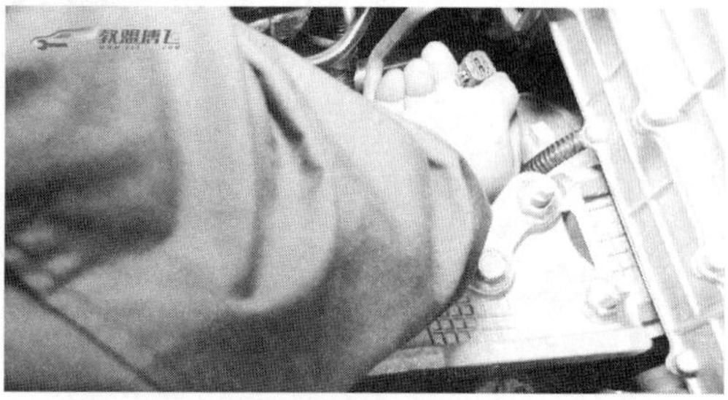

图3-2-10　断开电机解角传感器连接器

④断开驱动电机控制器连接器(图3-2-11)。

⑤安装蓄电池负极。

⑥打开点火开关。

⑦将万用表负极线夹固定在搭铁处(图3-2-12)。

图3-2-11　断开驱动电机控制器连接器

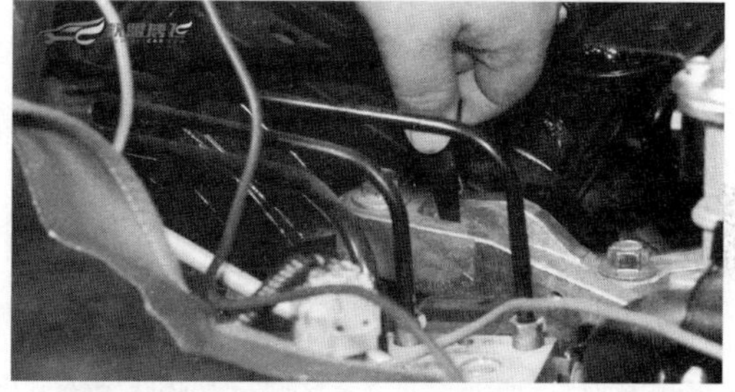
图3-2-12　将万用表负极线夹固定在搭铁处

⑧打开万用表,调至电阻挡,用万用表正极端子针搭铁,检查搭铁是否良好(图3-2-13)。

⑨将万用表旋至直流电压挡。

⑩将正极端子针插入解角器1号端子到6号端子,检测它们的对地电压(图3-2-14、图3-2-15)。

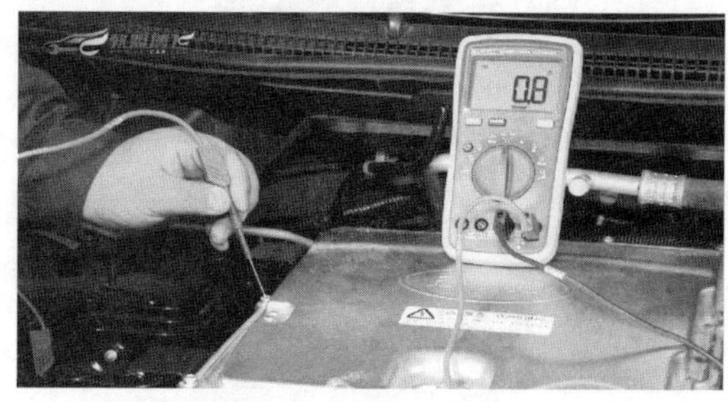

图3-2-13　检查搭铁是否良好

图3-2-14　将正极端子针插入解角器1号端子

(2)检测电机控制器接插件端子与电机解角器连接器端子之间线束及连接器导通情况,步骤如下:

①将万用表旋至蜂鸣挡,将负极端子插入电机解角器连接器端子1号针脚,将正极端子插入电机控制器连接器对应端子,测量其导通(图3-2-16)。

图3-2-15　检测1号端子对地电压

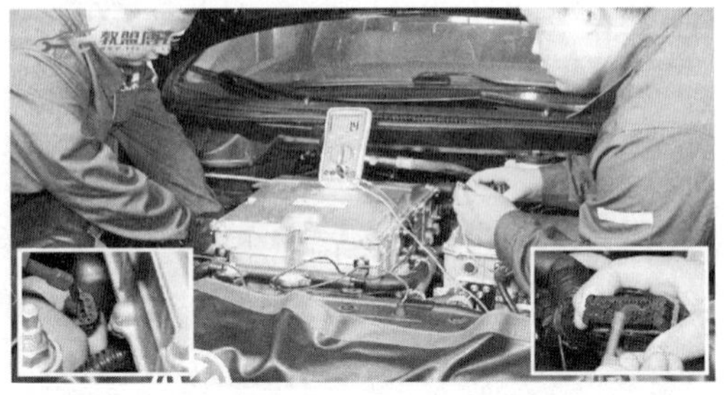
图3-2-16　检测解角器1号端子与电机控制器对应端子的导通性

②将负极端子插入电机解角器连接器端子2号针脚,将正极端子插入电机控制器连接器对应端子,测量其导通(图3-2-17)。

③将负极端子插入电机解角器连接器端子3号针脚,将正极端子插入电机控制器连接器对应端子,测量其导通(图3-2-18)。

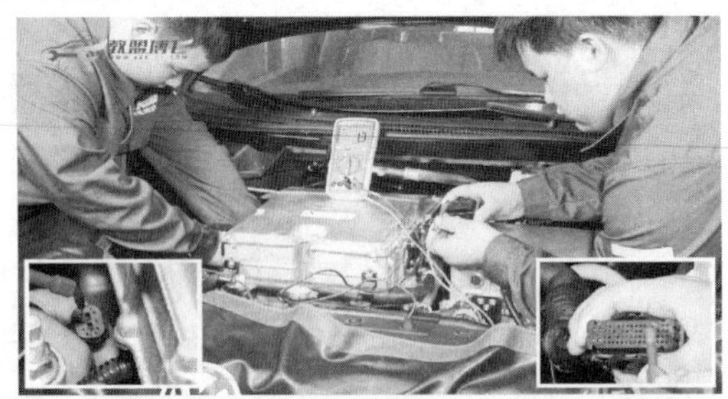
图3-2-17　检测解角器2号端子与电机控制器对应端子的导通性

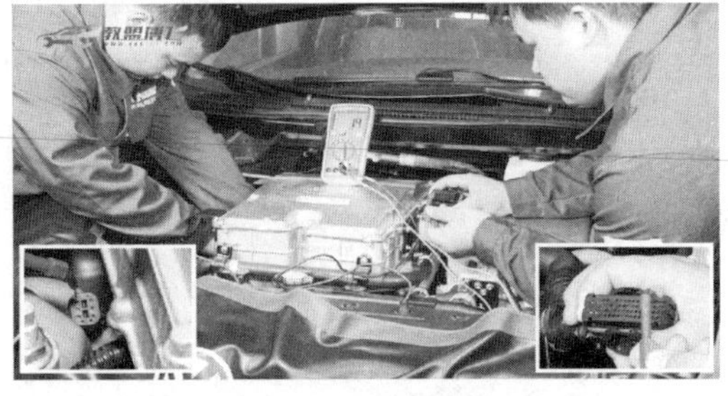
图3-2-18　检测解角器3号端子与电机控制器对应端子的导通性

④将负极端子插入电机解角器连接器端子4号针脚,将正极端子插入电机控制器连接器对应端子,测量其导通(图3-2-19)。

⑤将负极端子插入电机解角器连接器端子5号针脚,将正极端子插入电机控制器连接器对应端子,测量其导通(图3-2-20)。

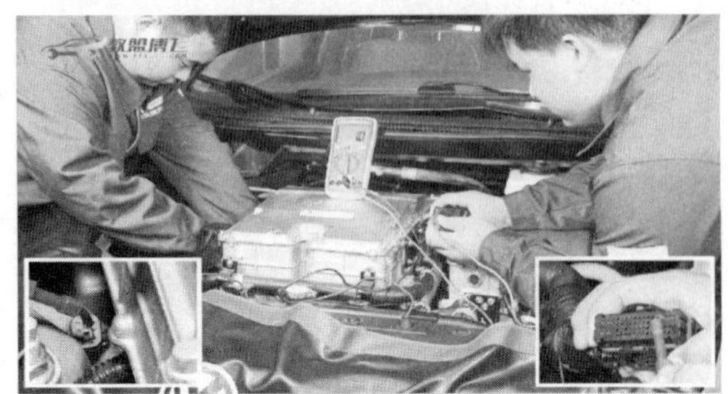
图3-2-19　检测解角器4号端子与电机控制器对应端子的导通性

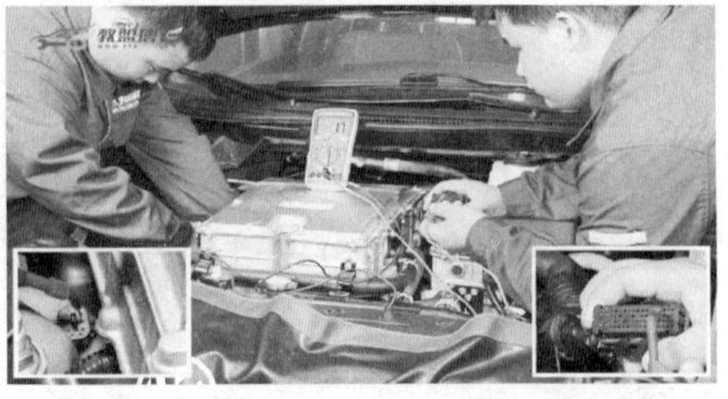
图3-2-20　检测解角器5号端子与电机控制器对应端子的导通性

⑥将负极端子插入电机解角器连接器端子 6 号针脚,将正极端子插入电机控制器连接器对应端子,测量其导通(图 3-2-21)。

⑦关闭万用表。

(3)测量电机控制器连接器端子搭铁电阻,步骤如下:

①将万用表负极线夹固定在搭铁处(图 3-2-22)。

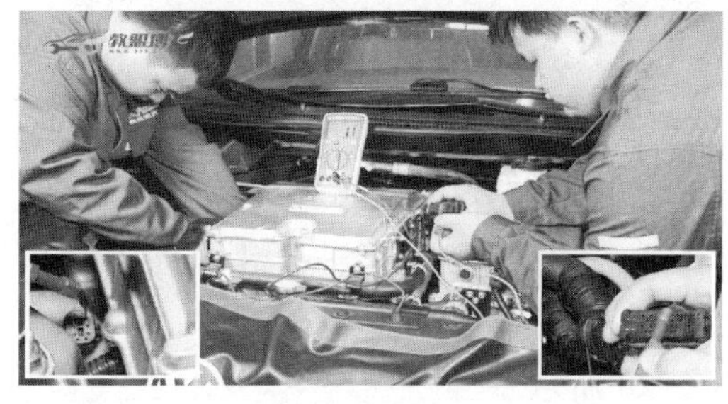

图 3-2-21 检测解角器 6 号端子与电机控制器对应端子的导通性

图 3-2-22 将万用表负极线夹固定在搭铁处

②打开万用表,调至电阻挡。用万用表正极端子针脚搭铁,检查搭铁是否良好(图 3-2-23)。

③将正极端子插入电机控制器接插件端子第 3 行第 2 号针脚测量其是否搭铁短路(图 3-2-24)。

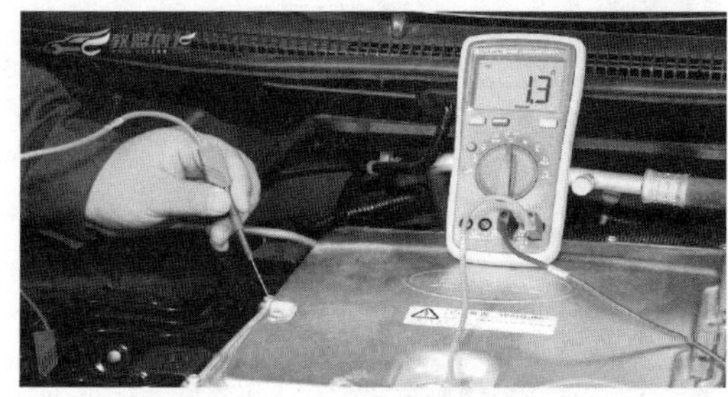

图 3-2-23 检查搭铁是否良好

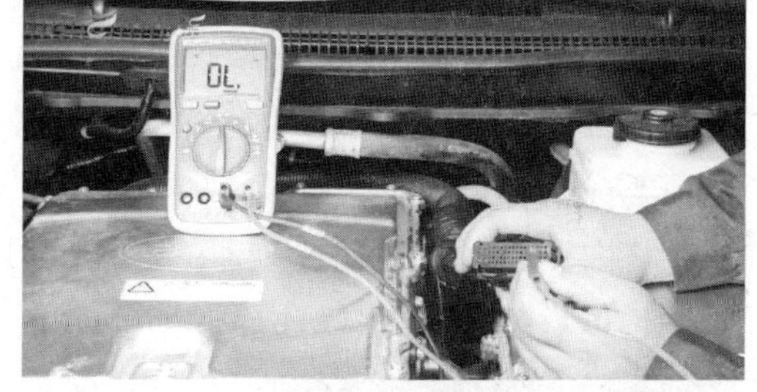

图 3-2-24 测量电机控制器针脚是否搭铁短路

④将正极端子插入电机控制器接插件端子第 2 行第 1 号针脚测量其是否搭铁短路。

⑤将正极端子插入电机控制器接插件端子第 1 行第 1 号针脚测量其是否搭铁短路。

⑥将正极端子插入电机控制器接插件端子第 3 行第 1 号针脚测量其是否搭铁短路。

⑦将正极端子插入电机控制器接插件端子第 2 行第 2 号针脚测量其是否搭铁短路。

⑧将正极端子插入电机控制器接插件端子第 1 行第 2 号针脚测量其是否搭铁短路。

(4)电机解角传感器检测,步骤如下:

①将万用表旋至欧姆挡,校准万用表。

②将电机解角器的 1 号脚和 4 号脚接出引线,测量它们之间电阻(图 3-2-25)。

③将电机解角器的 2 号脚和 5 号脚接出引线,测量它们之间电阻(图 3-2-26)。

④将电机解角器的 3 号脚和 6 号脚接出引线,测量它们之间电阻(图 3-2-27)。

⑤关闭万用表。

⑥将电机控制器低压插件安装回原位。

⑦将电机解角器安装回原位。

⑧将低压蓄电池负极安装到位紧固螺栓。

图 3-2-25　检测 1 号脚和 4 号脚之间电阻

图 3-2-26　检测 2 号脚和 5 号脚之间电阻

2. 电机解角器的波形检测

电机解角器的波形检测操作步骤界面如图 3-2-28 所示。

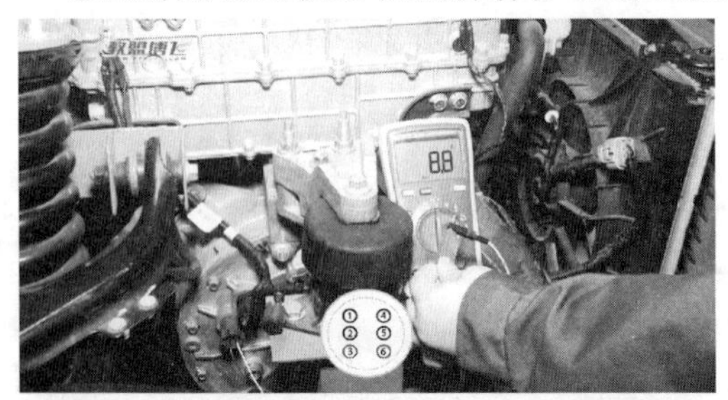

图 3-2-27　检测 3 号脚和 6 号脚之间电阻

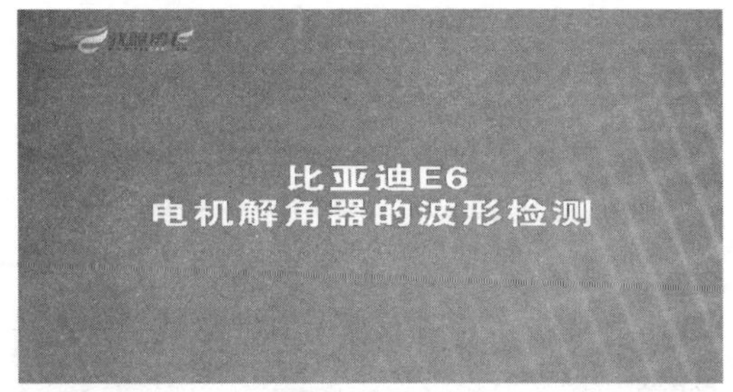

图 3-2-28　电机解角器的波形检测操作步骤界面

(1)示波器线路连接,步骤如下:

①将数据传输线连接到仪器的端口上(图 3-2-29)。

②将负极搭铁线,连接在探针头部的插孔内(图 3-2-30)。

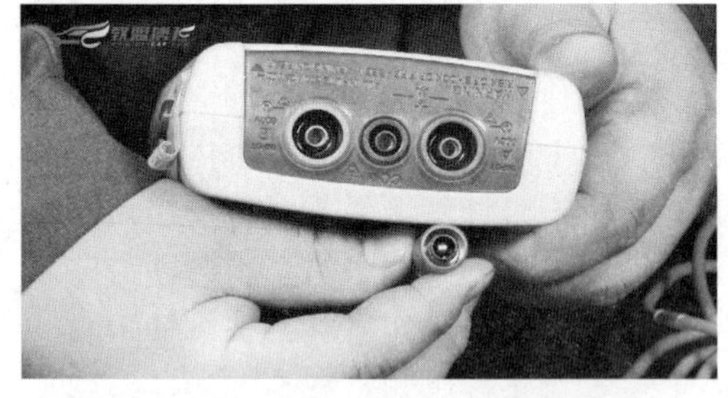

图 3-2-29　将数据传输线连接到仪器的端口上

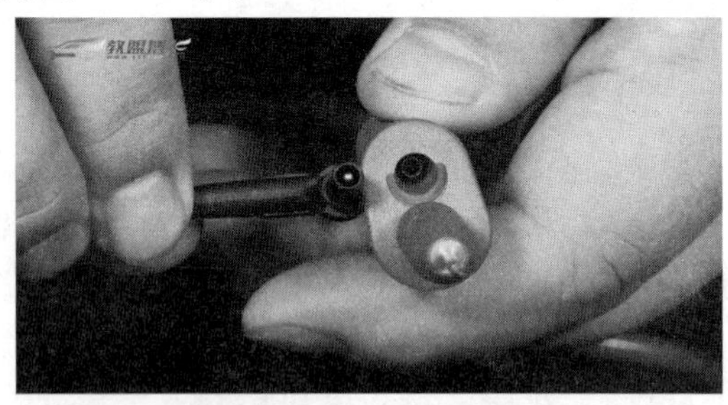

图 3-2-30　将负极搭铁线,连接在探针头部的插孔内

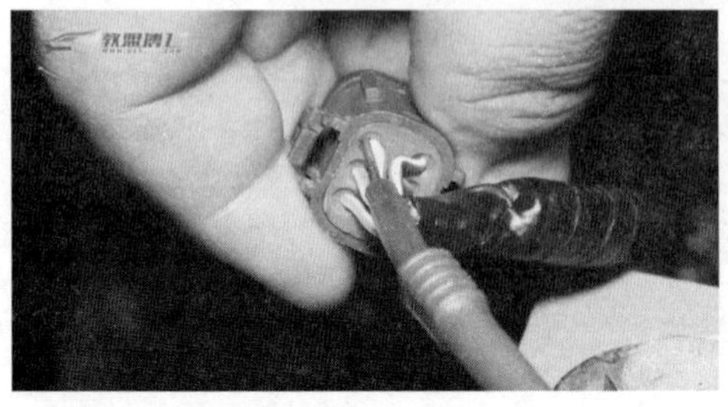

图 3-2-31　将延长线插入被检测解角器的端子后部

③检测时要将探针和被检测元件的延长线连接。

(2)将延长线插入被检测解角器的端子后部(图 3-2-31)。

(3)插好解角器连接器;示波器搭铁线搭铁(图 3-2-32)。

(4)起动点火开关,按下示波器电源键,打开示

波器(图 3-2-33)。

(5)此时示波器可能出现杂波,属于正常现象(图 3-2-34)。

(6)将探针和解角器端子延长线连接,观察示波器上的波形。此时为车辆无负载时的解角器波形(图 3-2-35)。

(7)车辆加速,波形随着电机转速变化而发生变化(图 3-2-36)。

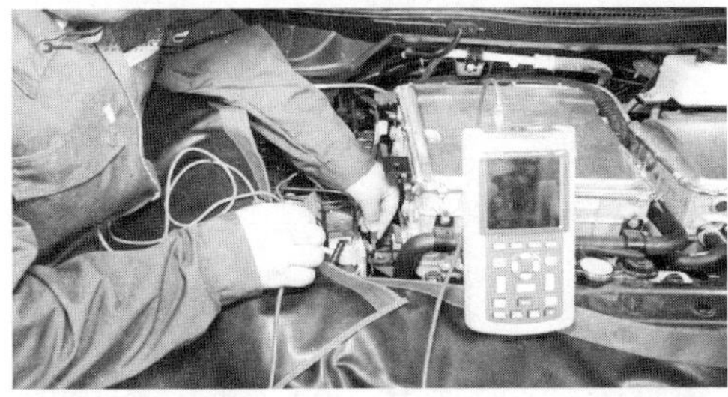

图 3-2-32　插好解角器连接器;示波器搭铁线搭铁

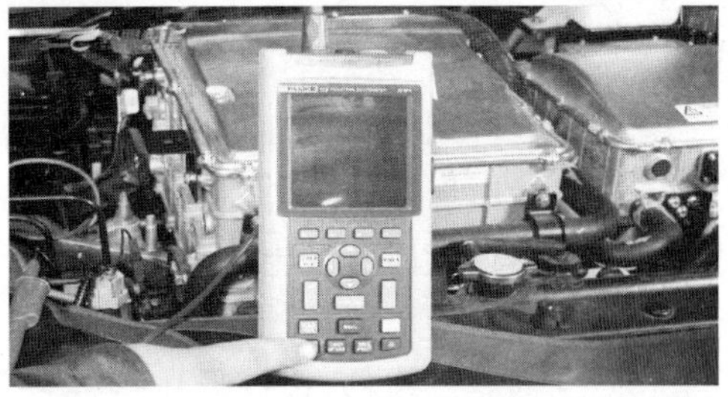

图 3-2-33　打开示波器

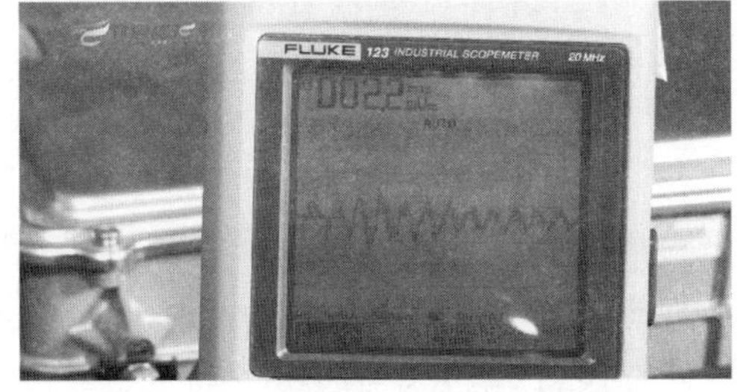

图 3-2-34　示波器可能出现杂波,属于正常现象

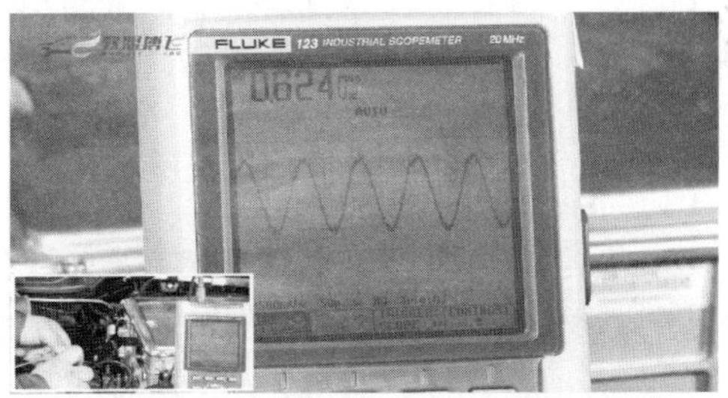

图 3-2-35　车辆无负载时的解角器波形

(8)检测完毕,将仪器及工具归位(图 3-2-37)。

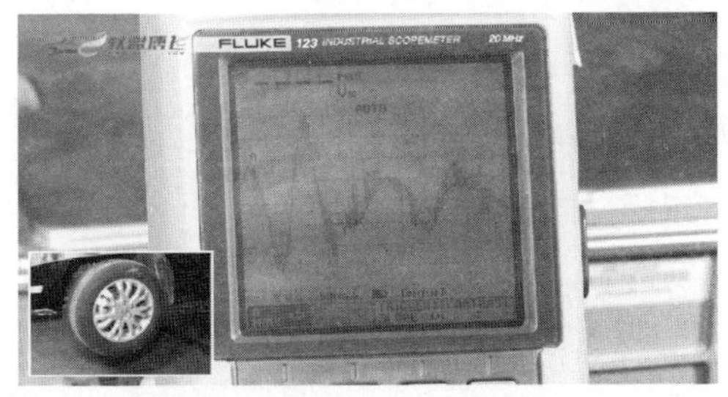

图 3-2-36　波形随着电机转速变化而发生变化

图 3-2-37　将仪器及工具归位

3. 驱动电机控制器的更换

警告:

在执行高压车辆诊断及维护前,执行高压中止与检验,并严格遵守正确的操作步骤!

> **警告：**
>
> 在执行高压车辆诊断及维护前，务必佩戴完好的个人防护用品，并严格遵守正确的操作步骤！

1）拆卸步骤

（1）拆掉电机三相线接插件的4个螺栓。

（2）拔掉高压母线接插件。

（3）拆掉附在箱体的配电盒上端螺栓。

（4）拆掉底座4个紧固螺栓。

（5）将控制器往左移，拔掉低压接插件，拆掉搭铁螺栓，拔掉DC低压输出线，拔掉4个低压线束卡扣。

（6）将控制器往右移，拆掉进水管，拆掉出水管。（注：拆掉进水管时将留出的冷却液用容器接住）

2）安装步骤

（1）将控制器放进安装位置。

（2）将控制器往右边移动，安装进水管、出水管。

（3）安装4个底座螺栓（先对准左上方螺栓，将螺栓放进去，拧进1/3，再对准右下方螺栓，将螺栓拧进1/3，之后放进其他螺栓，将所有螺栓拧紧，拧紧力矩为22N·m）。

（4）卡上DC12V输出线卡扣，插上DC12V接插件；卡上ACM线束卡扣；安装搭铁螺栓（拧紧力矩为22N·m）；插接插件。

（5）安装贴在箱体侧面的配电盒螺栓。

（6）插上高压母线接插件。

（7）安装电机三相线接插件（先装最靠近车头下方螺栓，拧进1/3；再装其对角螺栓，拧进1/3；之后安装其他螺栓；将所有螺栓拧紧，拧紧力矩为9N·m）。

学习测试

1. 填空题

（1）电机控制器控制三相驱动电机的运转，并实现电机________、________和________的改变。

（2）电机控制器通过接收电机________信号作为控制命令的输出反馈，实现系统的____控制。

（3）电机解角传感器是一种检测________的传感器。

2. 判断题

（1）电机控制系统存在故障时，会导致电机不能正常运转，使车辆失去动力。　（　　）

（2）电机控制器是驱动系统的核心执行模块。　（　　）

(3)如果仅该指示灯点亮,说明电机的温度过高,系统将降低电机的功率输出。　(　　)

(4)如果读取到电机控制系统的故障码,一定是控制器模块故障。　(　　)

(5)检修电机驱动系统前,需要进行高压电禁用。　(　　)

3. 不定项选择题

(1)电机控制系统的故障可能发生在(　　)。

A. 控制器模块本身的故障　　B. 解角传感器故障

C. 电源不良　　D. 搭铁不良

(2)记忆 DTC P1B03:欠电压保护故障的故障码时,应检查动力电池电量大于(　　)。

A. 5%　　B. 10%　　C. 20%　　D. 30%

(3)电机起动困难或不起动原因可能是(　　)。

A. 电源电压过低　　B. 电源电压过高

C. 电机过载　　D. 电机机械卡住

(4)电机运行温度过高原因可能是(　　)。

A. 负载过大　　B. 电机扫膛

C. 电机绕组故障　　D. 冷却不良

任务3　纯电动汽车整车动力控制系统故障诊断与排除

提出任务

有位比亚迪 E6 车主反馈车辆不能正常驱动,你的主管已经通过 ED400 诊断仪检查到存在加速踏板位置传感器故障码,现在你被安排继续进行该车辆的维修诊断,你能够完成后续的检查任务吗?

任务要求

知识要求

1. 能够描述驱动系统输入/输出信号部件故障诊断与排除方法;
2. 能够描述高电压系统漏电故障的诊断与排除方法。

能力要求

1. 能够进行典型故障码诊断与排除方法;
2. 能够进行主控制 ECU 的更换;
3. 能够进行漏电传感器诊断;
4. 能够进行加速踏板位置传感器的检测;
5. 能够进行 DC/DC 的检测。

相关知识

1. 驱动系统输入/输出信号部件故障诊断与排除方法

以比亚迪 E6 为例,驱动电机的运转主要受驾驶人通过加速踏板(节气门深度)、制动踏板(制动深度)和挡位进行控制。其中:

(1)加速踏板用于为驱动系统提供电机负荷的输入信号,并控制制动能量回收功能。

(2)制动踏板用于取消电机输入负荷,并实现车辆的制动功能。

(3)挡位控制器用于控制电机的运转方向和电机的起动与停止。

当以上输入信号产生故障后,主控 ECU(整车控制 ECU)将停止车辆的动力输入,并输

出诊断 DTC。

1）故障症状

（1）制动信号丢失情况下，车辆无法起动；非制动信号故障时，车辆能够起动，但起动后动力停止输出。

（2）位于车辆仪表内动力系统故障指示灯将点亮。

2）诊断步骤与分析

（1）读取 DTC。使用诊断仪读取可能的 DTC。通常情况下，针对加速踏板、制动踏板以及挡位控制器系统，系统能够直接指向对应部件的故障。

（2）诊断参考信息。

①挡位控制器的检查与诊断。诊断挡位控制器故障，首先检查挡位控制器电源电路（图 3-3-1）。

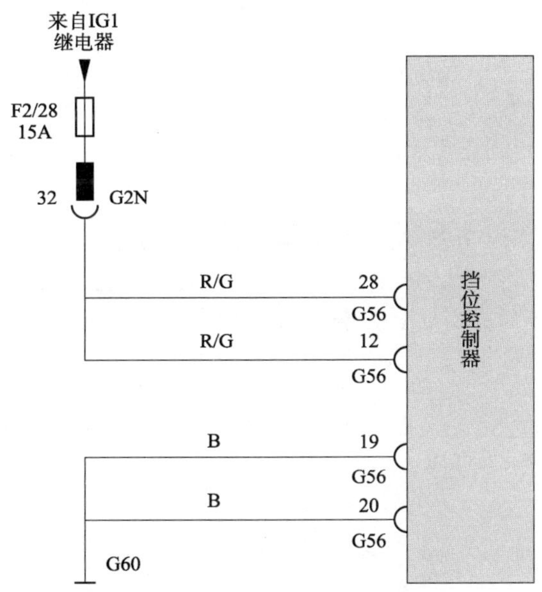

图 3-3-1　挡位控制器电源和搭铁电路图

a. 检查电源线束。

（a）拔下挡位控制器 G56 连接器。

（b）测量线束端连接器各端子间电压或电阻，连接器端子及正常值如表 3-3-1 和图 3-3-2 所示。

（c）如果检测到相应故障，则更换线束总成。

挡位控制器端子电压或电阻正常值　　表 3-3-1

端　　子	线色	条　　件	正常值
G56 – 28—车身搭铁	R/G	电源打到 ON 挡	11 ~ 14V
G56 – 12—车身搭铁	R/G	电源打到 ON 挡	11 ~ 14V
G56 – 19—车身搭铁	B	始终	< 1Ω
G56 – 20—车身搭铁	B	始终	< 1Ω

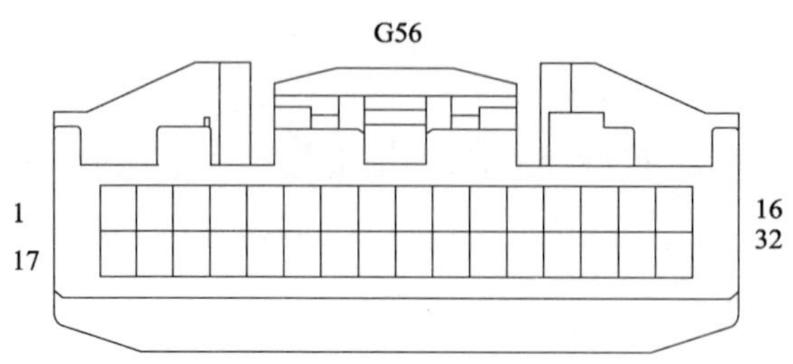

图 3-3-2　挡位控制器端子

b. 检查挡位传感器。

(a)电源挡位打到 ON 挡。

(b)从挡位传感器 AG54 连接器后端引线或从挡位传感器 B G55 连接器后端引线。

(c)测量线束端连接器各端子间电压或电阻,连接器端子及正常值如表 3-3-2、图 3-3-3、图 3-3-4 所示。

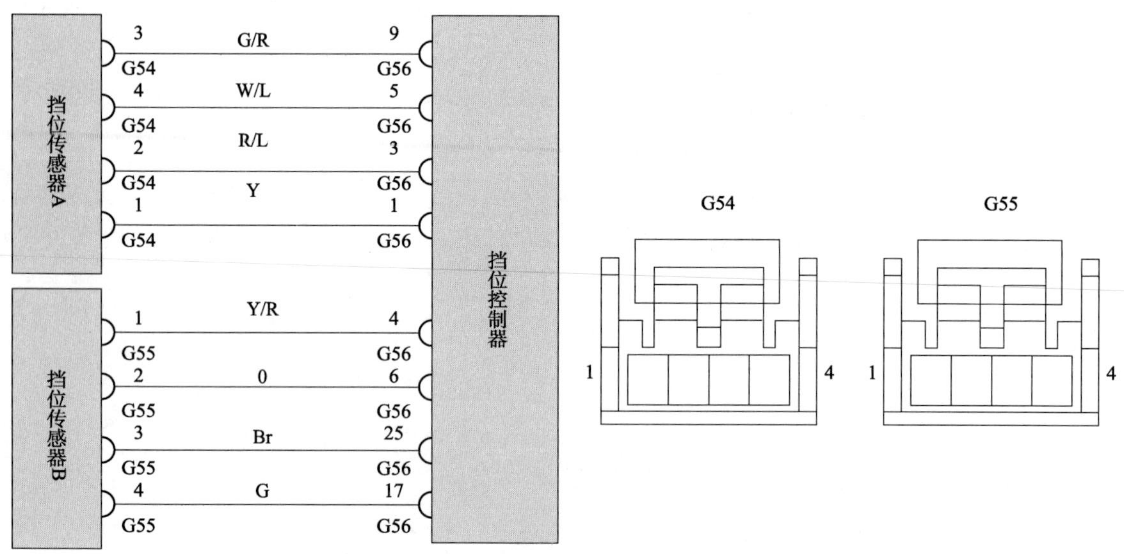

图 3-3-3　挡位传感器电路图

图 3-3-4　挡位传感器端子

挡位传感器端子电压或电阻正常值　　表 3-3-2

端子	线色	条件	正常值	端子	线色	条件	正常值
G54 - 3—车身搭铁	Gr	始终	<1Ω	G55 - 1—车身搭铁	Y/R	换挡手柄打到 R 挡	<1Ω
G54 - 4—车身搭铁	W/L	换挡手柄打到 N 挡	约 5V	G55 - 2—车身搭铁	O	换挡手柄打到 D 挡	约 5V
G54 - 2—车身搭铁	R/L	换挡手柄打到 N 挡	约 5V	G55 - 3—车身搭铁	Br	始终	约 5V
G54 - 1—车身搭铁	Y	电源打到 ON 挡	约 5V	G55 - 4—车身搭铁	G	电源打到 ON 挡	约 5V

c. 检查挡位传感器线束。

(a)拔下挡位传感器 A G54 连接器。

(b)拔下挡位传感器 B G55 连接器。

(c)拔下挡位控制器 G56 连接器。

(d)测量线束端连接器各端子间电阻,连接器端子及正常值如表 3-3-3、图 3-3-5 所示。

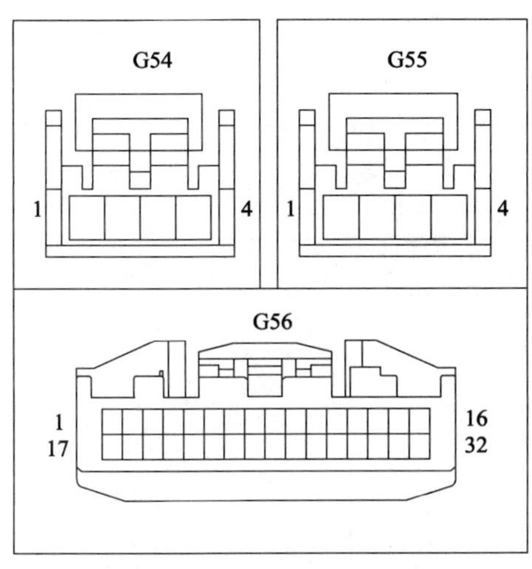

图 3-3-5 挡位传感器线束端连接器端子

挡位传感器线束端连接器端子电阻正常值 表 3-3-3

端 子	线 色	正常值
G54-3—G56-9	Gr	<1Ω
G54-4—G56-5	W/L	<1Ω
G54-2—G56-3	R/L	<1Ω
G54-1—G56-1	Y	<1Ω
G55-1—G56-4	Y/R	<1Ω
G55-2—G56-6	O	<1Ω
G55-3—G56-25	Br	<1Ω
G55-4—G56-17	G	<1Ω

②加速踏板位置传感器的检查与诊断

a. 加速踏板位置传感器的检测(图 3-3-6)。

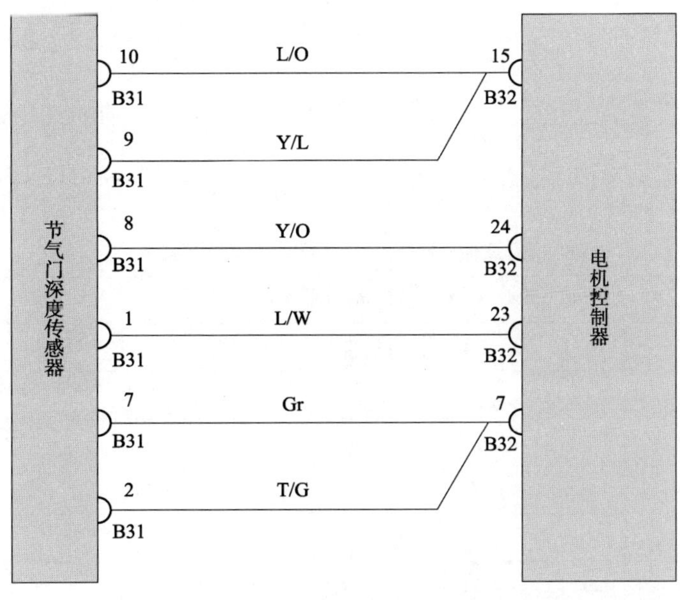

图 3-3-6 加速踏板位置传感器电路图

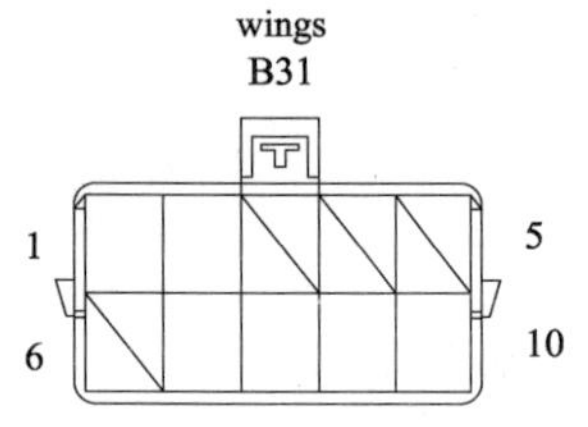

图 3-3-7　加速踏板位置传感器端子

(a)电源挡位打到 ON 挡。

(b)从传感器 B31 连接器后端引线。

(c)测量线束端连接器各端子间电压或电阻,连接器端子及正常值如表 3-3-4、图 3-3-7 所示。

b. 加速踏板位置传感器与电机控制器线束电阻的检测。

(a)拔下传感器 B31 连接器。

(b)拔下控制器 B32 连接器。

(c)测量线束端连接器各端子间电阻,连接器端子及正常值如表 3-3-5、图 3-3-8 所示。

加速踏板位置传感器端子电压正常值　　表 3-3-4

端　　子	条　　件	正 常 值
B31 -1—车身搭铁	不踩加速踏板	约 0.66V
	加速踏板踩到底	约 4.45V
B31 -8—车身搭铁	不踩加速踏板	约 4.34V
	加速踏板踩到底	约 0.55V
B31 -2—车身搭铁	ON 挡电	约 5V
B31 -7—车身搭铁	ON 挡电	约 5V
B31 -9—车身搭铁	ON 挡电	<1V
B31 -10—车身搭铁	ON 挡电	<1V

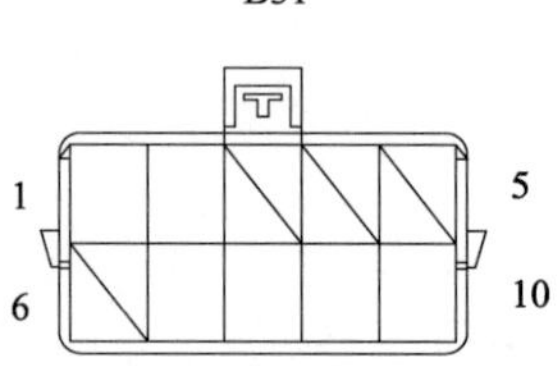

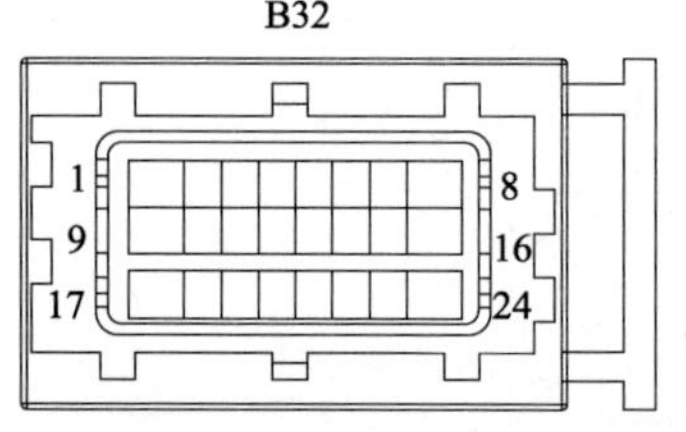

图 3-3-8　加速踏板位置传感器线束端连接器端子

加速踏板位置传感器端子电阻正常值　　表 3-3-5

端　　子	正 常 值	端　　子	正 常 值
B31 -2—B32 -7	<1Ω	B31 -2—车身搭铁	>10kΩ
B31 -7—B32 -7	<1Ω	B31 -7—车身搭铁	>10kΩ
B31 -1—B32 -23	<1Ω	B31 -1—车身搭铁	>10kΩ
B31 -8—B32 -24	<1Ω	B31 -8—车身搭铁	>10kΩ
B31 -9—B32 -15	<1Ω	B31 -9—车身搭铁	>10kΩ
B31 -10—B32 -15	<1Ω	B31 -10—车身搭铁	>10kΩ

③制动踏板位置(制动深度传感器)的检测与诊断。

a. 制动踏板位置传感器的检测(图 3-3-9)。

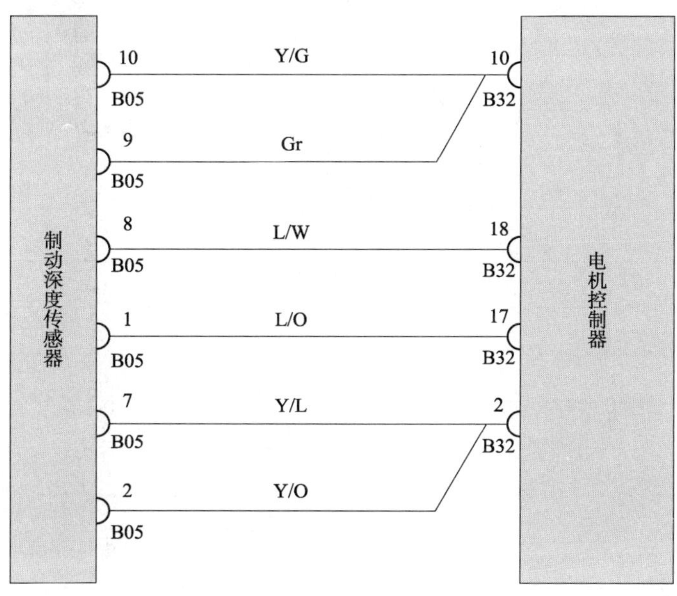

图 3-3-9　制动踏板位置传感器电路图

(a)电源挡位打到 ON 挡。

(b)从传感器 B05 连接器后端引线。

(c)测量线束端连接器各端子间电压或电阻,连接器端子及正常值如表 3-3-6、图 3-3-10 所示。

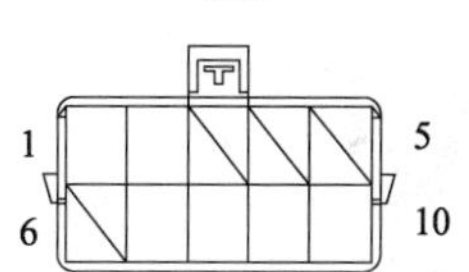

图 3-3-10　制动踏板位置传感器端子

b. 制动踏板位置传感器与电机控制器线束电阻的检测。

(a)拔下传感器 B05 连接器。

(b)拔下控制器 B32 连接器。

(c)测量线束端连接器各端子间电阻,连接器端子及正常值如表 3-3-7、图 3-3-11 所示。

制动踏板位置传感器端子电压正常值　　表 3-3-6

端　　子	条　件	正 常 值
B05 - 1—车身搭铁	不踩制动踏板	约 0.66V
	制动踏板踩到底	约 4.45V
B05 - 8—车身搭铁	不踩制动踏板	约 4.34V
	制动踏板踩到底	约 0.55V
B05 - 2—车身搭铁	ON 挡电	约 5V
B05 - 7—车身搭铁	ON 挡电	约 5V
B05 - 9—车身搭铁	ON 挡电	<1V
B05 - 10—车身搭铁	ON 挡电	<1V

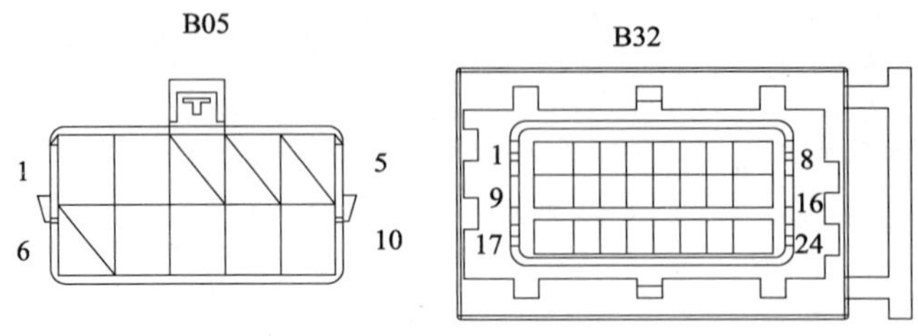

图 3-3-11　制动踏板位置传感器线束标准值图

制动踏板位置传感器端子电阻正常值　　表 3-3-7

端　子	正常值	端　子	正常值
B05－2—B32－2	＜1Ω	B05－2—车身搭铁	＞10kΩ
B05－7—B32－2	＜1Ω	B05－7—车身搭铁	＞10kΩ
B05－1—B32－17	＜1Ω	B05－1—车身搭铁	＞10kΩ
B05－8—B32－18	＜1Ω	B05－8—车身搭铁	＞10kΩ
B05－9—B32－10	＜1Ω	B05－9—车身搭铁	＞10kΩ
B05－10—B32－10	＜1Ω	B05－10—车身搭铁	＞10kΩ

2. 高电压系统漏电故障的诊断与排除方法

警告：

在执行高压车辆诊断及维护前，务必佩戴完好的个人防护用品，并严格遵守正确的操作步骤！

提示：

高电压车辆安全的首要条件就是防止高电压系统与车身存在漏电。通常，E6 高电压系统采用漏电传感器来监测高电压电路是否存在与车身之间的漏电情况，如果发生漏电，系统将自动切断高电压接触器，避免更大的事故发生。

1）故障症状

（1）高电压系统漏电故障分为两种：

①高电压电路与车身存在漏电。

②漏电传感器系统本身故障。

（2）高电压系统漏电类故障会导致车辆仪表内动力系统故障指示灯点亮，且车辆将关闭动力输出。

2)诊断步骤

(1)读取 DTC。使用诊断仪读取相关 DTC。

如有明确 DTC,按照 DTC 诊断步骤进行诊断,详细步骤可参考维修手册中的具体 DTC 信息。

(2)高电压电路漏电诊断。高电压电路导线漏电主要是绝缘效果降低导致的,因此漏电故障的诊断主要是检查线路对车身以及两线之间的绝缘电阻值。

①断开被测量的高压导线连接器,如果不确定漏电大体位置,可采用分段测量法来进行排除。

②使用高压绝缘测试仪分别测量导线对车身的电阻。

a. 测量正极导线对车身电阻(测量电压 1000V),标准电阻在 50MΩ 以上。

b. 测量负极导线对车身电阻(测量电压 1000V),标准电阻在 50MΩ 以上。

c. 测量两线之间电阻(测量电压 1000V),标准电阻在 50MΩ 以上。

③对于不符合要求的导线,需要更换新的高压导线。

(3)漏电传感器的诊断。

①检查 12V 蓄电池电压及整车低压线束供电是否正常。

标准电压值:11 ~ 14V

如果电压值低于 11V,需要更换 12V 蓄电池或检查整车低压线束。

②在关闭点火开关的状态下,断开漏电传感器连接器。

a. 测量漏电传感器供电电压,标准值在 9 ~ 16V。

b. 测量漏电传感器搭铁电阻,标准值在 0.2Ω 以下。

c. 不在以上范围的,需要继续检查传感器本身或连接电路。

③使用诊断仪读取在电源管理器模块内读取漏电传感器数值,不能正常读取的,需要更换新的漏电传感器。

任务实施

(一)工作准备

(1)防护装备:绝缘防护装备。

(2)车辆、台架、总成:比亚迪 E6,其他纯电动汽车;或同类车型的台架。

(3)专用工具、设备:比亚迪故障诊断仪、万用表;或其他适用的设备。

(4)手工工具:组合工具。

(5)辅助材料:诊断与维修必要的熔断丝等耗材。

(二)实施步骤

本操作任务主要完成对纯电动汽车(以比亚迪 E6 为例)的整车动力控制系统的故障诊断。

警告：

(1)禁止未参加该车型高压系统知识培训的维修人员拆卸高压系统，包括手动维修开关、高压电池包、驱动电机、电力电子箱、高压配电单元、高压线束、空调压缩机、交流充电线束、快速充电口、电加热器、慢充电器。

(2)挡拆卸或装配高压配件时，必须断开12V电源和高压电池包上的手动维修开关。

(3)在进行高压相关操作前，维修人员必须穿戴好劳保用品，戴好绝缘手套，穿好高压绝缘鞋。在戴绝缘手套前，必须检查绝缘手套是否有破损的地方，确保手套无绝缘失效。

(4)在安装和拆卸过程中，应防止制动液、洗涤液等液体进入或飞溅到高压部件上。

警告：

执行高压中止与检验步骤！

(1)断开点火开关，挂入P挡，拔出车钥匙。

(2)打开蓄电池负极端子防护盖。

(3)用10mm扳手松开蓄电池负极螺栓。

(4)断开蓄电池负极线，并固定好蓄电池负极线，防止工作时负极线与蓄电池重新连接。

(5)拆卸扶手箱内底部的盖板。

(6)用螺丝刀拆下USB及点烟器接口集成器上面的4个螺钉，并取出。

警告：

高压操作前，维修人员必须穿戴好劳保用品，戴好绝缘手套，穿好高压绝缘鞋。在戴绝缘手套前，必须检查绝缘手套是否有破损的地方，确保手套无绝缘失效。

(7)检查绝缘手套外观有无明显磨损痕迹。

(8)检查绝缘手套密封性。

①卷起手套边缘。

②折叠开口，并封住手套开口。

③向手套内吹气，确认有无空气泄漏。

④用同样的方法检查第二只手套。

⑤确认密封良好后，佩戴绝缘手套。

(9)轻轻向上掀起维修开关把手，当把手与维修开关垂直时，向上拔出维修开关。

(10)拆下手动维修开关，等待5min。

警告:

正常情况下,在拆除手动维修开关后,高压系统还存在高压电,这是因为电机控制器中高压电容的存在造成的,需要经过一段时间的等待,高压电容中的电才能被完全释放。

1. 典型故障诊断与排除方法

典型故障诊断与排除方法的操作流程界面如图3-3-12所示。

典型故障码:P1B03——欠电压保护故障或P1B04——过电压保护故障。

诊断与排除步骤如下:

(1)检查动力电池电量。

①打开点火开关。

②检查电池电量观察右侧仪表板电量,动力电池电量是否大于10%(图3-3-13)。否则应进行充电。

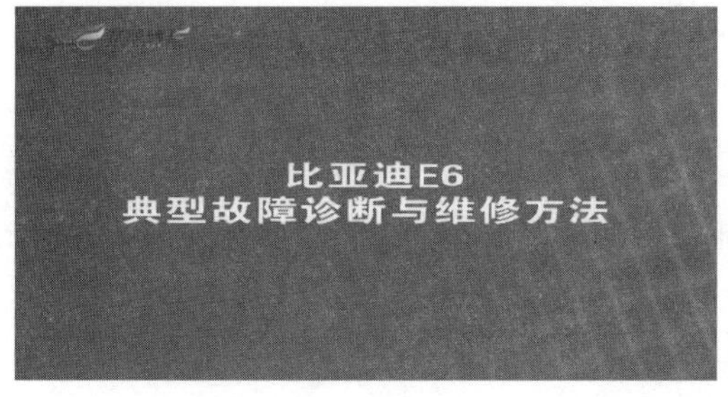

图3-3-12 比亚迪E6典型故障诊断与排除方法操作流程界面

图3-3-13 检查右侧仪表板电池电量是否大于10%

(2)检查动力电池输出电压。

警告:

执行高压中止与检验步骤!

警告:

执行高压安全防护!

①进行高压中止与检验;进行高压安全防护。

②拔出限位插件,断开高压母线正极和负极。

③安装维修开关。

④安装低压蓄电池负极,按下电源开关。

⑤将万用表旋至直流电压挡(图 3-3-14)。

⑥测量动力电池高压接线柱电压(图 3-3-15)。充满电的比亚迪 E6 动力电池应为 316.8V 左右的总电压。

⑦如果母端电压值不在正常范围,检查高压配电盒及高压线路,如果正常,更换驱动电机控制器与 DC 总成。

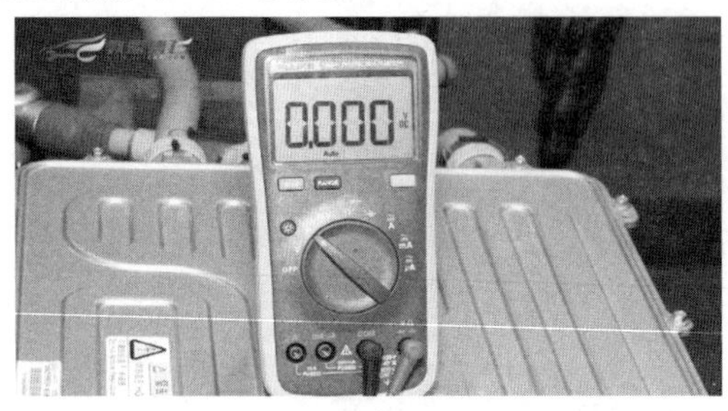

图 3-3-14　将万用表旋至直流电压挡

图 3-3-15　测量动力电池高压接线柱电压

2. 主控制 ECU 的更换

1) 主控制 ECU 的拆卸

主控制 ECU 的拆卸操作流程界面如图 3-3-16 所示。

警告:

执行高压中止与检验步骤!

警告:

执行高压安全防护!

拆卸步骤如下:

(1)进行高压中止与检验;进行高压安全防护。

(2)主控制 ECU 拆卸步骤如下:

①取下扶手箱左侧塑料卡扣;取下扶手箱右侧塑料卡扣(图 3-3-17)。

图 3-3-16　比亚迪 E6 主控制 ECU 的拆卸操作流程界面

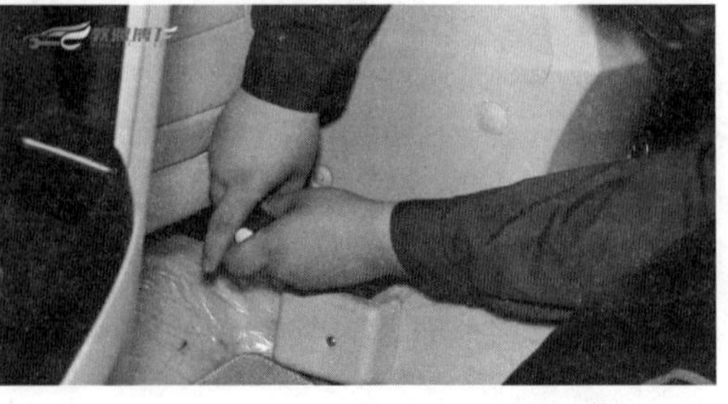

图 3-3-17　取下扶手箱塑料卡扣

②将扶手箱水杯垫掀开，松开十字自攻螺钉（图 3-3-18）。

③拆下扶手箱底部 2 个自攻螺钉（图 3-3-19）。

④取出扶手箱总成。

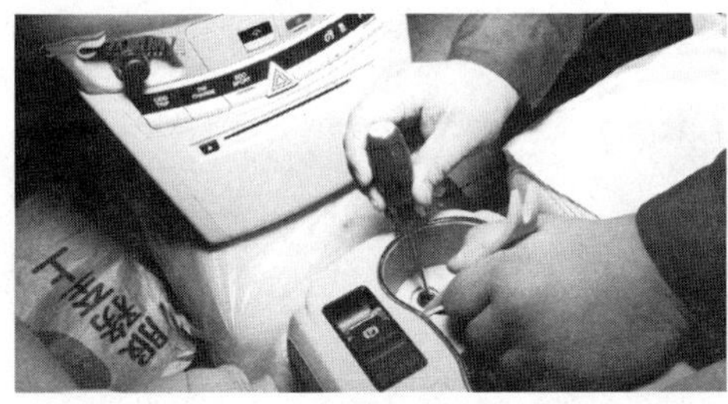

图 3-3-18　松开扶手箱水杯垫自攻螺钉

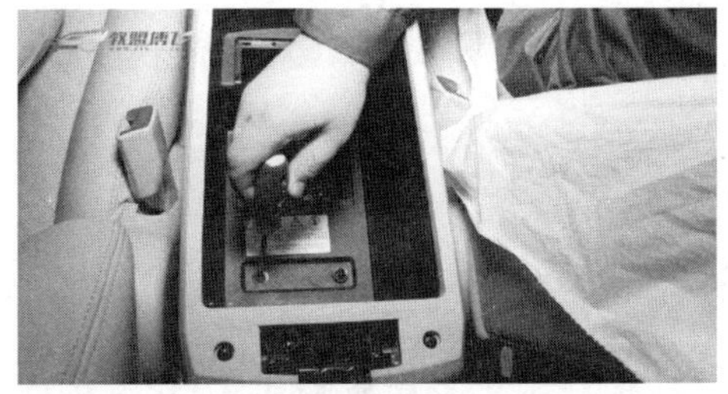

图 3-3-19　拆下扶手箱底部 2 个自攻螺钉

注意：

取下之前，拆下点烟器连接器、天线连接器。

⑤拆下主控制 ECU 的 2 个连接器。

⑥拆下主控制 ECU 的 3 个固定螺栓。

⑦取出主控制 ECU（图 3-3-20）。

2）主控制 ECU 的安装

主控制 ECU 的安装流程界面如图 3-3-21 所示。

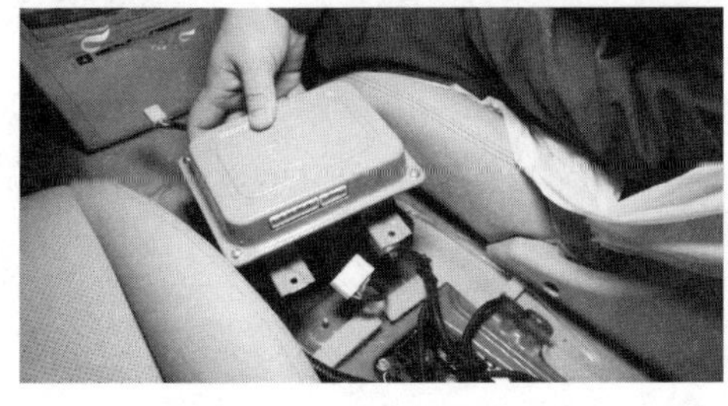

图 3-3-20　取出主控制 ECU

图 3-3-21　比亚迪 E6 主控制 ECU 的安装流程界面

安装步骤如下：

（1）将主控制 ECU 放入地板指定安放位置。

（2）安装土控制 ECU 的 3 个固定螺母。

（3）安装主控制 ECU 的 2 个连接器。

（4）安装扶手箱。

注意：

安装之前，装入点烟器连接器、天线连接器。

（5）安装扶手箱底部 2 个自攻螺钉。

(6)佩戴绝缘手套,安装维修开关。

(7)放入点烟器底座总成。

注意:

安装点烟器底座总成时要插入点烟器、USB 连接器(图 3-3-22)。

(8)安装固定螺栓。

(9)放入扶手箱垫,关闭扶手箱盖。

(10)将扶手箱水杯垫掀开,安装自攻螺钉。

(11)安装扶手箱左侧塑料卡扣;安装扶手箱右侧塑料卡扣。

(12)安装低压蓄电池负极。

3. 漏电传感器的诊断

漏电传感器的诊断操作流程界面如图 3-3-23 及视频所示。

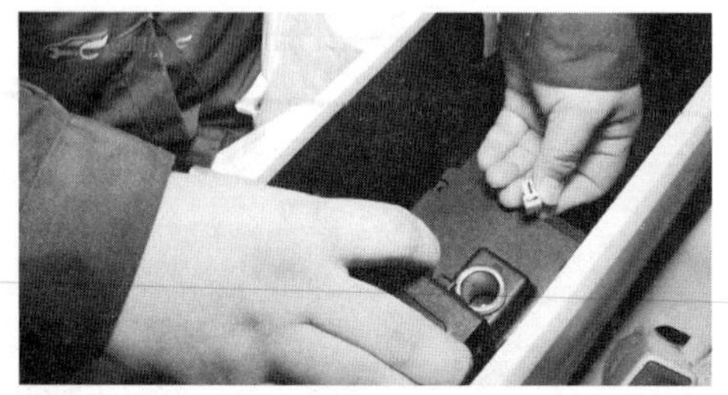

图 3-3-22　安装点烟器底座总成时要插入点烟器、USB 连接器

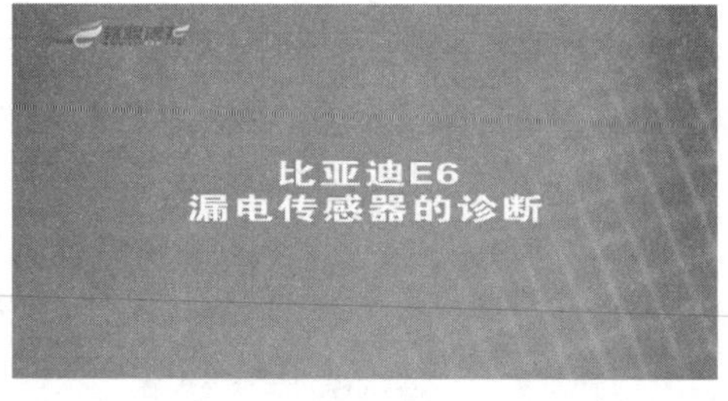

图 3-3-23　比亚迪 E6 漏电传感器的诊断操作流程界面

(1)检查起动电池电压及整车低压线束供电是否正常。

①打开万用表,调至直流电压挡。

②红黑表笔分别接在低压蓄电池的正负极,读取电压值(图 3-3-24)。

标准电压值:11 ~ 14V。

如果电压值低于 11V,在进行下一步检查之前,请充电或更换起动电池或检查整车低压线束。

(2)取出诊断仪,并连接好诊断仪。

(3)打开车辆电源到 ON 挡。

(4)选择好车型信息,进入高压电池管理器(图 3-3-25)。

图 3-3-24　测量蓄电池电压

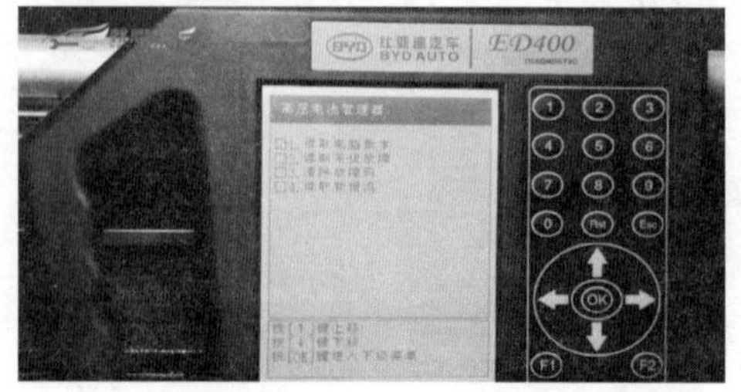

图 3-3-25　进入高压电池管理器

(5)读取故障码及读取数据流(图3-3-26)。

(6)戴好绝缘手套。

(7)断开漏电传感器连接器(图3-3-27)。

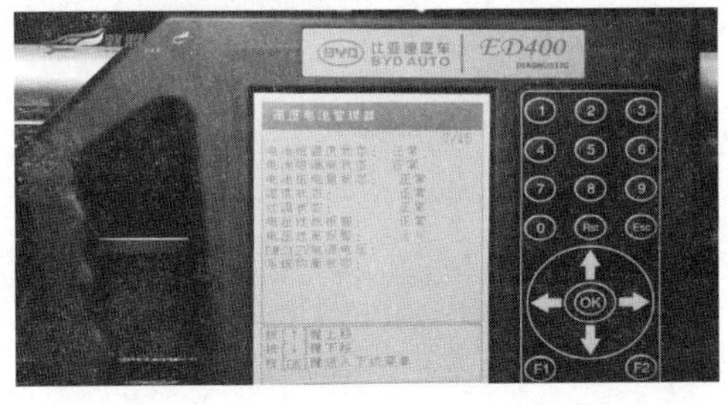

图3-3-26　读取故障码及读取数据流

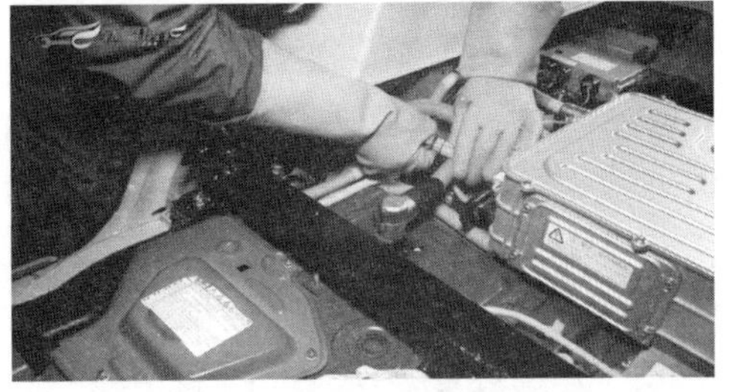

图3-3-27　断开漏电传感器连接器

(8)万用表负极搭铁,打开万用表,调至电阻挡,确认万用表负极搭铁良好。

(9)万用表调至电压挡,红表笔测量2号脚的搭铁电压,标准电压为9~16V(图3-3-28、图3-3-29)。

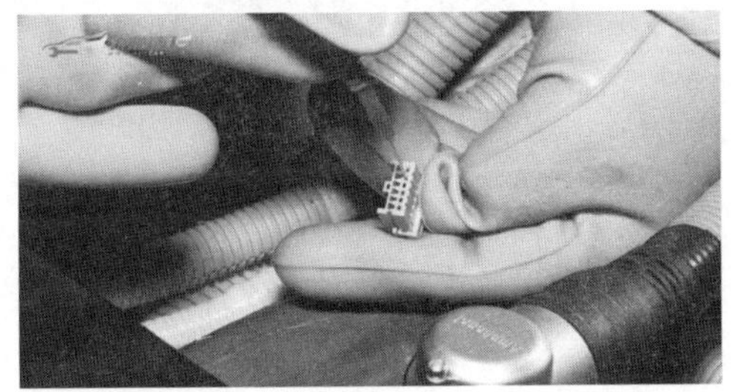

图3-3-28　将红色表笔插入2号脚

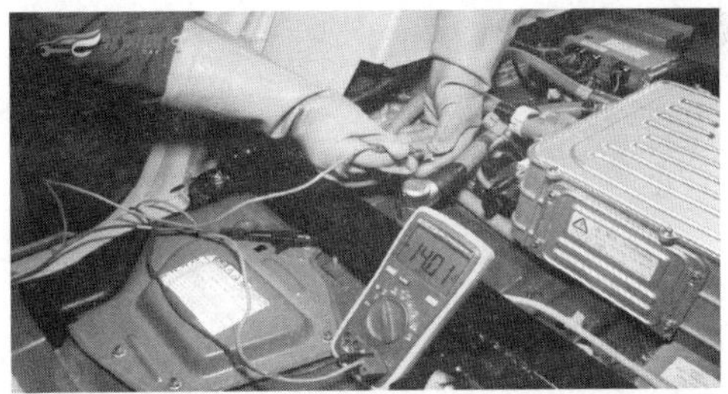

图3-3-29　测量2号脚的搭铁电压

注意:

测量时应保持车辆电源在ON挡。

(10)如果电压正常:电池管理器供电正常,漏电传感器故障。如果电压不正常:继续测试电池管理器。

(11)万用表负极搭铁,打开万用表,调至电阻挡,确认万用表负极搭铁良好。

(12)万用表调至电压挡,红表笔测量电池管理器到漏电传感器的供电端子的搭铁电压,标准电压为9~16V(图3-3-30)。

如果在这个范围,则线束故障,更换线束;如果不在这个范围,则需要更换电源管理器模块总成。

4.加速踏板位置传感器的检测

加速踏板位置传感器的检测操作流程界面如图3-3-31所示。

1)电压检测

(1)万用表连接好测试线,正极连接探针,负极连接测试夹(图3-3-32)。

(2)打开车辆电源开关。

(3)打开万用表,调至欧姆挡。

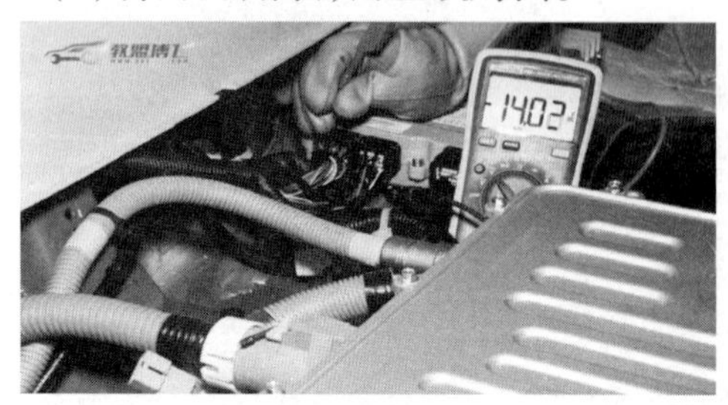

图 3-3-30　测量电池管理器到漏电传感器的供电端子的搭铁电压

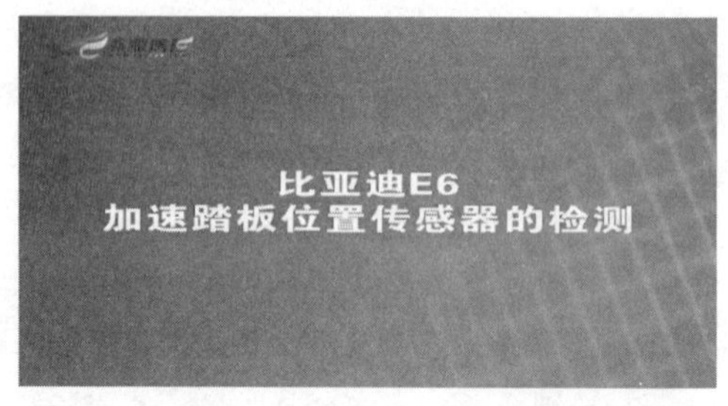

图 3-3-31　加速踏板位置传感器的检测操作流程界面

(4)正负表笔短接,校准万用表(图 3-3-33)。

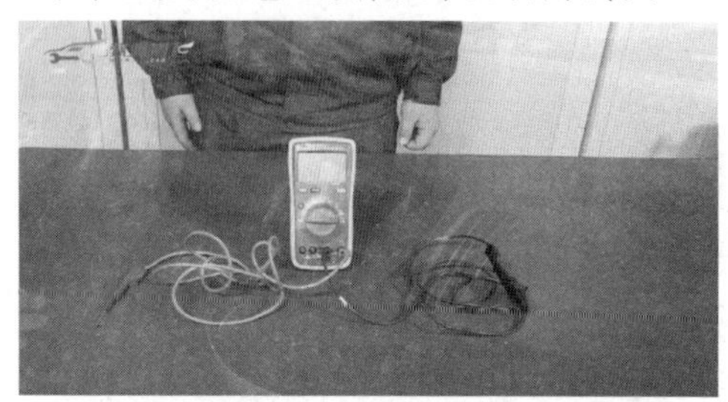

图 3-3-32　连接表笔测试线

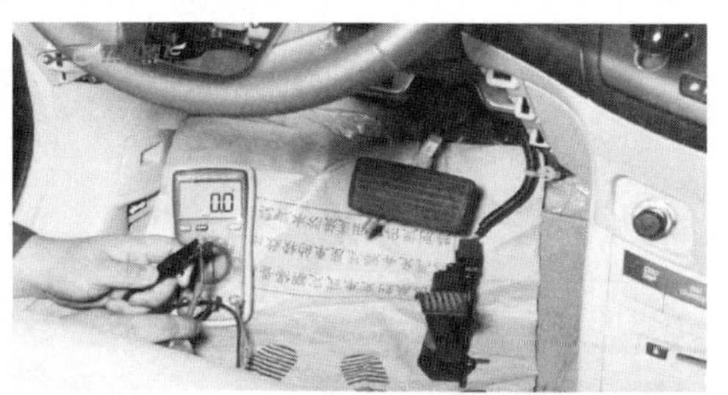

图 3-3-33　校准万用表

(5)将负极线搭铁,将万用表调至电压挡。

(6)红表笔探针插入加速踏板连接器的 1 号端子(信号 1)(图 3-3-34)。

(7)读取信号电压值(图 3-3-35)。

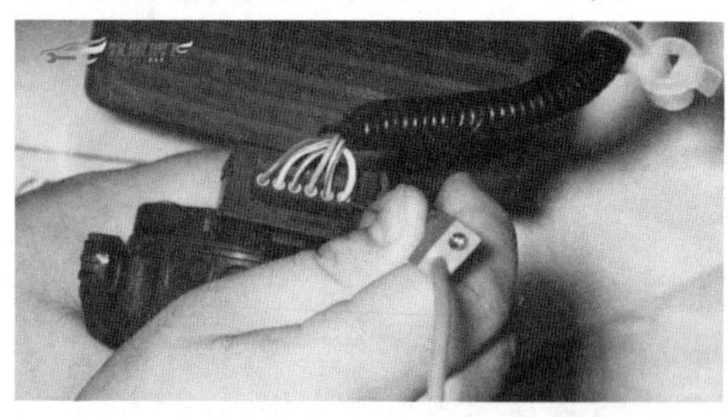

图 3-3-34　红表笔探针插入加速踏板连接器的 1 号端子

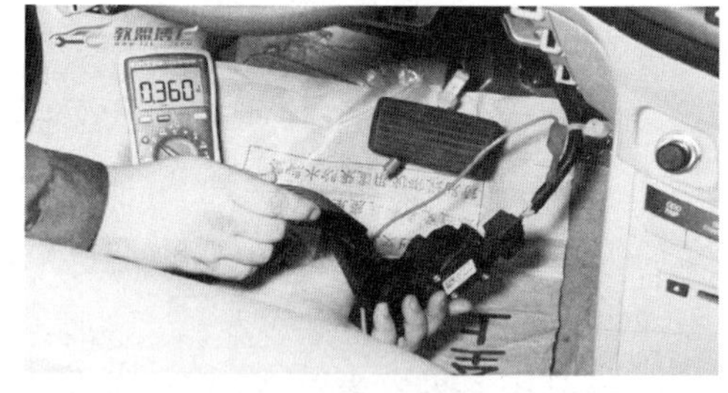

图 3-3-35　读取信号电压值

(8)缓慢压下加速踏板,可以看到电压值慢慢变大;缓慢松开加速踏板,可以看到电压值慢慢变小(图 3-3-36)。

(9)红表笔探针插入加速踏板连接器的 2 号端子(参考电源 1)。

(10)读取电压值,电压值在 4.5 ~ 5.5V。缓慢压下加速踏板,可以看到电压值不变化(图 3-3-37)。

(11)红表笔探针插入加速踏板连接器的 3 号端子(参考电源 2)(图 3-3-38)。

(12)读取电压值,电压值在 4.5 ~ 5.5V。缓慢压下加速踏板,可以看到电压值不变化(图 3-3-39)。

(13)红表笔探针插入加速踏板连接器的4号端子(信号2)(图3-3-40)。

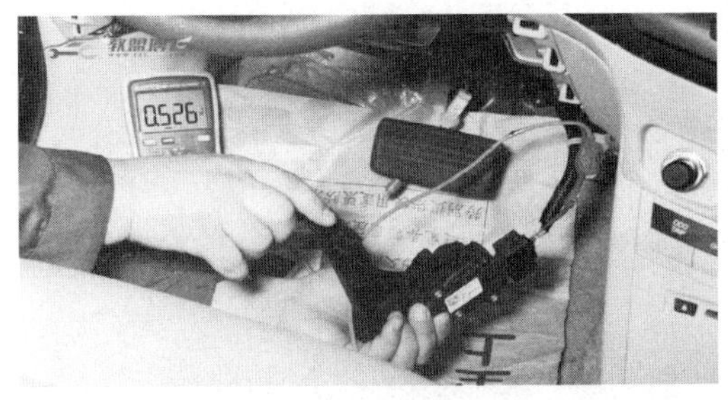

图3-3-36　观察万用表数值

图3-3-37　2号端子的电压值不变化

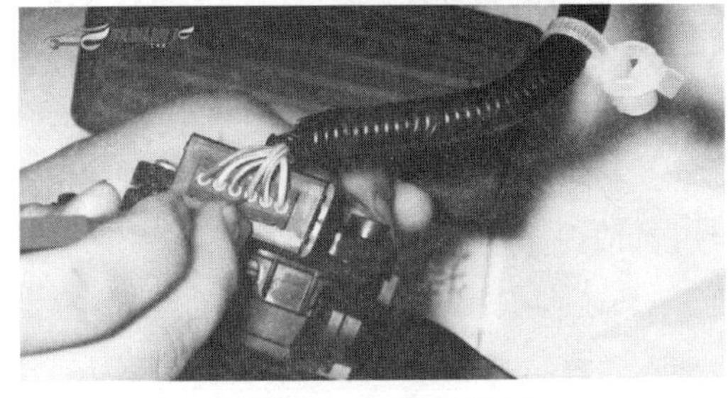

图3-3-38　红表笔探针插入加速踏板连接器的3号端子

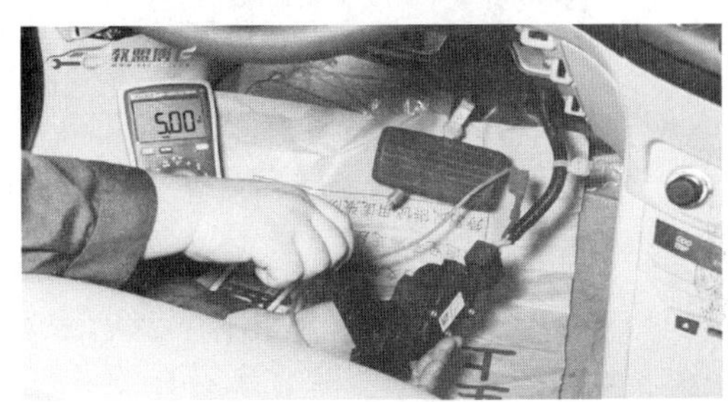

图3-3-39　3号端子电压值不变化

(14)读取电压值。

(15)缓慢压下加速踏板,可以看到电压值慢慢变大。缓慢松开加速踏板,电压值变小(图3-3-41)。

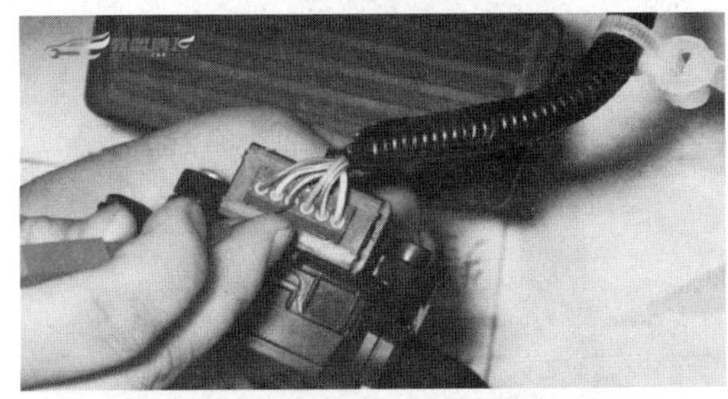

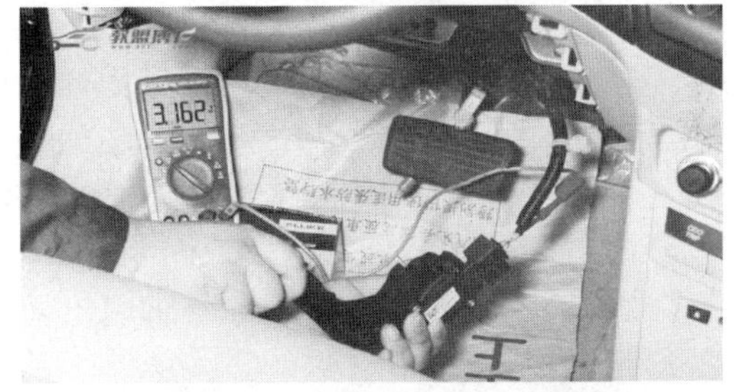

图3-3-40　红表笔探针插入加速踏板连接器的4号端子

图3-3-41　观察万用表数值变化

(16)红表笔探针插入加速踏板连接器的5号端子(搭铁1)(图3-3-42)。

(17)读取电压值,电压值为接近0V。缓慢压下加速踏板,可以看到电压值不变化(图3-3-43)。

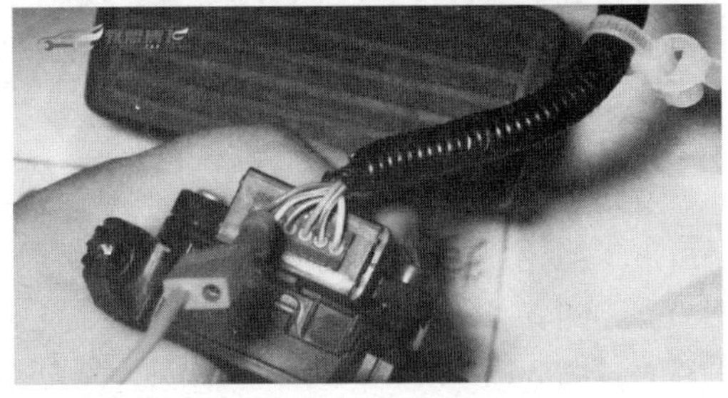

图3-3-42　红表笔探针插入加速踏板连接器的5号端子

图3-3-43　5号端子电压值不变化

(18)红表笔探针插入加速踏板连接器的 6 号端子(搭铁 2)。

(19)读取电压值,压值为接近 0V。缓慢压下加速踏板,可以看到电压值不变化。

2)电阻检测

(1)万用表连接测试线,打开万用表,调至欧姆挡,校准万用表(图 3-3-44)。

(2)在加速踏板的 1 号脚和 6 号脚引出导线(图 3-3-45)。

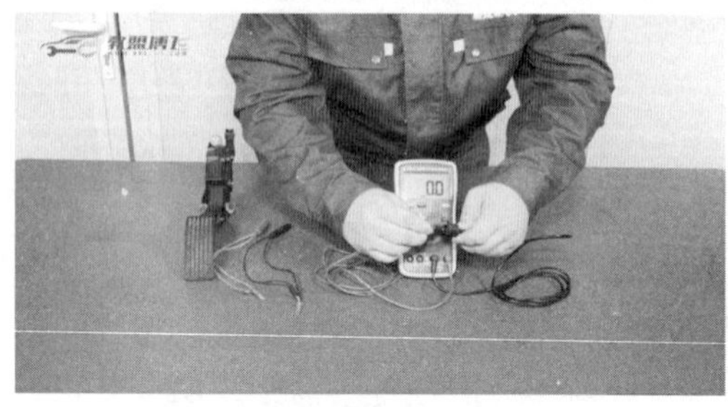

图 3-3-44 校准万用表

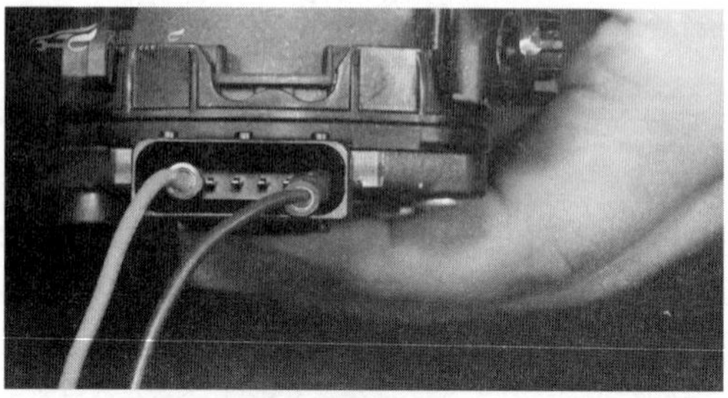

图 3-3-45 加速踏板的 1 号脚和 6 号脚引出导线

(3)红黑表笔分别连接 1 号脚和 6 号脚引出导线,读取电阻值,不得断路或断路(图 3-3-46)。

(4)在加速踏板的 1 号脚引出导线,黑表笔连接 1 号脚引出导线,红色表笔连接 2 号脚(图 3-3-47)。

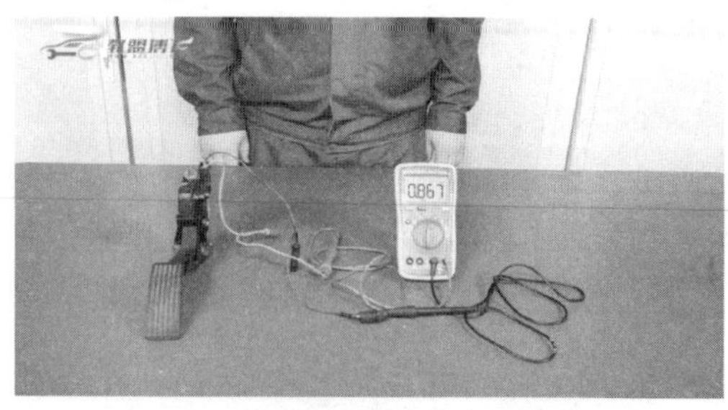

图 3-3-46 读取 1 号脚和 6 号脚的电阻值

图 3-3-47 测量 1 号脚和 2 号脚的电阻

(5)读取电阻值,不得断路或断路(图 3-3-48)。

(6)加速踏板的 2 号脚和 6 号脚引出导线(图 3-3-49)。

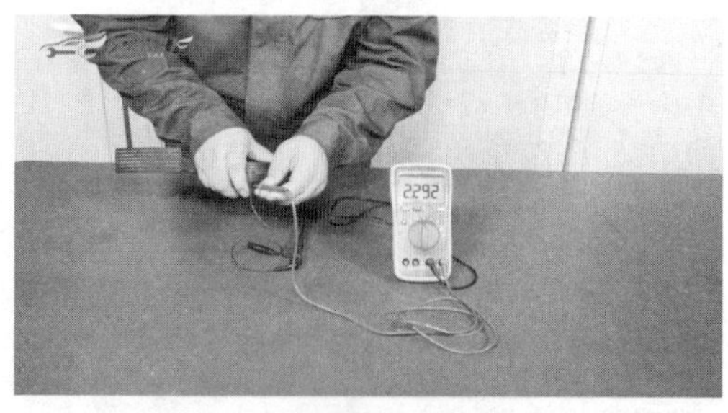

图 3-3-48 测量其电阻值

图 3-3-49 加速踏板的 2 号脚和 6 号脚引出导线

(7)红黑表笔分别连接 2 号脚和 6 号脚引出导线,读取电阻值(图 3-3-50)。

(8)缓慢压下加速踏板,可以看到电阻值慢慢变大(图 3-3-51)。

(9)缓慢松开加速踏板,可以看到电阻值慢慢变小(图 3-3-52)。

(10)加速踏板的 3 号脚和 5 号脚引出导线(图 3-3-53)。

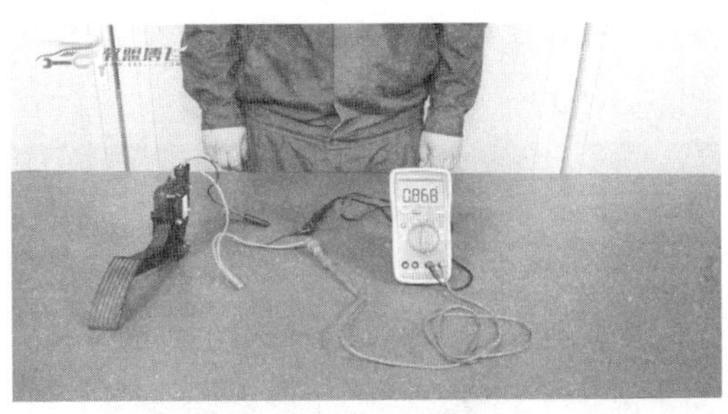

图 3-3-50　测量其电阻

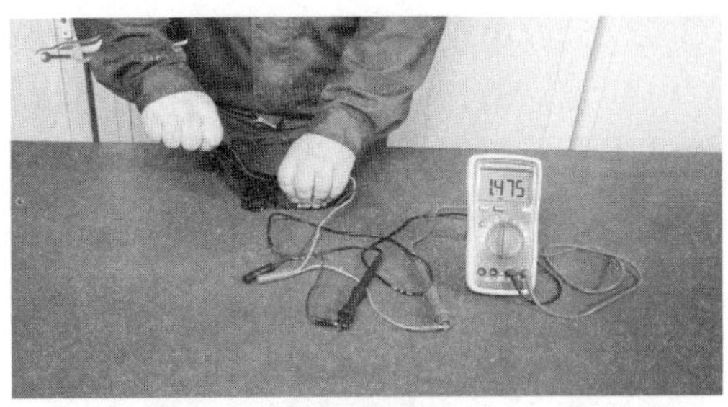

图 3-3-51　压下加速踏板观察电阻值变化

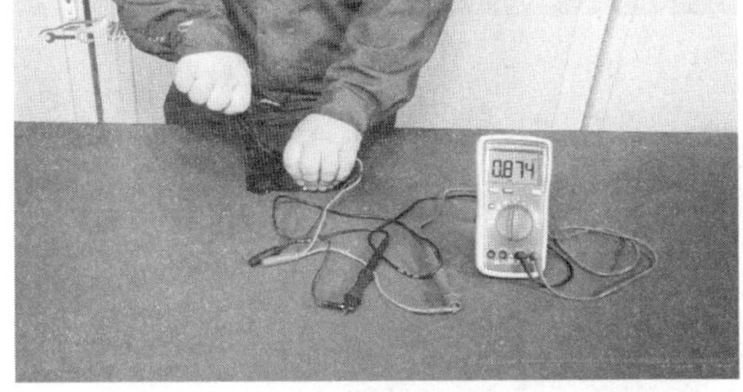

图 3-3-52　松开加速踏板观察电阻值变化

图 3-3-53　3 号脚和 5 号脚引出导线

(11)红黑表笔分别连接 3 号脚和 5 号脚引出导线,读取电阻值,不得断路或短路(图 3-3-54)。

(12)在加速踏板的 4 号脚引出导线,黑表笔连接 4 号脚引出导线,红色表笔连接 3 号脚(图 3-3-55)。

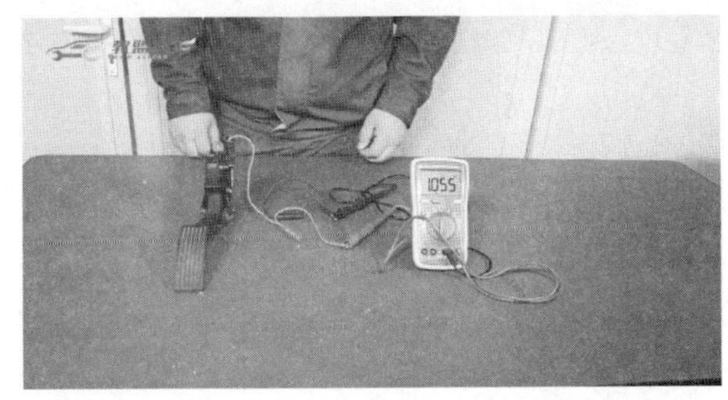

图 3-3-54　读取 3 号脚和 5 号脚的电阻值

图 3-3-55　3 号脚和 4 号脚引出导线

(13)读取电阻值,不得断路或短路(图 3-3-56)。

(14)在加速踏板的 4 号脚引出导线,黑表笔连接 4 号脚引出导线,红色表笔连接 5 号脚(图 3-3-57)。

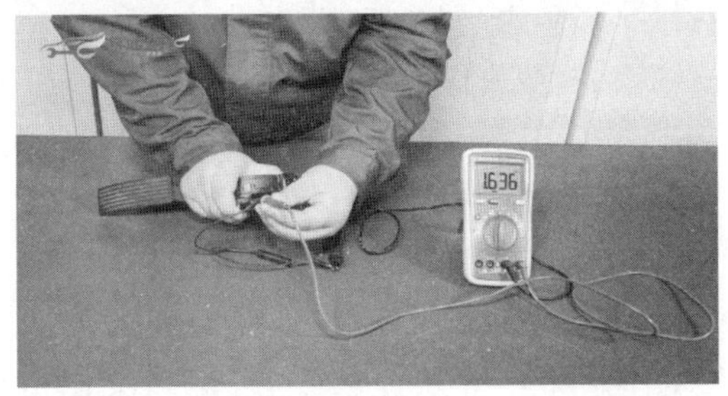

图 3-3-56　读取 3 号脚和 5 号脚的电阻值

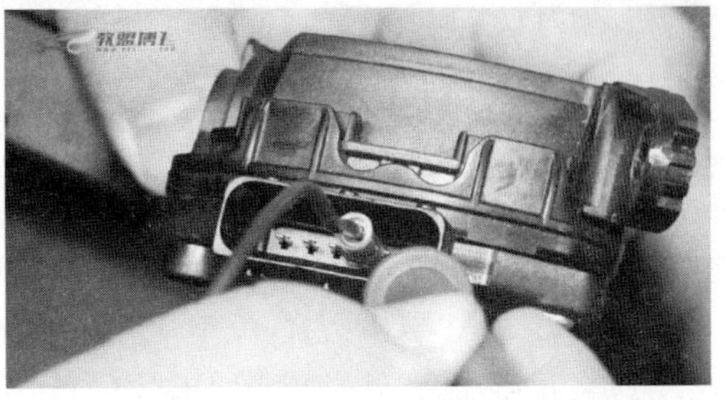

图 3-3-57　4 号脚和 5 号脚引出导线

(15)读取电阻值,不得断路或短路(图3-3-58)。

(16)加速踏板的4号脚和5号脚引出导线(图3-3-59)。

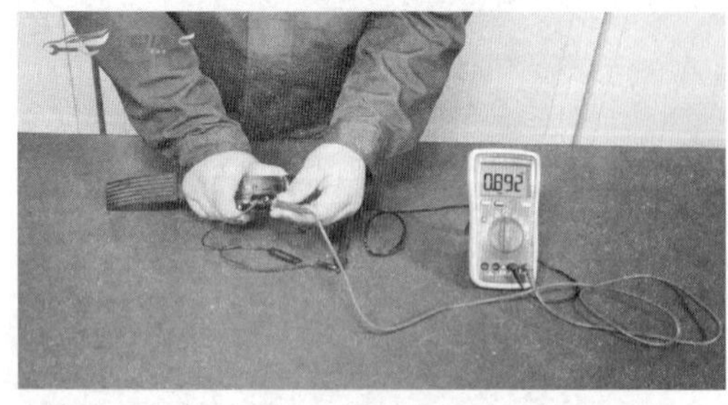

图3-3-58　读取4号脚和5号脚电阻值

图3-3-59　4号脚和5号脚引出导线

(17)红黑表笔分别连接4号脚和5号脚引出导线,读取电阻值。

(18)缓慢压下加速踏板,可以看到电阻值慢慢变大(图3-3-60)。

(19)缓慢松开加速踏板,可以看到电阻值慢慢变小(图3-3-61)。

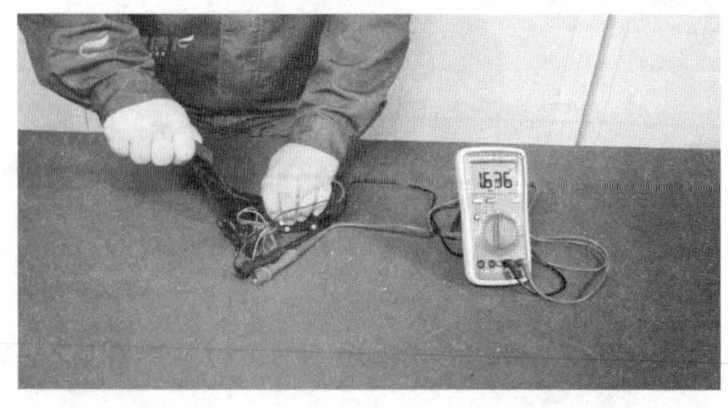

图3-3-60　压下加速踏板观察电阻值变化

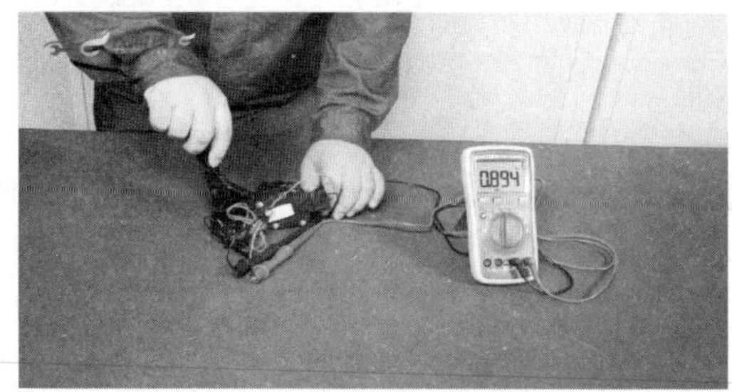

图3-3-61　松开踏板观察电阻值变化

5. DC/DC的检测

DC/DC的检测步骤界面如图3-3-62所示。

(1)打开点火开关至ON挡,如图3-3-63所示。

图3-3-62　比亚迪E6 DC/DC的检测步骤界面

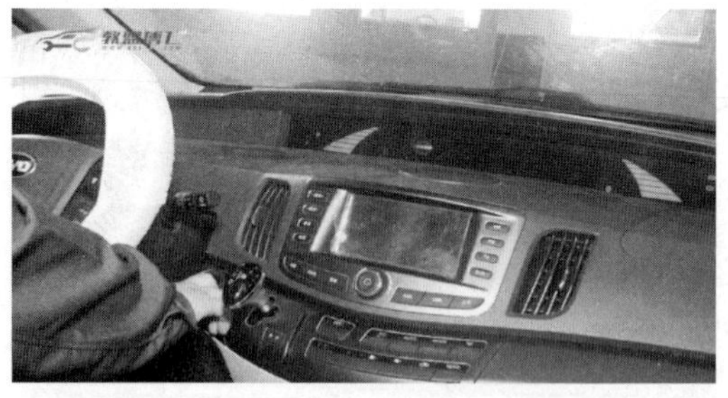

图3-3-63　打开点火开关至ON挡

(2)拆下DC/DC低压正极输出端口1;拆下DC/DC低压正极输出端口2(图3-3-64)。

(3)打开万用表,旋至直流电压挡。

(4)将正极表笔分别测量DC/DC低压正极输出端口1和2,负极搭铁,测量输出电压值,电压值应大于13V(图3-3-65)。

图 3-3-64 拆下 DC/DC 的 2 个低压正极输出端口

图 3-3-65 测量 DC/DC 低压正极输出端口的电压值

(5)如果电压不符合规定值,更换 DC/DC。

(6)关闭万用表。

(7)将低压正极输出端口 1 和端口 2,安装归位。

扩展知识

1. 比亚迪 E6 整车无动力输出故障案例

(1)故障描述。2011 年 07 月 12 日,车辆行驶里程 93193km,车辆 7 月 11 日出现输出无动力故障,车辆被拖回 4S 店后,在 7 月 12 日试车时有动力输出,但输出动力严重不足。

(2)原因分析。

①利用故障 ED400 诊断仪读取车辆系统,读取不到故障码。

②换用电脑读取系统故障,发现 P 挡处于锁止和非锁止之间连续跳变。

③安排驾驶人在 107 国道上试车了 30 多 min,在切换 P、D、N、R 挡位过程中电脑读取到故障 P 挡处于锁止和非锁止之间连续的跳变,车辆输出动力时好时坏。

④车辆开回 4S 店后,在故障跳变过程中,我们下车推车,车辆是出于锁止状态。

初步判断:问题锁定在 P 挡控制器。

⑤在拆卸 P 挡控制器过程中,发现安装 P 挡控制器与地板配合处被水浸泡,拆卸 P 挡控制器后,发现接插件孔里面都是水。

故障判定:P 挡控制器进水导致产品功能失效(图 3-3-66)。

⑥进水的原因:发现地板上有几处堵盖已经松脱(图 3-3-67)。

图 3-33-66 控制器进水

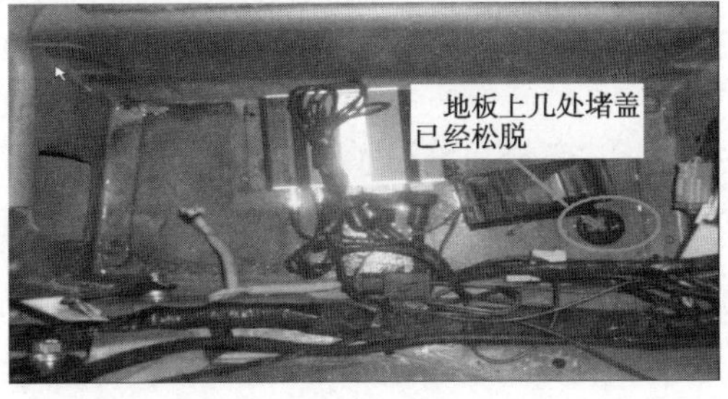

图 3-3-67 地板上堵盖已经松脱

2. 整车无法上“OK”挡故障案例

(1)故障描述。夜班进行正常,早班进行白班交接后出现无法上“OK”挡,同时仪表显示动力电池断开故障灯,同时仪表显示车辆处于通电状态,但是整车没有充电,处于待运行状态。里程数为76815km。

(2)原因分析。

①故障诊断仪诊断为充电装置吸合。

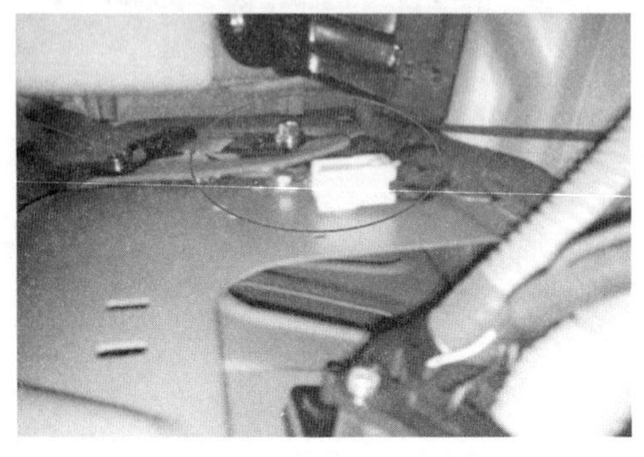

图3-3-68　拔掉充电装置通信接口

②测量电池管理器通。根据电路图判定电源管理器第11脚为充电口采样线,高电压有效,测量电源管理器第11脚搭铁的电压为2.4V,正常情况下在没有插入充电装置时第11脚应该是0V,2.4V这个电压值确实有些不可思议。

拔掉充电装置通信接口(图3-3-68),测试电源管理器第11脚为2.4V,测量电源管理器第11脚与充电通信口电阻正常,无短路短路。

初步判断:通过拔掉充电装置通信口测量电测管理器故障重现,判定不是充电装置的故障。

③拔掉仪表测试。拔掉仪表线束测试,故障模式重现,依然无法起动车辆。

④检查从电池管理器到仪表的线束。检查时发现副驾驶地板有积水,而且右地板线束转接左地板线束的接插件被浸泡在积水中(图3-3-69),判定由于接插件被浸泡导致功能混乱。

故障判定:由于副驾驶室内进水使接插件被浸泡,导致功能混乱。

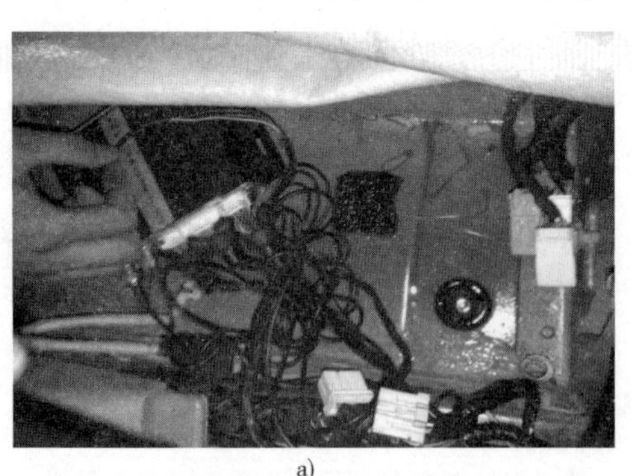

a)

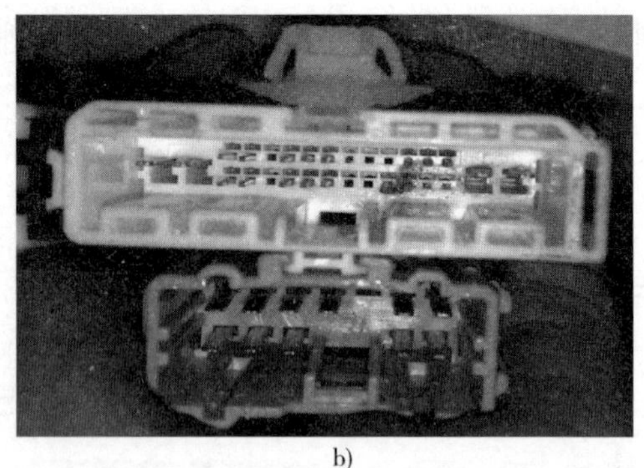

b)

图3-3-69　接插件被浸泡

3. 空调运行功率高故障案例

(1)故障描述。

①车辆处于静止状态,上“OK”挡,起动空调AC,空调的温度调至最低、风速最大,空调运行5min以上仪表在显示屏上显示消耗功率在5kW以上。

②行车过程中踩制动踏板,正常情况下仪表在显示屏有显示能量回收,但是没有出现能

量回收的显示而且还有功率输出(图 3-3-70)。

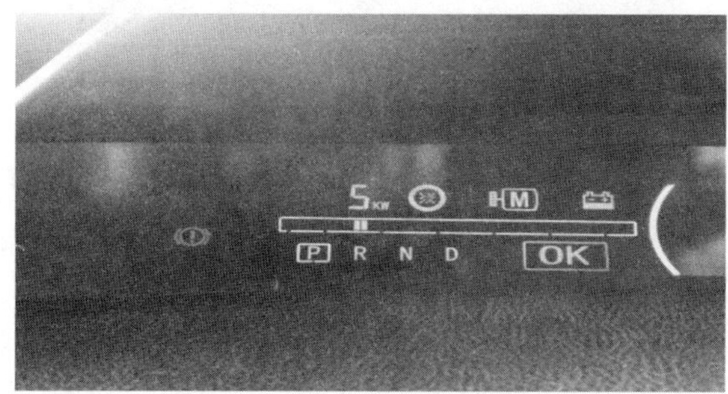

图 3-3-70　观察仪表板数值

③行驶里程相对变短。

(2)原因分析。

①故障诊断仪测试,故障诊断仪测试动力电池管理,电池组当前总电流为 10.4A(图 3-3-71)。

②电池包电流输出测试,用钳流表测试电池包正极和负极的电流,电流为 1.3A(图 3-3-72)。

初步判断:故障诊断仪显示能量消耗电流为 10.4A,实际测试电流输出 1.3A;排除故障模块仪表故障。

系统运行参考框图如图 3-3-73 所示。

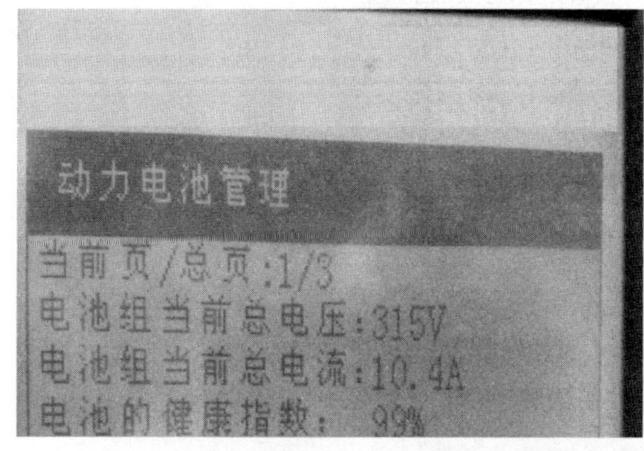

图 3-3-71　诊断仪测试动力电池总电流

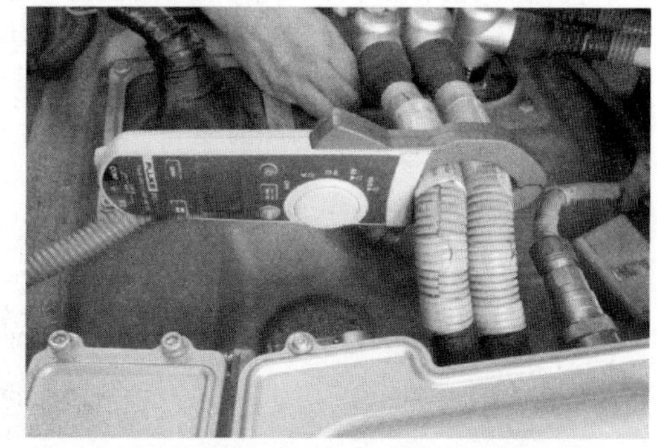

图 3-3-72　用钳流表测试电池包正极和负极的电流

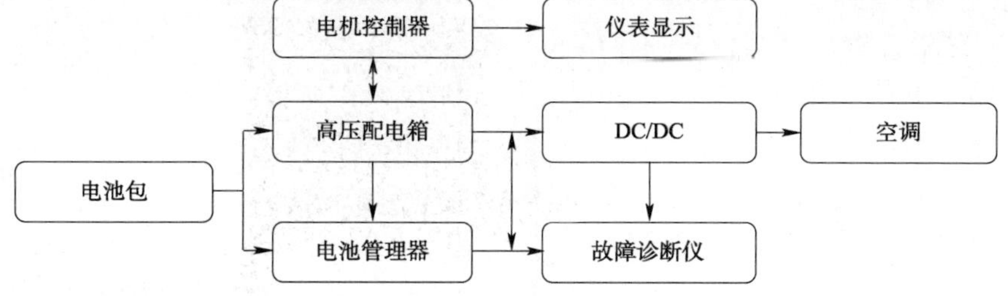

图 3-3-73　系统运行框图

a. 调换 DC/DC,调换后故障模式没有消失,异常数据重现。

b. 更换高压配电箱,更换后故障模式消失,参数正常(图 3-3-74)。

故障判定:高压配电箱故障。

图 3-3-74 更换高压配电箱

学习测试

1. 填空题

(1)加速踏板用于为驱动系统提供______的输入信号,并控制____回收功能。

(2)制动踏板用于取消电机______,并实现车辆的制动功能。

(3)挡位控制器用于控制电机的______和电机的______。

(4)输入信号产生故障后,主控 ECU 将停止车辆的____输入,并输出诊断____。

2. 判断题

(1)制动信号丢失情况下,车辆可以正常起动。 ( )

(2)非制动信号故障时,车辆能够起动,但起动后动力停止输出。 ( )

(3)加速踏板位置传感器的信号输入到主控 ECU。 ( )

(4)制动踏板位置传感器的信号输入到电机控制器。 ( )

(5)高电压车辆安全的首要条件就是防止高电压系统与车身存在漏电。 ( )

3. 单项选择题

(1)比亚迪 E6 整车控制 ECU 安装在( )。

A. 乘客舱前排座椅中间　　B. 行李舱

C. 前机舱　　D. 底盘左后位置

(2)挡位传感器信号提供给( )模块。

A. 整车主控 ECU　　B. 电机控制器

C. 漏电传感器　　D. DC/DC 转换器

(3)制动踏板位置传感器信号提供给( )模块。

A. 整车主控 ECU　　B. 电机控制器

C. 漏电传感器　　D. DC/DC 转换器

(4)漏电传感器安装位置在( )。

A. 电池管理系统模块下方　　B. 仪表台下方

C. 副驾驶座椅下方　　D. 前机舱靠近电机控制器

(5)加速踏板位置传感器的参考电源是( )。

A. 5V　　B. 12V

C. 与低压蓄电池电压一致　　D. 与动力电池电压一致

项目四

混合动力汽车故障诊断与排除

本项目主要介绍混合动力汽车的故障诊断与排除。根据混合动力汽车常见的故障范围及维修策略，将主要侧重于以下3个任务进行展开：

任务1　混合动力汽车电池系统故障诊断与排除；

任务2　混合动力汽车电机及驱动系统故障诊断与排除；

任务3　混合动力汽车整车动力控制系统故障诊断与排除。

通过以上3个任务的学习，你将了解到混合动力的组成结构与控制原理，掌握混合动力汽车主要系统的基本诊断流程和分析思路，并在此基础上，进一步扩展到混合动力汽车的诊断与排除。

任务1　混合动力汽车电池系统故障诊断与排除

提出任务

有一辆丰田普锐斯进站维修,客户反映该车辆不能正常起动,你的主管使用诊断仪检查以后发现动力电池管理模块存在多个故障码,且均指向温度过高。你的主管要求你去处理并修复该故障,你能完成这个任务吗?

任务要求

知识要求

1. 能够描述混合动力汽车动力电池故障表现形式;
2. 能够描述普锐斯动力电池系统故障码;
3. 能够描述普锐斯动力电池典型数据流内容;
4. 能够描述普锐斯动力电池系统典型故障案例诊断步骤。

能力要求

1. 能够进行 HV 蓄电池 ECU 供电电路检测;
2. 能够进行 HV 蓄电池冷却系统电路检测;
3. 能够进行 HV 蓄电池温度传感器的检测;
4. 能够进行 HV 蓄电池电流传感器的检测。

相关知识

混合动力汽车由于设计有电力和发动机的双重动力结构,因此在故障诊断过程中既要检查发动机的动力系统,又要检查电力驱动系统。常见的故障主要包括有因电力系统导致发动机不能驱动,或电力驱动系统失效的故障症状。

以下以丰田普锐斯为例,介绍混合动力汽车动力电池系统故障诊断与排除。

1. 混合动力汽车动力电池故障表现形式

动力电池是普锐斯混合动力控制系统的重要组成部分,其内部或控制系统存在故障将导致混合动力系统失效,甚至是车辆暂停行驶。

丰田普锐斯动力电池结构如图 4-1-1 所示。

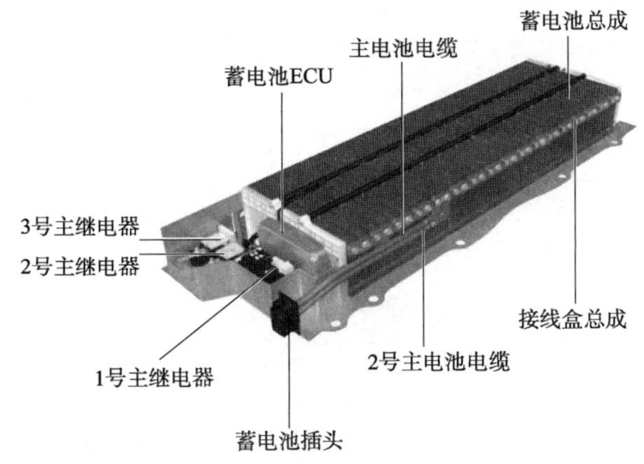

图 4-1-1　普锐斯动力电池结构

围绕动力电池管理系统存在的故障常见有：

(1)动力电池管理模块本身故障，如供电故障等。

(2)内部电池电压故障，如监测到过高或过低的单个电池电压。

(3)动力电池组总成冷却系统故障。

(4)动力电池组内高压输出电路故障。

动力电池系统故障会导致：

(1)仪表指示灯点亮。如图 4-1-2 所示，动力电池系统故障会导致仪表以下指示灯点亮。

(HV蓄电池警告)

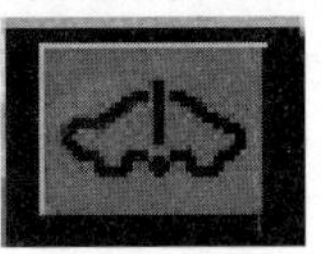

(车辆动力系统故障)

图 4-1-2　混合动力汽车仪表故障指示灯

(2)车辆不能起动或功率降低。未起动车辆前，会导致车辆不能正常起动；高速运行的车辆会导致车辆降低运行功率。

2. 混合动力汽车动力电池系统故障码

普锐斯动力电池系统常见故障码见表 4-1-1。

混合动力汽车动力电池系统常见故障码表　　表 4-1-1

DTC	检测项目	故障可能发生部位	CHK ENG・1	主警告灯・2	警告・3	存储器
PO560 (05－667)	系统电压	(1)线束或连接器； (2)HEV 熔断丝； (3)蓄电池 ECU	O	O	HV 系统	O
POAIF (25－670)	蓄电池能量控制模块	蓄电池 ECU	O	O	HV 系统	O
POA7F (05－671)	混合动力电池损坏	(1)HV 蓄电池总成； (2)蓄电池 ECU	O	O	HV 系统	O

续上表

DTC	检测项目	故障可能发生部位	CHK ENG·1	主警告灯·2	警告·3	存储器
POA80 (05－672)	更换混合动力电池组	(1)HV蓄电池总成; (2)蓄电池ECU	O	O	HV系统	O
POA81 (05－673)	混合动力电池组冷却风扇1	(1)后侧风道(鼓风机电机控制器); (2)蓄电池ECU	×	O	HV系统	O
POA82 (05－675)	混合动力电池组冷却风扇1	(1)后侧风道; (2)2号后侧风道; (3)2号后侧内风道; (4)通风器内风道; (5)蓄电池鼓风机总成; (6)蓄电池ECU	×	O	HV系统	O
POA85 (05－677)	混合动力电池组冷却风扇1	(1)线束或连接器; (2)BATT FAN熔断丝 (3)1号蓄电池鼓风机继电器; (4)蓄电池鼓风机总成; (5)后侧风道(鼓风机电机控制器); (6)蓄电池ECU	×	O	HV系统	O
POA95 (05－686)	高压熔断丝	(1)高电压熔断丝; (2)检修塞卡箍 (3)蓄电池塞; (4)蓄电池ECU	×	O	HV系统	O
POA9B (05－689)	混合动力电池温度传感器电路	(1)HV蓄电池总成(蓄电池温度传感器); (2)蓄电池ECU	O	O	HV系统	O
POAAC (05－692)	混合动力电池组空气温度传感器“A”电路	(1)HV蓄电池总成(进气温度传感器); (2)蓄电池ECU	O	O	HV系统	O
P3011 (05－694)	蓄电池盒1变弱	(1)HV蓄电池总成; (2)蓄电池ECU	O	O	HV系统	O
P3012 (05－694)	蓄电池盒2变弱	(1)HV蓄电池总成; (2)蓄电池ECU	O	O	HV系统	O
P3013 (05－694)	蓄电池盒3变弱	(1)HV蓄电池总成; (2)蓄电池ECU	O	O	HV系统	O
P3014 (05－694)	蓄电池盒4变弱	(1)HV蓄电池总成; (2)蓄电池ECU	O	O	HV系统	O

续上表

DTC	检测项目	故障可能发生部位	CHK ENG·1	主警告灯·2	警告·3	存储器
P3015 (05－694)	蓄电池盒5变弱	(1)HV蓄电池总成; (2)蓄电池ECU	O	O	HV系统	O
P3016 (05－694)	蓄电池盒6变弱	(1)HV蓄电池总成; (2)蓄电池ECU	O	O	HV系统	O
P3017 (05－694)	蓄电池盒7变弱	(1)HV蓄电池总成; (2)蓄电池ECU	O	O	HV系统	O
P3018 (05－694)	蓄电池盒8变弱	(1)HV蓄电池总成; (2)蓄电池ECU	O	O	HV系统	O
P3019 (05－694)	蓄电池盒9变弱	(1)HV蓄电池总成; (2)蓄电池ECU	O	O	HV系统	O
P3020 (05－694)	蓄电池盒10变弱	(1)HV蓄电池总成; (2)蓄电池ECU	O	O	HV系统	O
P3021 (05－694)	蓄电池盒11变弱	(1)HV蓄电池总成; (2)蓄电池ECU	O	O	HV系统	O
P3022 (05－694)	蓄电池盒12变弱	(1)HV蓄电池总成; (2)蓄电池ECU	O	O	HV系统	O
P3023 (05－694)	蓄电池盒13变弱	(1)HV蓄电池总成; (2)蓄电池ECU	O	O	HV系统	O
P3024 (05－694)	蓄电池盒14变弱	(1)HV蓄电池总成; (2)蓄电池ECU	O	O	HV系统	O
P3030 (05－694)	蓄电池与ECU间断开	(1)继电器盒总成(母线模块); (2)2号车架线(母线和线束) (3)蓄电池ECU	O	O	HV系统	O
P3056 (05－694)	蓄电池电流传感器电路故障	(1)HV蓄电池总成(线束或连接器); (2)蓄电池电流传感器; (3)蓄电池ECU	O	O	HV系统	O
U0100 (05－704)	与ECM/PCM“A”的通信中断	CAN通信系统	O	O	HV系统	O
U0293 (05－704)	与混合动力车辆控制系统的通信中断	CAN通信系统	O	O	HV系统	O

注:·1中,“O”表示CHK ENG点亮,“×”表示CHK ENG没有点亮。
·2中,“O”表示主警告灯点亮,“×”表示主警告灯没有点亮。
·3中,复式信息显示器的警告。

3.混合动力汽车动力电池典型数据流内容

普锐斯在动力电池模块内,可使用诊断仪读取到数据流。其主要读取到的数据流内容见表4-1-2。

混合动力汽车动力电池系统数据流内容　　表4-1-2

诊断仪显示(缩写词汇)	测量项目/范围(显示)	参考范围	诊断注解
MIL 状态(MIL Status)	CHK ENG 状态/ON 或 OFF	CHK ENG ON:ON	保持 ON:根据检测到的 DTC 修理
故障发生时积累的行驶里程数(Driving Mileage)	故障发生时,积累的行驶里程数/最小:0km,最大:65.535km	—	—
蓄电池充电状态(Battery SOC)	蓄电池充电状态/最小:0%,最大:100%	始终:0~100%	—
SOC 盒(Delta SOC)	在 SOC 最大和最小间的差异/最小:0%,最大:100%	READY 灯点亮,发动机停止,没有电负荷:0~60%	—
蓄电池组电流值(IB Battery)	蓄电池组的电流值/最小:-327.68A,最大:327.67A	(1)发动机停机后立即满载加速:最大140A(车内温度); (2)P挡发动机自动起动,然后换到N挡位1s后,发动机停止,前照灯点亮,空调风扇高速运转,READY灯点亮:最大30A	—
吸入空气温度(Batt Inside Air)	吸入蓄电池组的室外空气温度/最小:-327.63℃,最大:327.67℃	一天不受干扰:与室外空气温度相同	—
VMF 风扇电机电压(VMF Fan Voltage)	蓄电池鼓风机电机监控电压/最低:-25.6V,最高:25.4V	在P挡位,READY灯点亮,风扇在模式:8.5~11.5V	—
辅助蓄电池电压(Aux. Batt V)	备用蓄电池电压/最低:-25.6V,最高:25.4V	与备用蓄电池电压相等	—
充电控制数值(WIN)	从蓄电池 ECU 输送到 HV 控制 ECU 的充电控制的功率/最小:-64kW,最大:0kW	-25kW 或更大	—
放电控制数值(WOUT)	从蓄电池 ECU 输送到 HV 控制 ECU 的放电控制的功率/最小:0kW,最大:63.5kW	21kW 或更小	—
冷却风扇模式(Cooling Fan Spd)	蓄电池鼓风机电机转动模式/最小:0,最大:4	停止:0 从低速向高速转动:1.6	—
ECU 控制模式(ECU Ctrl Mode)	ECU 控制模式/最小:0,最大:4	—	—
备用鼓风机请求(SBLW Rqst)	蓄电池鼓风机电机停止控制请求(备用鼓风机)	ON/OFF	—
蓄电池温度 TB1-TB3(Batt Temp 1to3)	HV 蓄电池温度/最小:-327.68℃,最大:327.67℃	一天不受干扰:与室外空气温度相同	—
蓄电池盒号(Num Of Batt)	蓄电池盒号/ 最小:0,最大:255	始终:14	—

续上表

诊断仪显示(缩写词汇)	测量项目/范围(显示)	参考范围	诊断注解
蓄电池最小电压(Bat Block Max V)	蓄电池最小电压/最低:-327.68V,最高:327.67V	SOC 50% ~ 60%:12V 或更高	—
最小蓄电池盒号(Mim Bat Block#)	最小电压的蓄电池盒号	从0~13中的一个数	—
蓄电池盒最大电压(Bat Block Max V)	蓄电池盒最大电压/最低:-327.68V,最高:327.67V	SOC 50% ~ 60%:12V 或更低	—
最大蓄电池盒号(Max Bat Block #)	最大电压的蓄电池盒号	从0~13中的一个数	—
蓄电池盒电压 V01 - V14(V1toV14 Batt Block)	蓄电池盒电压/最低:-327.68V,最高:327.67V	SOC 60%:12~20V	—
内阻 R01 - R14(IR01 to 14)	各个蓄电池盒的内阻/最小:0Ω,最大0.255Ω	始终:0.01~0.1Ω	—
依照规则(Regulation)	依照规则	Euro - OBD	—
排放 DTC 号(#Codes)	相关动力转动 DTC 排放号/最小:0,最大:127	—	—
存储 DTC 号(DTC)	存储 DTC 号/最小:0,最大:255	—	—

4. 动力电池系统典型故障案例诊断步骤

1)模块供电熔断异常的故障

(1)故障现状。动力电池 ECU(也称电池管理模块,或蓄电池 ECU)不通信,HV 警告灯点亮,且车辆不能正常起动。

(2)故障原因分析。12V 蓄电池电源恒定地向动力电池 ECU 的 AM 端子供电,以此达到维持储存器内的 DTC 和定格数据。即使电源开关断开的时候,该电压可以作为一个备用电压。

其控制电路图如图 4-1-3 所示。

(3)诊断关键步骤及参数。

①检查 20A 熔断丝。从发动机舱继电器盒(图 4-1-4)上拆下 HEV 熔断丝,检查 HEV 熔断丝电阻。

标准值:小于 1Ω。

②如果熔断丝正常,检查动力电池 - 12V 蓄电池之间的连接情况,如图 4-1-5 所示。

a. 断开 12V 蓄电池负极端子。

b. 从发动机舱熔断丝盒上拆下 HEV 熔断丝。

c. 断开 B11 电池管理模块连接器(图 4-1-5),检查线束侧连接器的电阻。

标准(开路检查)见表 4-1-3。

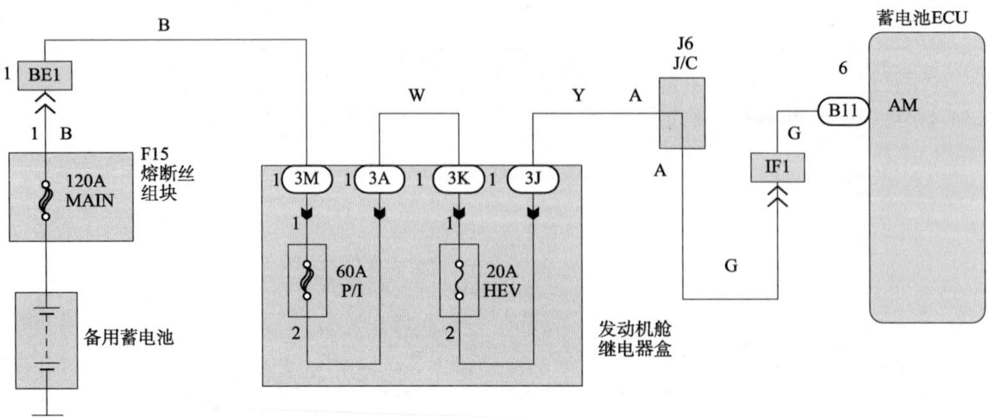

图 4-1-3　动力电池 ECU 控制电路图

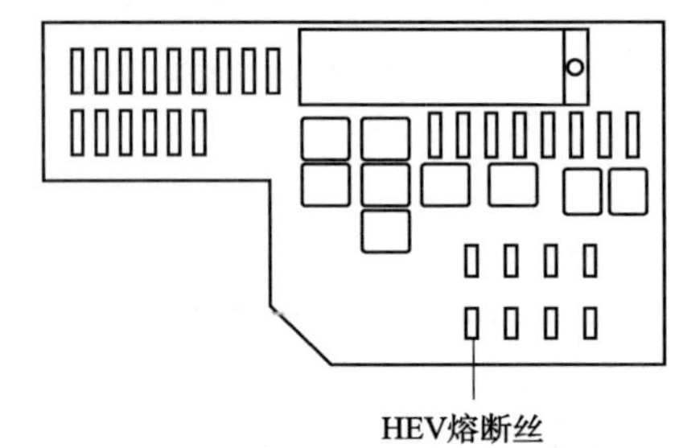

图 4-1-4　发动机舱继电器盒 HEV 熔断丝位置

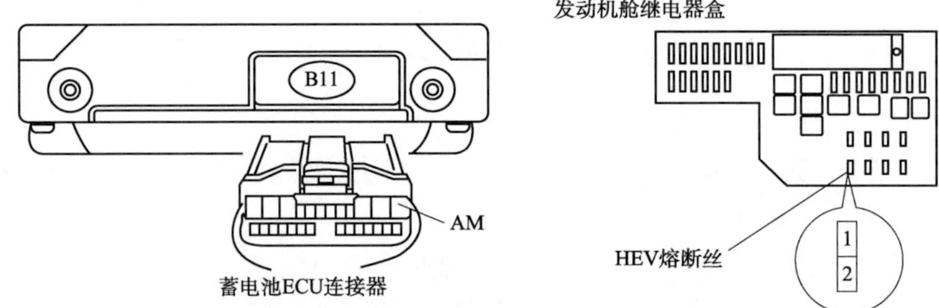

图 4-1-5　电池管理模块连接器

开 路 检 查 表　　表 4-1-3

万用表(测试仪)连接	规定条件	万用表(测试仪)连接	规定条件
AM(B11 - 1)—HEV 熔断丝(2)	<1Ω	HEV 熔断丝(1)—正极备用蓄电池端子	<1Ω

③如果以上正常,检查动力电池 ECU - HEV 熔断丝连接器与线束。

a. 从发动机舱继电器盒拆卸 HEV 熔断丝。

b. 检查线束侧连接器与车身搭铁间电阻。

标准(短路检查)见表 4-1-4。

短 路 检 查表　　表 4-1-4

万用表连接	规定条件
AM(B11 - 1)或 HEV 熔断丝(2)—车身搭铁	10Ω 或更大

④如果以上检查均正常，则需要更换动力电池 ECU。

2）动力电池冷却系统——鼓风机不转的诊断

（1）故障现状。仪表显示 HV 蓄电池故障，诊断仪检查存在 HV 蓄电池（动力电池）温度高。

动力电池温度过高的其中原因之一是鼓风机不能正常工作。

使用诊断仪的主动测试功能驱动鼓风机，发现驱动失败，且不能从数据流中正常看到鼓风机电动机的旋转转速。

（2）故障原因分析。鼓风机电动机控制调节蓄电池鼓风机总成的电压。鼓风机电动机控制有由铝制成的散热片。从后侧风道流入动力电池总成的空气对鼓风机电动机控制进行制冷，而该控制是装在后侧风道里。

从电池管理模块的 FCTL1 端子流出的电流向蓄电池鼓风机继电器的继电器线圈。当继电器触电闭合时，则向电池鼓风机总成供电。

当电池管理模块输出风扇运行信号时，鼓风机电动机控制调节施加给蓄电池鼓风机总成的电压，以便获得需要的风扇转速。调节信号同时以监控信号的形式输送给电池管理模块的 VM 端子。鼓风机电动机控制通过监控蓄电池鼓风机总成的 +B 端子的电压纠正鼓风机电动机的电压。

鼓风机控制电路图如图 4-1-6 所示。

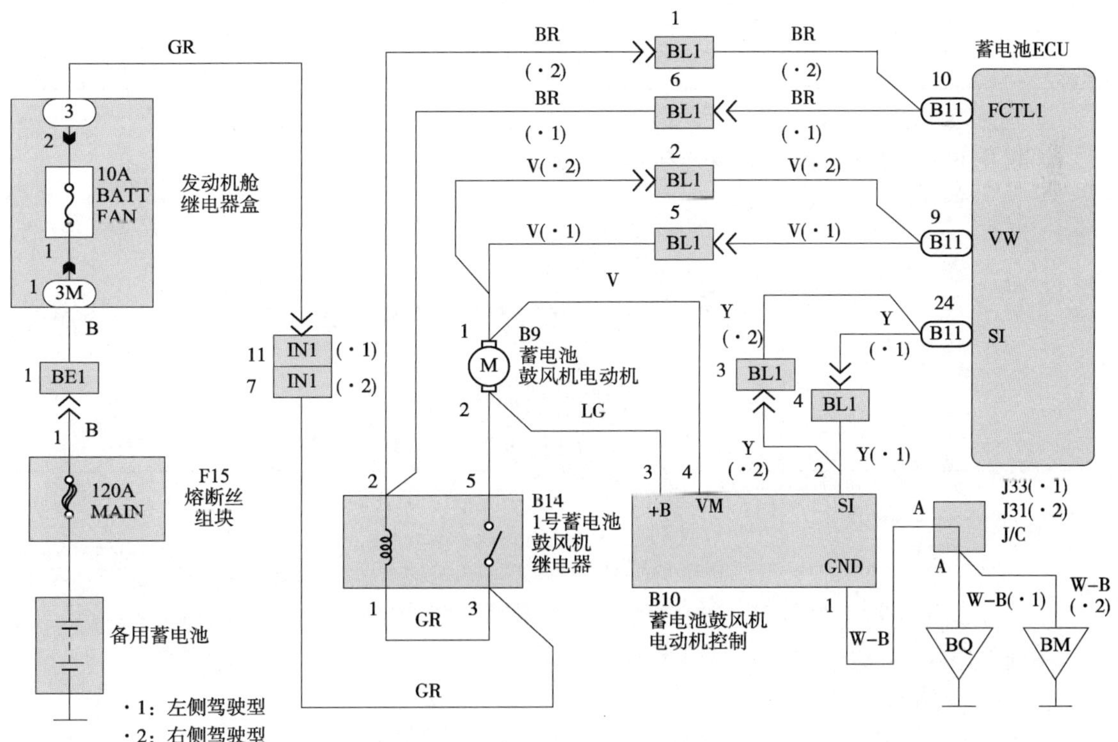

图 4-1-6　鼓风机控制电路图

(3)诊断关键步骤及参数。

①检查 10A 风扇熔断丝。

a. 从发动机舱熔断丝盒(图 4-1-7)上拆下风扇熔断丝。

b. 检查风扇熔断丝电阻。标准值:小于 1Ω。

②检查鼓风机继电器。拆下蓄电池鼓风机继电器(图 4-1-8)。

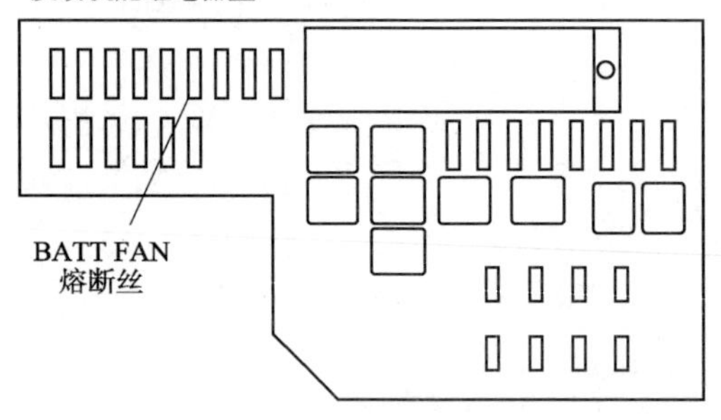

图 4-1-7 发动机舱熔断丝盒风扇熔断丝位置

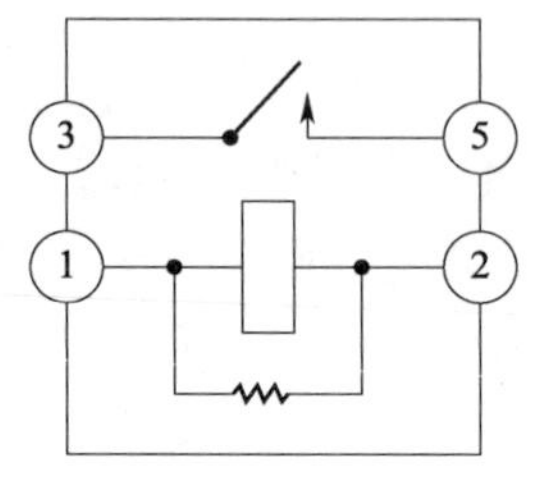

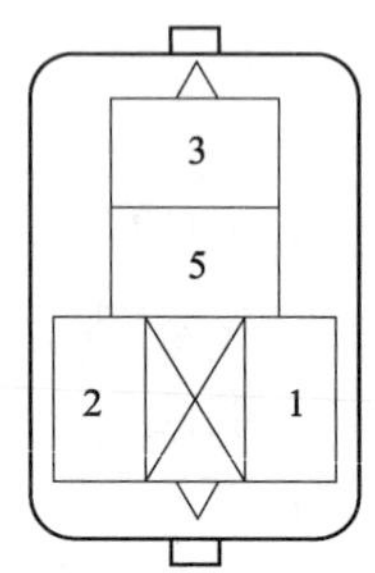

图 4-1-8 蓄电池鼓风机继电器端子

检查继电器端子间的电阻,见表 4-1-5。

继电器端子检查表 表 4-1-5

万用表连接	规定条件
3—5	10kΩ 或更大
3—5	<1Ω (在端子 1 和 2 之间加蓄电池电压)

③检查鼓风机总成。

a. 断开 B9 蓄电池鼓风机总成连接器(图 4-1-9)。

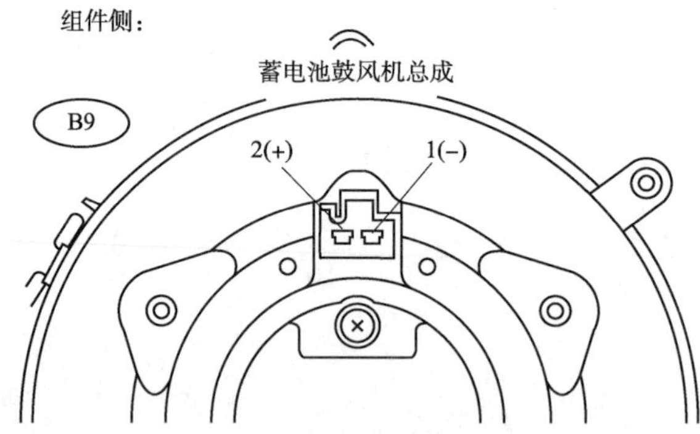

图 4-1-9 蓄电池鼓风机总成连接器

b. 连接蓄电池正极端子至蓄电池鼓风机总成连接器端子 2,负极蓄电池端子至连接器端子 1。

c. 施加电压时,检查鼓风机风扇运转情况。

正常值:鼓风机正常运转。

④检查鼓风机继电器 - 风扇熔断丝线束与连接器(图 4-1-10)。

a. 从发动机舱拆下风扇熔断丝,拆下 B14 蓄电池鼓风机继电器。

b. 检查线束侧连接器间的电阻。

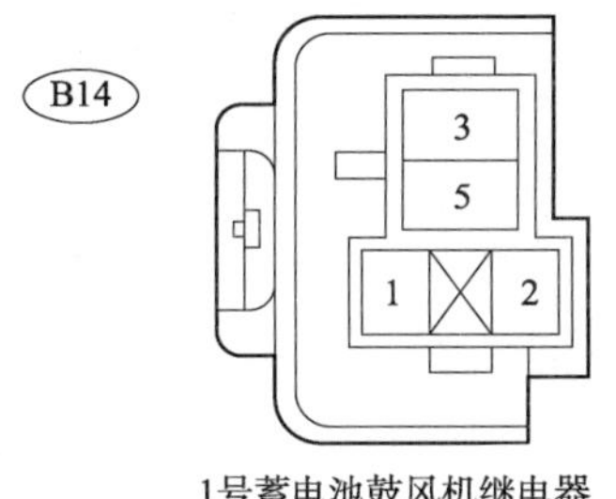

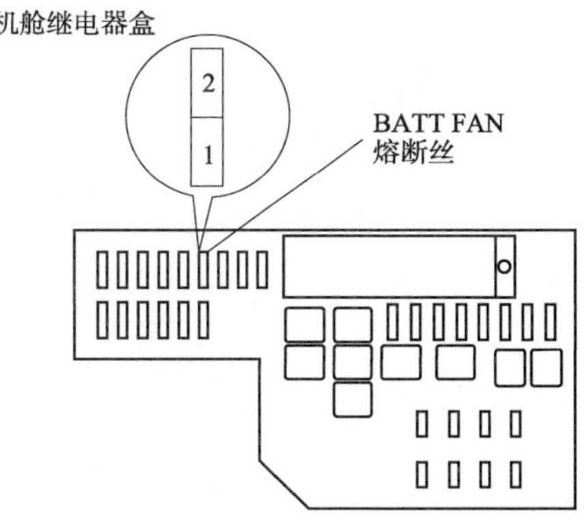

图 4-1-10　蓄电池鼓风机风扇熔断丝线束与连接器图

标准（开路检查）见表 4-1-6。

蓄电池鼓风机风扇熔断丝线束开路检查表　　表 4-1-6

万用表连接	规定条件
1 号蓄电池鼓风机继电器（B14－1 和 3） —BATT FAN 熔断丝（2）	<1Ω

⑤检查蓄电池鼓风机继电器与鼓风机总成之间的线束与连接器。

a. 拆下蓄电池鼓风机继电器（图 4-1-11）。

b. 断开 B9 蓄电池鼓风机总成连接器。

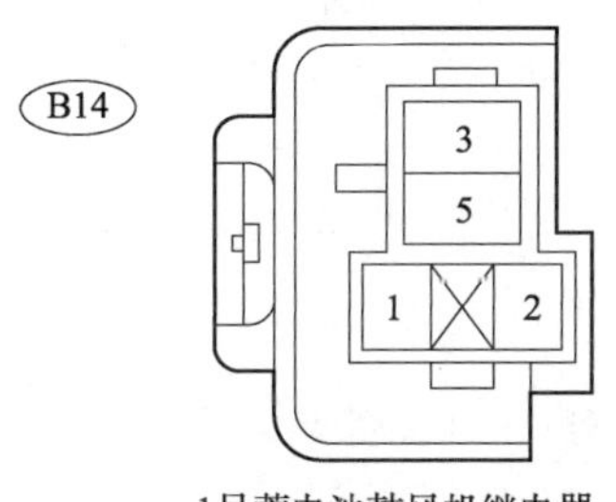

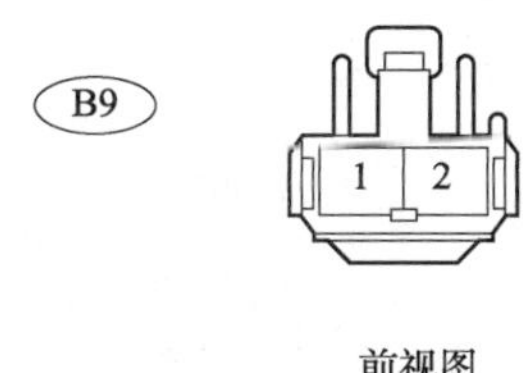

图 4-1-11　1 号蓄电池鼓风机继电器连接器图

c. 检查线束连接器间的电阻。

标准（开路检查）见表 4-1-7。

蓄电池鼓风机继电器与鼓风机总成之间的线束检查表　　表 4-1-7

测试仪连接	规定条件
1 号蓄电池鼓风机继电器（B14－5） —蓄电池鼓风机总成（B9－2）	<1Ω

⑥检查蓄电池鼓风机总成与鼓风机电动机控制之间的线束与连接器。

a. 断开 B9 蓄电池鼓风机总成连接器（图 4-1-12）。

b. 拆下 B10 蓄电池鼓风机电动机控制连接器。

c. 检查线束连接器间的电阻。

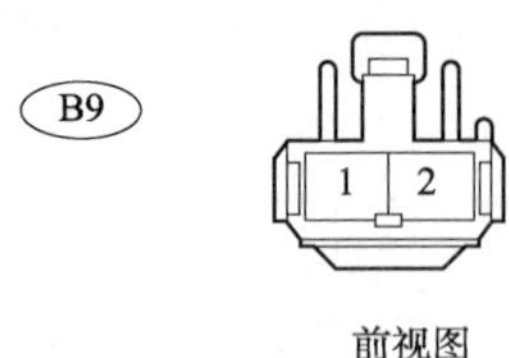

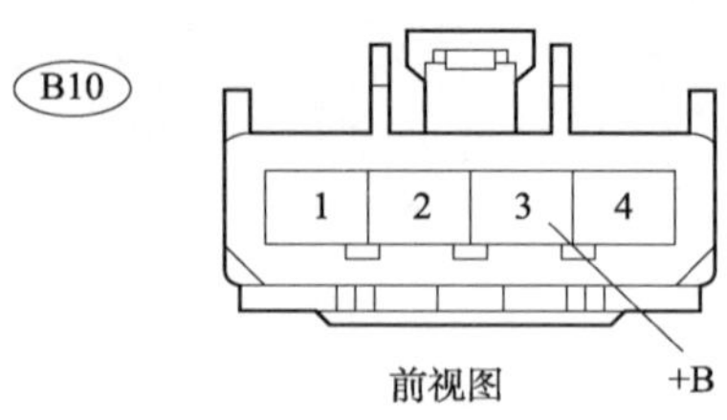

图 4-1-12　蓄电池鼓风机总成与鼓风机电动机控制之间的线束与连接器

标准(开路检查)见表 4-1-8。

蓄电池鼓风机总成与鼓风机电动机控制之间的线束检查表　　表 4-1-8

万用表连接	规定条件
蓄电池鼓风机总成(B9-2)—+B(B10-3)	<1Ω

⑦检查蓄电池鼓风机总成与电池管理模块之间的线束与连接器。

a. 断开 B9 蓄电池鼓风机总成连接器(图 4-1-13)。

b. 拆下 B11 电池管理模块连接器。

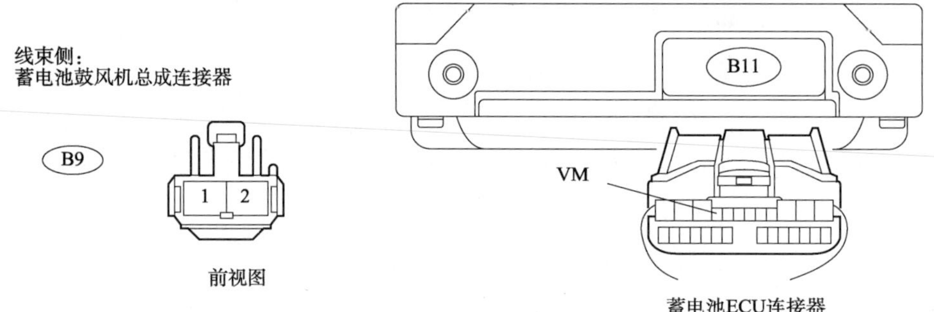

图 4-1-13　蓄电池鼓风机总成与电池管理模块之间的线束与连接器

c. 检查线束连接器间的电阻。

标准(开路检查)见表 4-1-9。

蓄电池鼓风机总成与电池管理模块之间的线束与连接器开路检查　　表 4-1-9

万用表连接	规定条件
蓄电池鼓风机总成(B9-1)—VM(B11-9)	<1Ω

标准(短路检查)见表 4-1-10。

蓄电池鼓风机总成与电池管理模块之间的线束与连接器短路检查　　表 4-1-10

万用表连接	规定条件
蓄电池鼓风机总成(B9-1)或 VM(B11-9) —车身搭铁	10kΩ 或更大

⑧检查蓄电池鼓风机总成与鼓风机电动机控制之间的线束与连接器。

a. 断开 B9 蓄电池鼓风机总成连接器(图 4-1-14)。

b. 拆下 B10 蓄电池鼓风机电动机控制连接器。

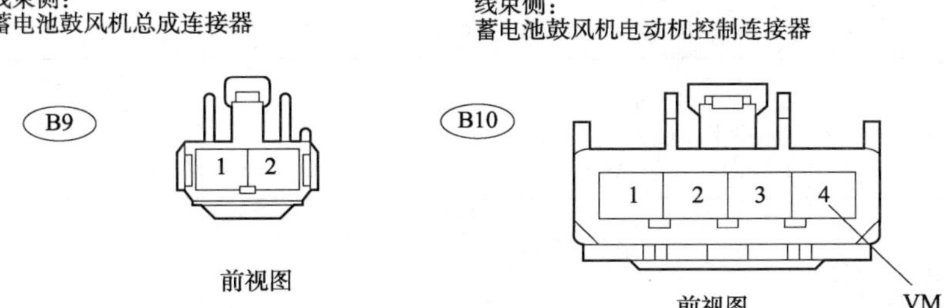

图 4-1-14　蓄电池鼓风机总成与鼓风机电动机控制之间的线束与连接器

c. 检查线束连接器间的电阻。

标准（开路检查）见表 4-1-11。

蓄电池鼓风机总成与鼓风机电动机控制之间的线束与连接器开路检查　　表 4-1-11

万用表连接	规定条件
蓄电池鼓风机总成（B9－1）—VM（B10－4）	＜1Ω

标准（短路检查）见表 4-1-12。

蓄电池鼓风机总成与鼓风机电动机控制之间的线束与连接器短路检查　　表 4-1-12

万用表连接	规定条件
蓄电池鼓风机总成（B9－1）或 VM（B10－4）—车身搭铁	10kΩ 或更大

⑨检查蓄电池鼓风机总成与电池管理 ECU 之间的线束与连接器。

a. 断开 B14 蓄电池鼓风机继电器（图 4-1-15）。

b. 拆下 B11 电池管理模块连接器。

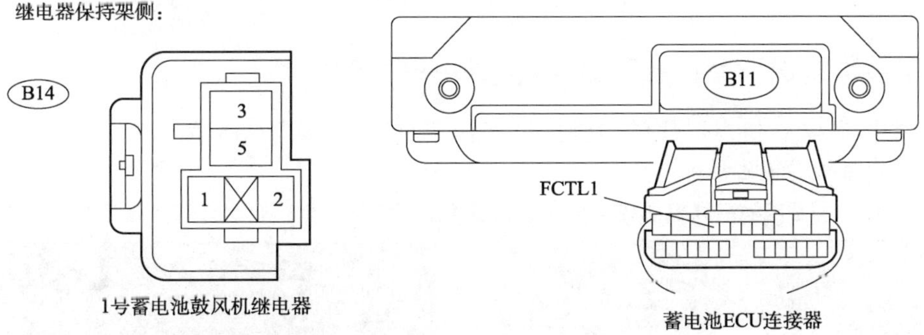

图 4-1-15　蓄电池鼓风机总成与电池管理 ECU 之间的线束与连接器

c. 检查线束连接器间的电阻。

标准（开路检查）见表 4-1-13。

蓄电池鼓风机总成与电池管理 ECU 之间的线束与连接器开路检查表　　表 4-1-13

万用表连接	规定条件
1 号蓄电池鼓风机继电器（B14－2）—FCTL1（B11－10）	＜1Ω

标准(短路检查)见表4-1-14。

⑩以上检查均正常,则需要更换动力电池ECU。

蓄电池鼓风机总成与电池管理ECU之间的线束与连接器短路检查表 表4-1-14

万用表连接	规定条件
1号蓄电池鼓风机继电器(B14-2)或FCTL1(B11-10)—车身搭铁	10kΩ或更大

任务实施

(一)工作准备

(1)防护装备:绝缘防护装备。

(2)车辆、台架、总成:丰田普锐斯混合动力汽车;或同类混合动力汽车台架。

(3)专用工具、设备:普锐斯故障诊断仪、万用表。

(4)手工工具:组合工具。

(5)辅助材料:干净抹布;诊断与排除必要的熔断丝等耗材

(二)实施步骤

警告:

在执行高压车辆诊断及维护前,务必佩戴完好的个人防护用品,并严格遵守正确的操作步骤!

1. 丰田普锐斯HV蓄电池ECU供电电路的检测

HV蓄电池ECU供电电压的检测操作流程界面如图4-1-16所示。

1)检查20A熔断丝

(1)打开发动机舱继电器盒,找出HEV熔断丝位置(图4-1-17)。

图4-1-16 丰田普锐斯HV蓄电池ECU供电电压的检测操作流程界面

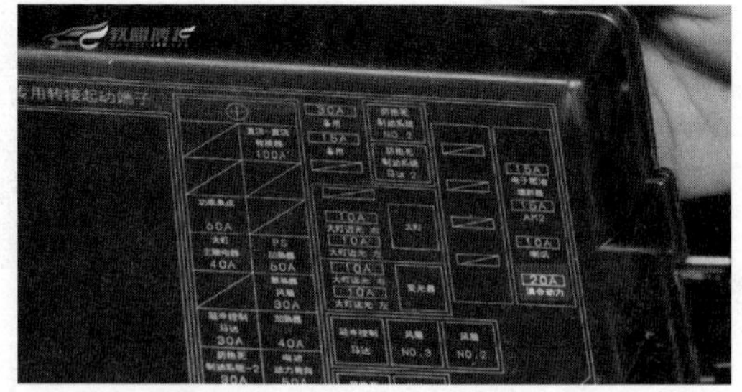

图4-1-17 找出HEV熔断丝位置

(2)拆下发动机舱继电器盒的HEV熔断丝,检查熔断丝是否熔断(图4-1-18)。

(3)检查 HEV 熔断丝,用万用表的正负极端子检查是否小于 1Ω(图 4-1-19)。

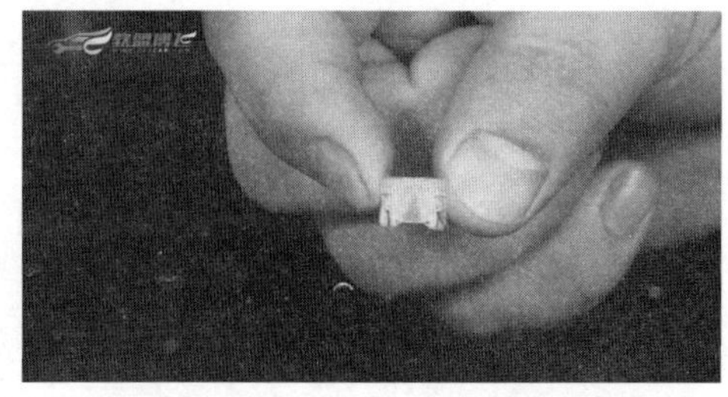

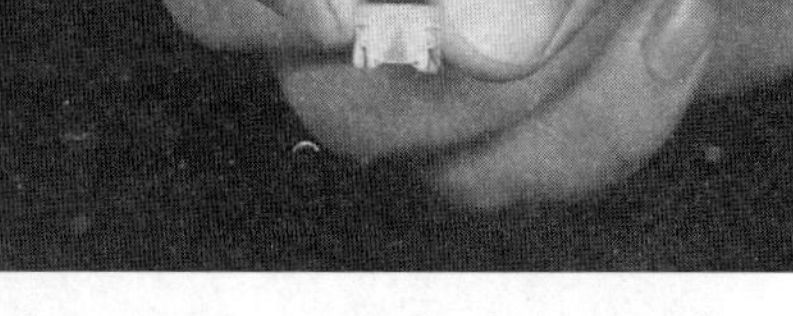

图 4-1-18　检查熔断丝是否熔断

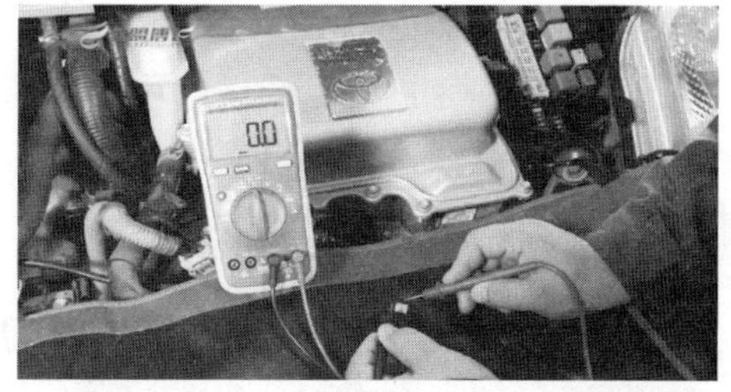

图 4-1-19　万用表的正负极端子检查是否小于 1Ω

(4)将 HEV 熔断丝装回到发动机舱继电器盒。

2)检查 HV 蓄电池至 12V 蓄电池之间的连接

(1)断开低压蓄电池的负极端子,断开低压蓄电池正极端子。

(2)拆下发动机舱继电器盒的 HEV 熔断丝。

(3)断开 B11 蓄电池 ECU 连接器(图 4-1-20)。

(4)用万用表连接加长导线,和线束探针校准万用表。

(5)将正极探针插入蓄电池 ECU 的 B11 插头的 AM 针脚(图 4-1-21)。

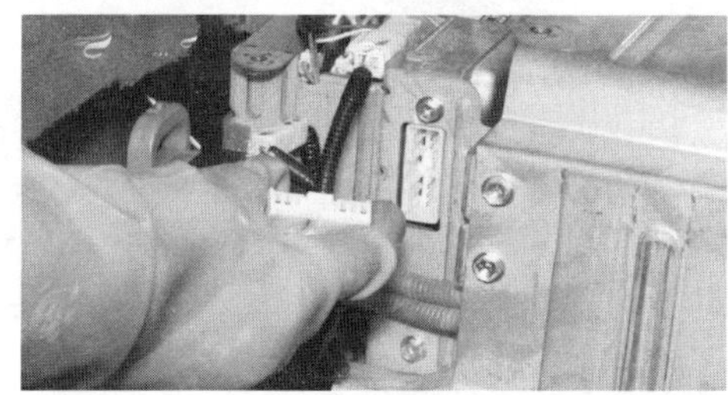

图 4-1-20　断开 B11 蓄电池 ECU 连接器

图 4-1-21　将正极探针插入蓄电池 ECU 的 B11 插头的 AM 针脚

(6)将万用表旋到欧姆挡,将负极探针插入到 HEV 熔断丝的 2 号针脚(图 4-1-22)。

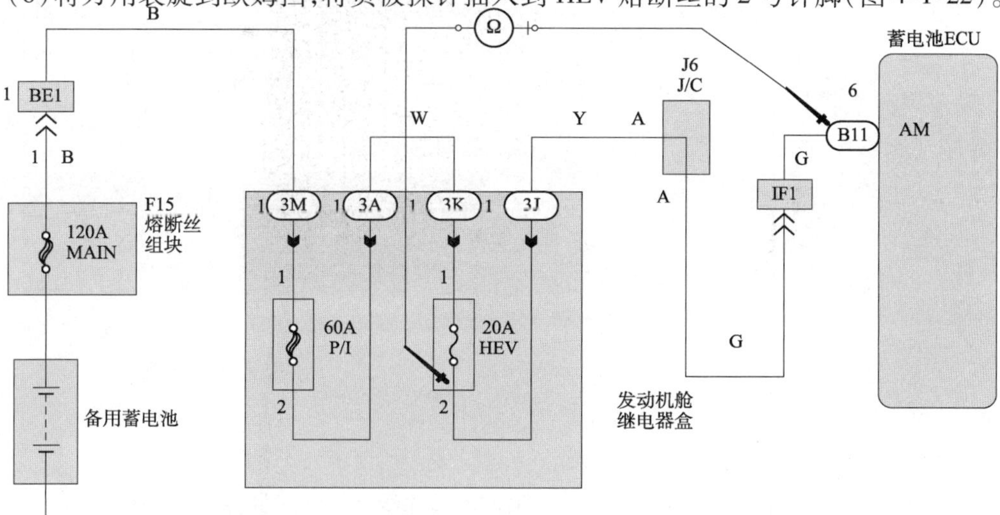

图 4-1-22　测量示意图

(7)HEV 熔断丝的 2 号针脚至蓄电池 ECU 的 B11 插头的 AM 针脚之间的电阻，正常阻值应小于 1Ω(图 4-1-23)。

(8)测量 HEV 熔断丝至低压蓄电池正极端子。将正极探针替换成线夹，夹住低压蓄电池正极端子(图 4-1-24)。

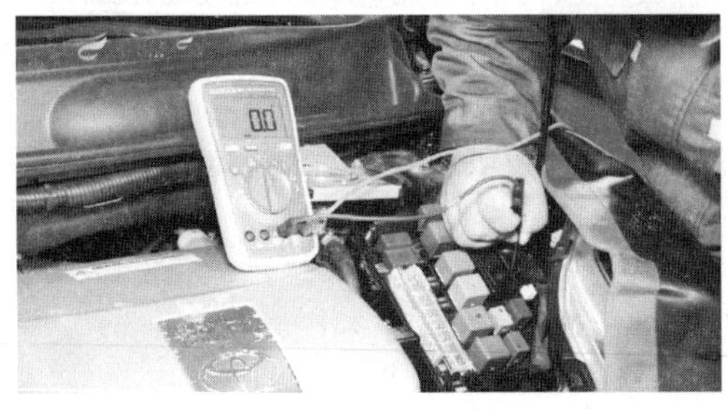

图 4-1-23　阻值应小于 1Ω

图 4-1-24　将正极探针替换成线夹，夹住低压蓄电池正极端子

(9)将万用表旋至欧姆挡。

(10)将负极探针插入到 HEV 熔断丝的 1 号针脚(图 4-1-25 和图 4-1-26)。

图 4-1-25　将负极探针插入到 HEV 熔断丝的 1 号针脚

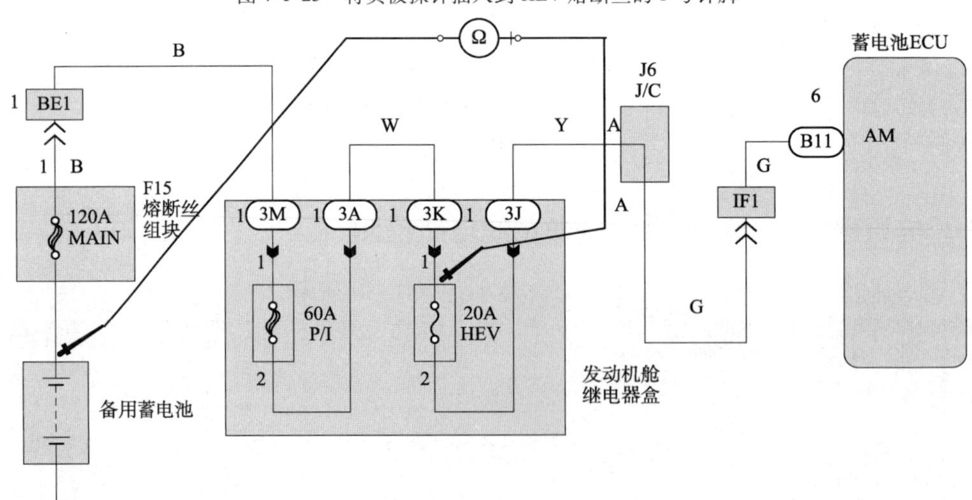

图 4-1-26　测量示意图

(11)正常阻值应小于 1Ω(图 4-1-27)。

(12)插入 HEV 熔断丝，重新连接拆下的部件和连接器，连接低压蓄电池。

(13)将 B11 插头插入到 HEV 蓄电池 ECU 插口。

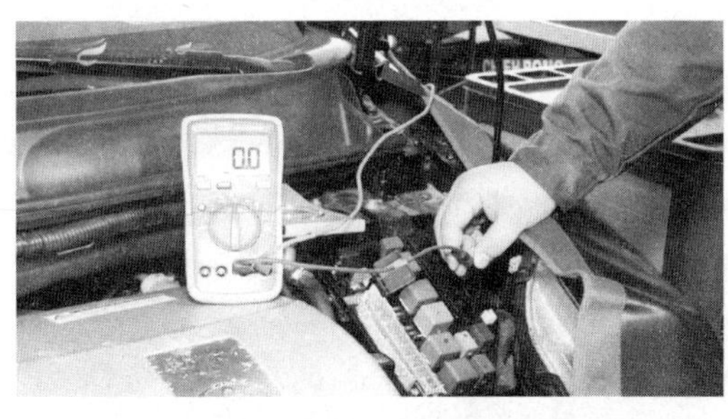

图 4-1-27　正常阻值应小于 1Ω

(14)安装低压蓄电池正极端子。

(15)安装低压蓄电池负极端子。

3)检查 HV 蓄电池 ECU 至 HEV 熔断丝之间的连接

(1)断开蓄电池负极。

(2)断开 B11 蓄电池 ECU 连接器。

(3)打开发动机舱继电器盒,从发动机舱继电器盒拆卸 HEV 熔断丝。

(4)将万用表旋至欧姆挡,校准万用表。

(5)将正极探针插入蓄电池 ECU 的 B11 插头的 AM 针脚(图 4-1-28)。

(6)将负极探针与车身搭铁测量电阻阻值应大于 10kΩ,或者更大(图 4-1-29)。

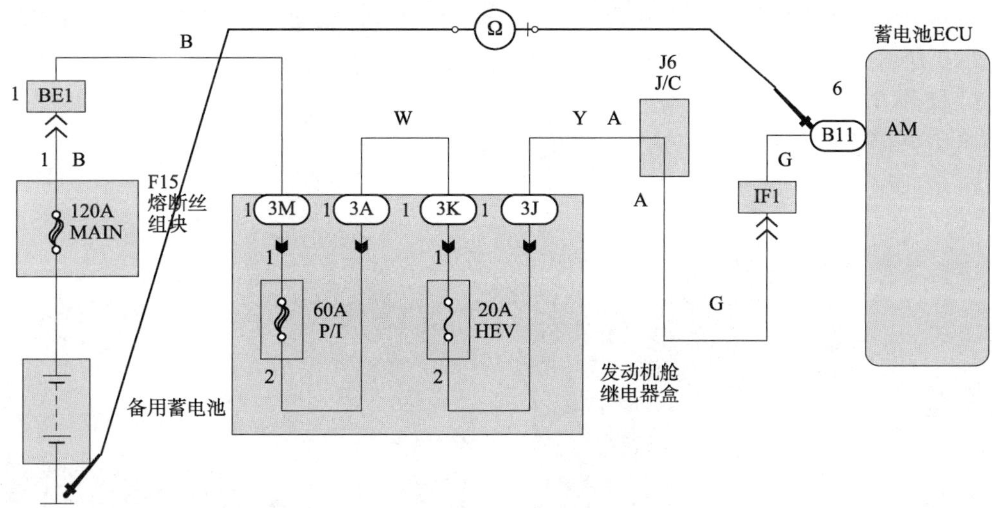

图 4-1-28　测量示意图

(7)安装拆卸的连接器。

(8)安装低压蓄电池端子。

2. 丰田普锐斯 HV 蓄电池冷却系统电路检测

IIV 蓄电池冷却系统的检测操作流程界面如图 4-1-30 所示。

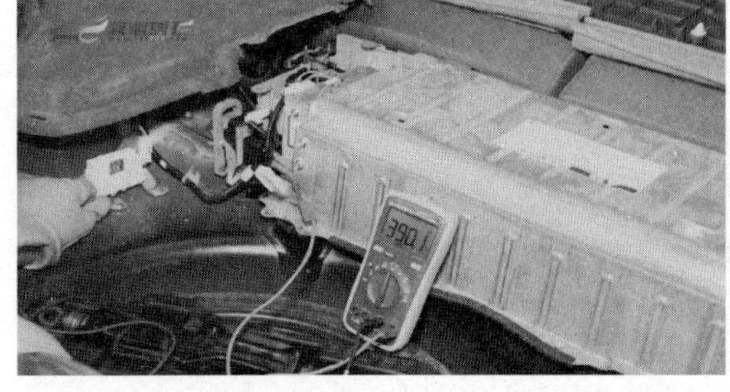

图 4-1-29　测量电阻阻值应大于 10kΩ,或者更大

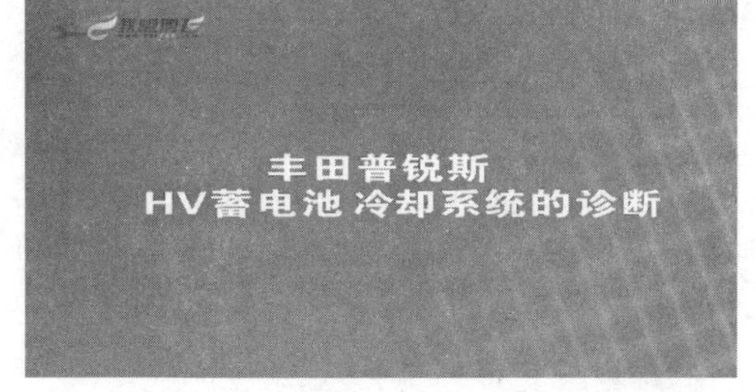

图 4-1-30　丰田普锐斯 HV 蓄电池冷却系统的检测操作流程界面

提示：

从蓄电池 ECU 的 FCTL1 端子流出的电流向蓄电池鼓风机继电器的继电器线圈供电。当继电器触电闭合时，则向电池鼓风机总成供电。

当蓄电池 ECU 输出风扇运行信号时，鼓风机电动机控制调节施加给蓄电池鼓风机总成的电压，以便获得需要的风扇转速。调节信号同时以监控信号的形式输送给蓄电池 ECU 的 VM 端子。鼓风机电动机控制通过监控蓄电池鼓风机总成的正 B 端子的电压纠正鼓风机电动机的电压。

1）检查 10A 风扇熔断丝

（1）打开发动机舱继电器盒，找出继电器风扇熔断丝的位置（图 4-1-31）。

（2）拆下发动机舱继电器盒的风扇熔断丝，目测熔断丝是否熔断。

（3）打开万用表，调整到欧姆挡，两根表笔短接，校准万用表

（4）用万用表的正负极端子测量风扇熔断丝，应小于 1Ω

（5）将风扇熔断丝装回到发动机舱继电器盒。

2）检查鼓风机继电器

（1）拆下鼓风机继电器（图 4-1-32）。

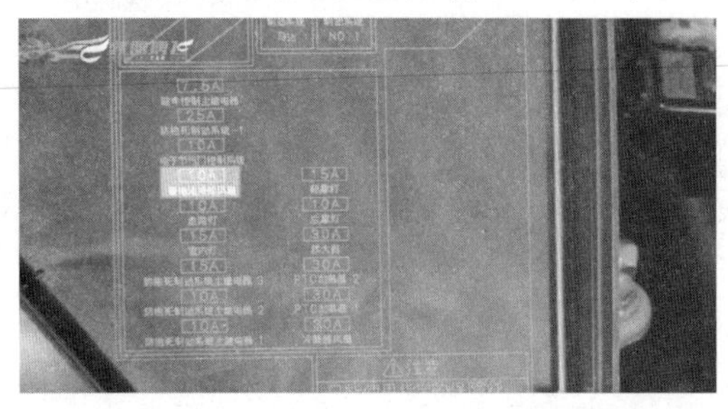

图 4-1-31　找出继电器风扇熔断丝的位置

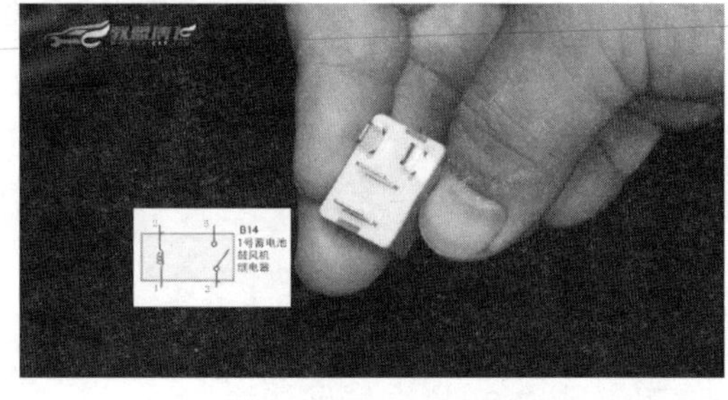

图 4-1-32　拆下鼓风机继电器

（2）继电器 1 号针脚和 2 号针脚，继电器 3 号针脚和 5 号针脚。

（3）将万用表旋到欧姆挡，校准万用表。

（4）将表笔接触鼓风机继电器的 3 号针脚和 5 号针脚之间的电阻，阻值应为 10kΩ 或无限大（图 4-1-33）。

（5）将继电器 1 号针脚和 2 号针脚连接，将导线的另一端分别夹在低压蓄电池的正极和负极（图 4-1-34）。

（6）将万用表旋到欧姆挡，校准万用表

（7）将表笔接触鼓风机继电器的 3 号针脚和 5 号针脚之间的电阻，阻值小于 1kΩ（图 4-1-35）。

（8）测量完毕，将各零部件归位

3）检查蓄电池鼓风机总成

（1）断开 B9 蓄电池鼓风机总成连接器（图 4-1-36）。

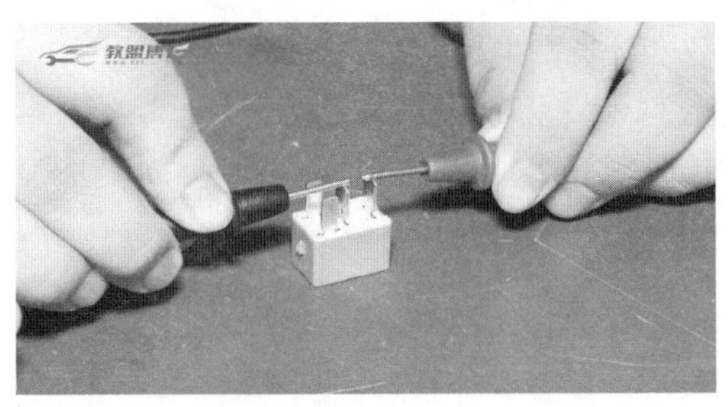

图 4-1-33　测量鼓风机继电器的 3 号针脚和 5 号针脚之间的电阻

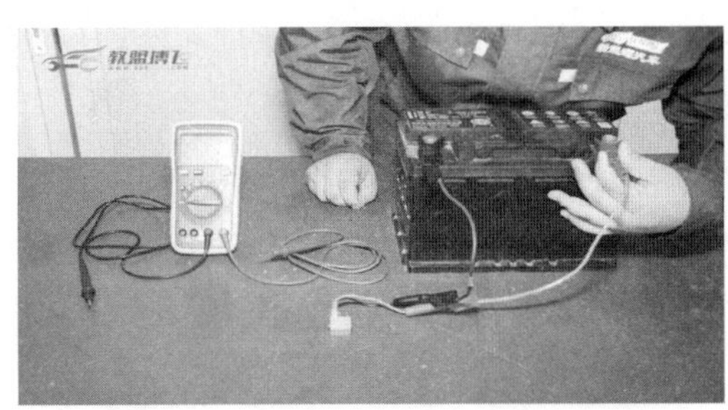

图 4-1-34　将继电器 1 号针脚和 2 号针脚连接,另一端连接蓄电池正负极

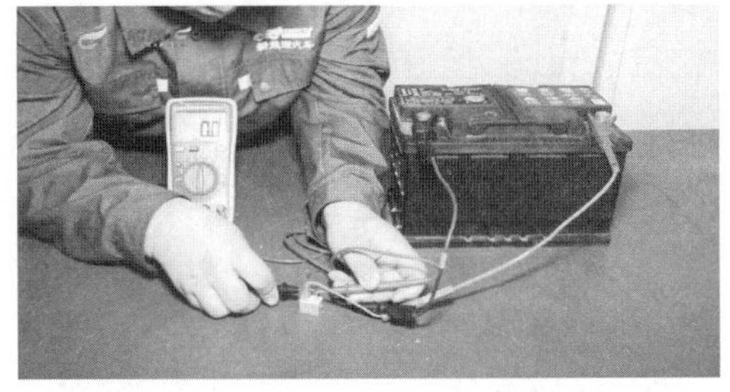

图 4-1-35　测量 3 号针脚和 5 号针脚之间电阻

图 4-1-36　蓄电池鼓风机总成连接器

(2)连接蓄电池正负极端子至鼓风机总成连接器端子 2 和 1。

(3)施加电压,观察鼓风机运转情况(图 4-1-37)。

(4)断开连接线,连接 B9 蓄电池鼓风机总成连接器。

4)检查鼓风机继电器至风扇熔断丝之间的连接

(1)将万用表的连接线接好,校准万用表。

(2)拆下 B14 蓄电池鼓风机继电器,插头端子对应为和 1、2 端子和 3、5 端子,将正极端子探针插入 B14 蓄电池鼓风机继电器 1 号端子(图 4-1-38)。

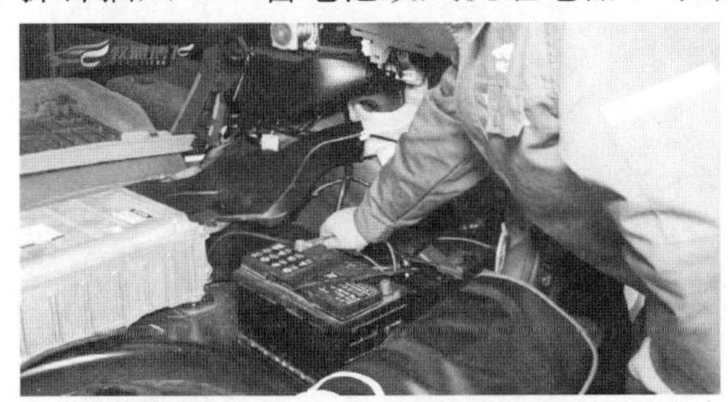

图 4-1-37　施加电压,观察鼓风机运转情况

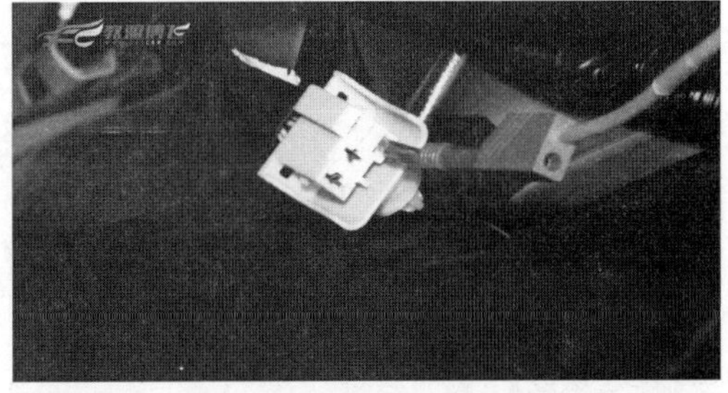

图 4-1-38　正极端子探针插入蓄电池鼓风机继电器 1 号端子

(3)拆下风扇熔断丝。

(4)将负极端子探针插入风扇熔断丝座 2 号端子(图 4-1-39、图 4-1-40)。

(5)鼓风机继电器至风扇熔断丝之间的连接电阻,阻值小于 1Ω。

(6)关闭万用表。

(7)安装风扇熔断丝。

图 4-1-39　负极端子探针插入风扇熔断丝座 2 号端子

(8)安装蓄电池鼓风机继电器

5)检查蓄电池鼓风机继电器与鼓风机总成之间的连接

(1)拆下 B14 蓄电池鼓风机继电器,插头端子对应为 1、2 端子和 3、5 端子(图 4-1-41)。

(2)断开 B9 蓄电池鼓风机总成连接器。

(3)将万用表旋至欧姆挡,校准万用表。

(4)将正极端子探针插入 B14 蓄电池鼓风机继电器 5 号端子(图 4-1-42)。

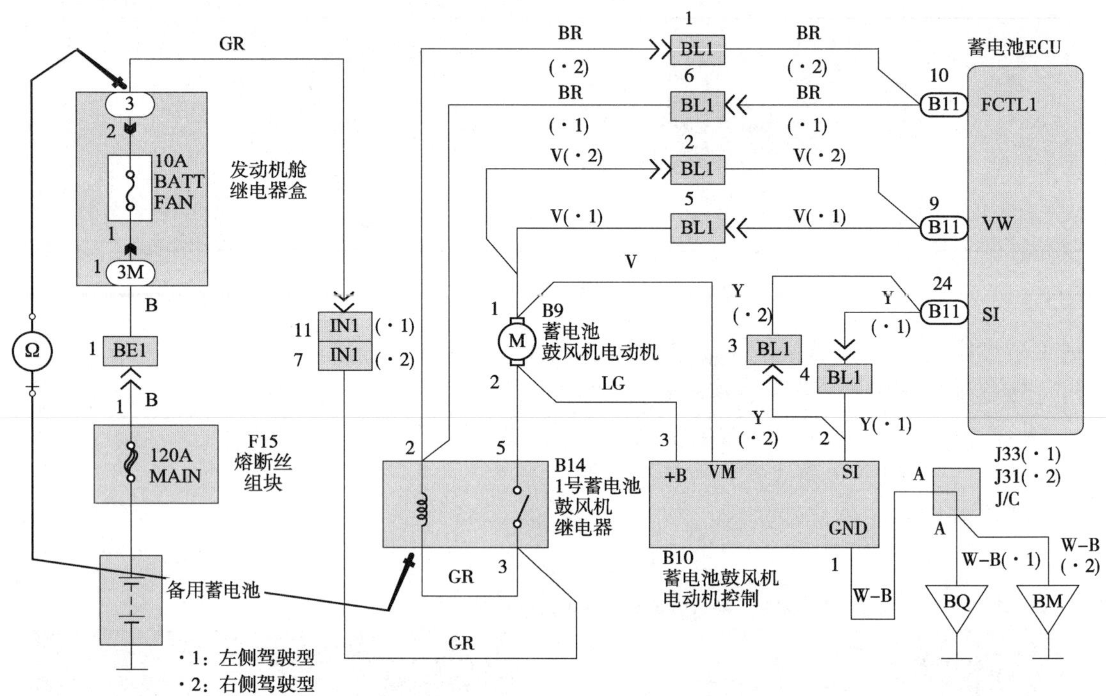

图 4-1-40　测量示意图

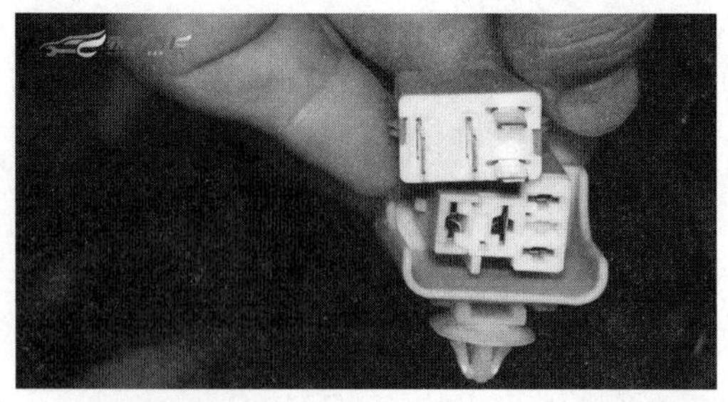

图 4-1-41　拆下 B14 蓄电池鼓风机继电器

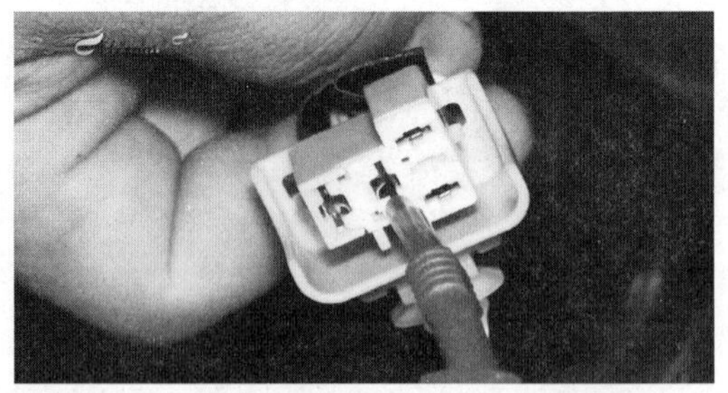

图 4-1-42　正极端子探针插入蓄电池继电器 5 号端子

(5)将负极端子探针插入 B9 蓄电池鼓风机总成 2 号端子(图 4-1-43、图 4-1-44)。

(6)检测两端子之间电阻,阻值应小于 1Ω,安装好,断开的插接件。

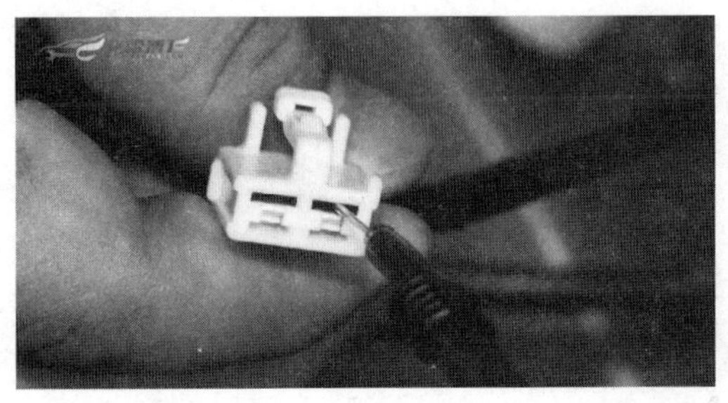

图 4-1-43　负极端子探针插入蓄电池鼓风机总成 2 号端子

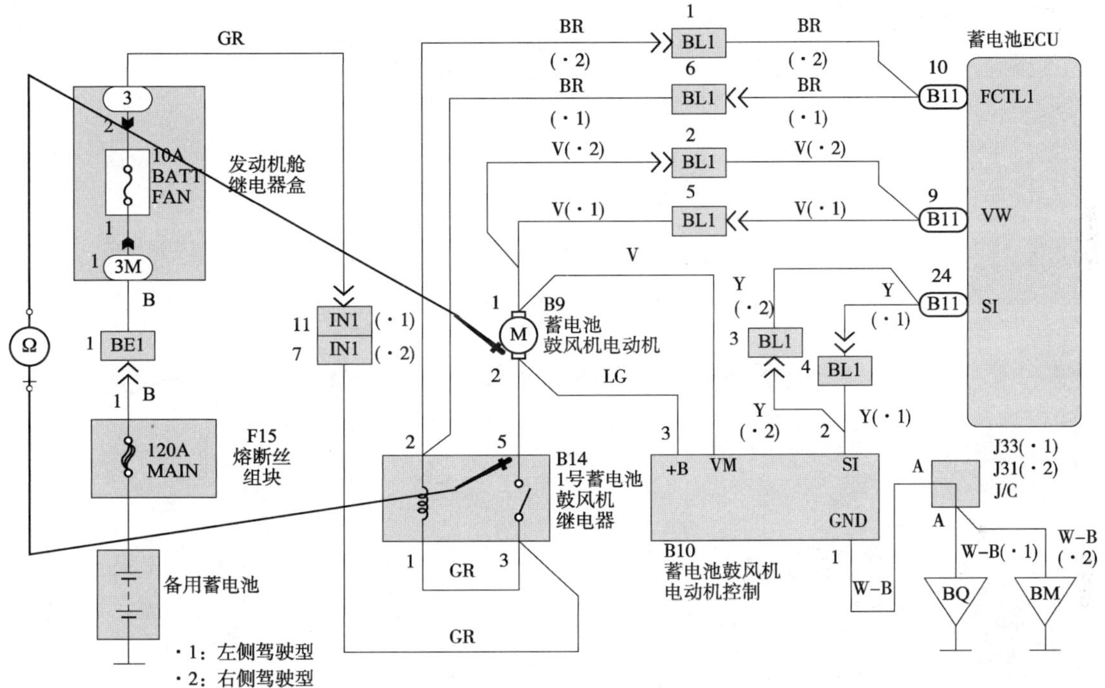

图 4-1-44　测量示意图

6)检查蓄电池鼓风机总成与鼓风机电动机控制之间的连接

(1)断开 B9 蓄电池鼓风机总成连接器。

(2)拆下 B10 蓄电池鼓风机电动机控制连接器。

(3)将万用表旋至欧姆挡,校准万用表。

(4)将正极端子探针插入 B9 蓄电池鼓风机总成连接器 2 号端子(图 4-1-45)。

(5)将负极端子探针插入 B10 蓄电池鼓风机电动机控制连接器 3 号端子(图 4-1-46、图 4-1-47)。

(6)测量端子之间电阻,阻值为不小于 1Ω

(7)将正极端子探针插入 B9 蓄电池鼓风机总成连接器 1 号端子(图 4-1-48)。

(8)将负极端子探针插入 B10 蓄电池鼓风机电动机控制连接器 4 号端子(图 4-1-49)。

(9)测量端子之间电阻,阻值应小于 1Ω(图 4-1-50)。

将正极端子探针插入 B10 蓄电池鼓风机电动机控制连接器 4 号端子。

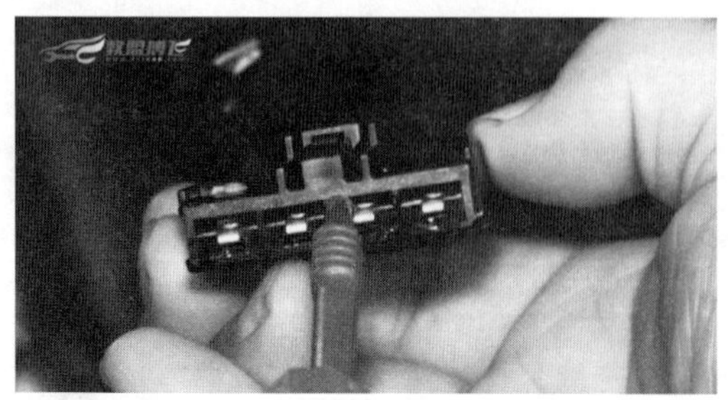
图 4-1-45　正极端子探针插入蓄电池鼓风机总成连接器 2 号端子

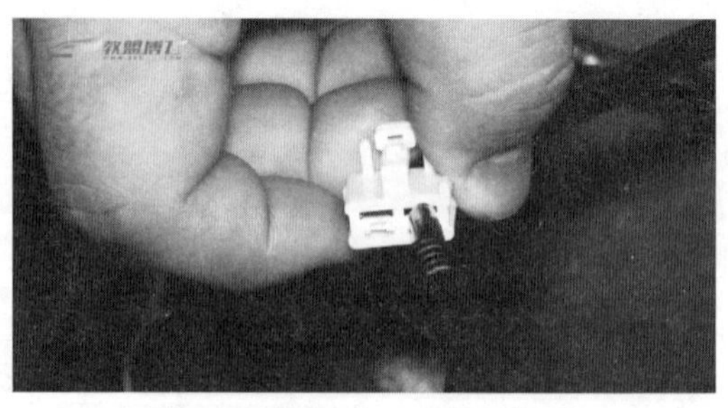
图 4-1-46　负极端子探针插入 B10 蓄电池鼓风机电动机控制连接器 3 号端子

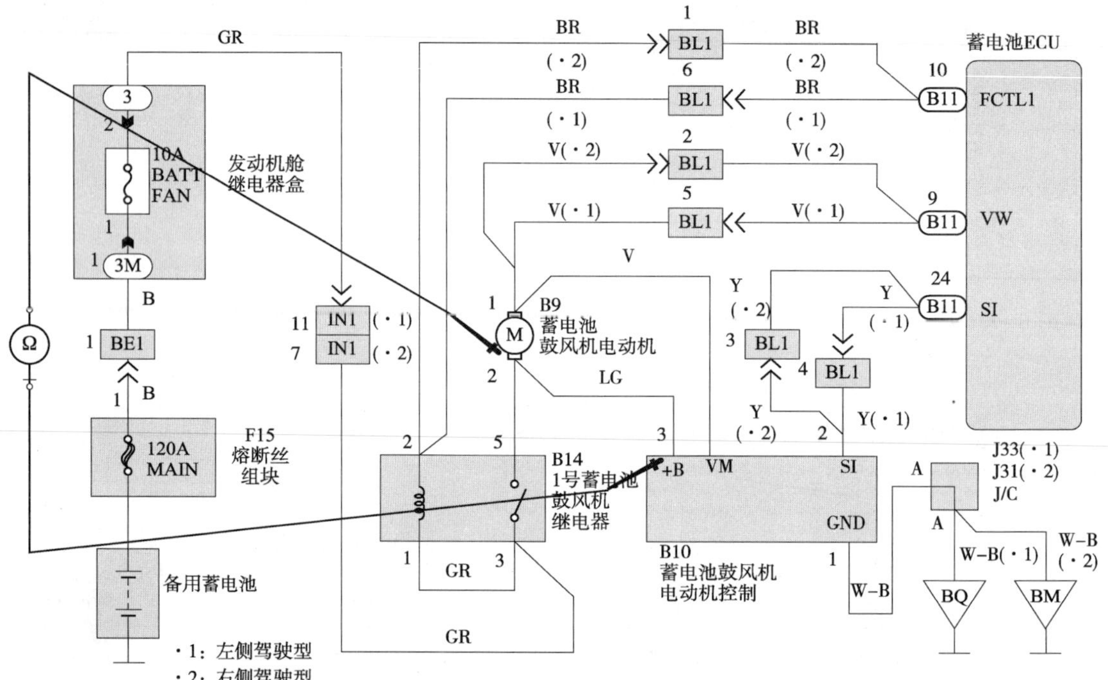

图 4-1-47　测量示意图

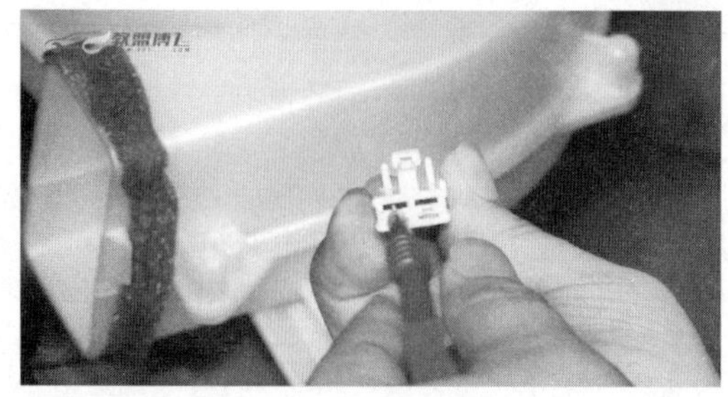
图 4-1-48　将正极端子探针插入蓄电池鼓风机总成连接器 1 号端子

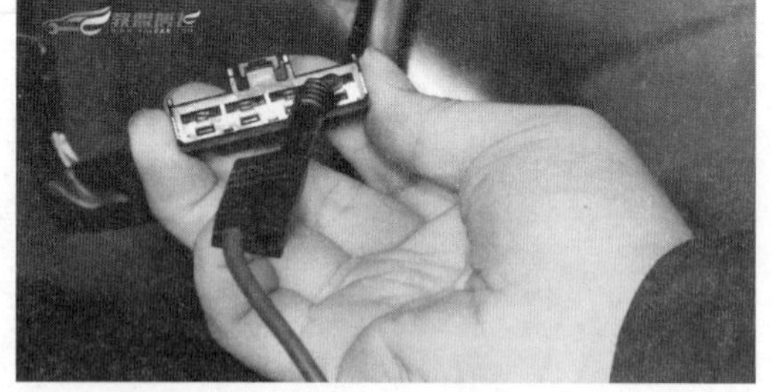
图 4-1-49　将负极端子探针插入蓄电池鼓风机电动机控制连接器 4 号端子

(10)将负极端子探针搭铁,进行短路检查,阻值为 10kΩ 或者无穷大(图 4-1-51)。

(11)将 B10 蓄电池鼓风机电动机控制连接器归位。

(12)将 B9 蓄电池鼓风机总成连接器归位。

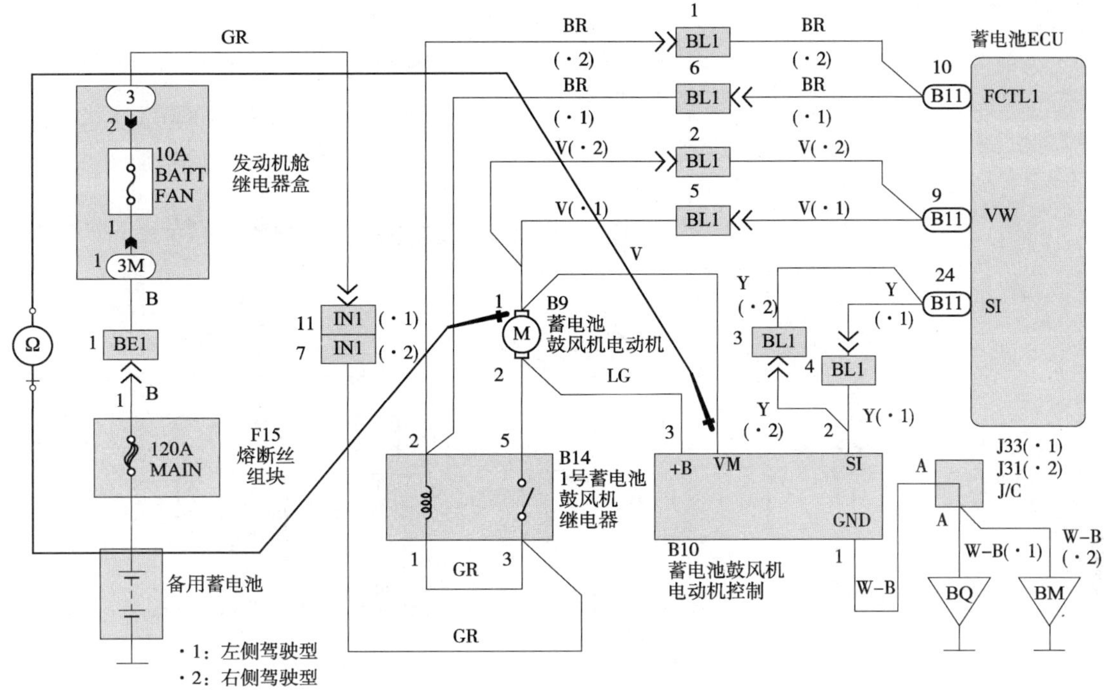

图 4-1-50　测量示意图

7）检查蓄电池鼓风机总成与蓄电池 ECU 之间的连接

（1）断开 B9 蓄电池鼓风机总成连接器。

（2）拆下 B11 蓄电池 ECU 连接器（图 4-1-52）。

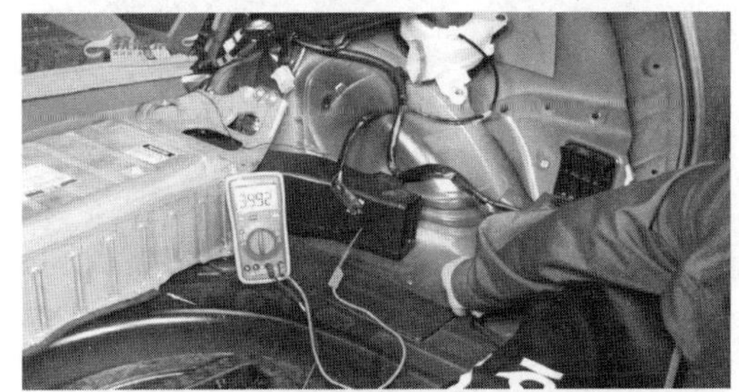

图 4-1-51　负极端子探针搭铁，进行短路检查

图 4-1-52　拆下 B11 蓄电池 ECU 连接器

（3）将万用表旋至欧姆挡，校准万用表。

（4）将正极端子探针插入 B9 蓄电池鼓风机总成连接器 1 号端子。

（5）将负极端子探针插入 B11 蓄电池 ECU 连接器 9 号端子（图 4-1-53、图 4-1-54）。

（6）测量蓄电池鼓风机总成与蓄电池 ECU 之间的电阻，阻值应小于 1Ω（图 4-1-55）。

（7）将负极端子探针搭铁，进行短路检查，阻值为 10kΩ 或者无穷大（图 4-1-56、图 4-1-57）。

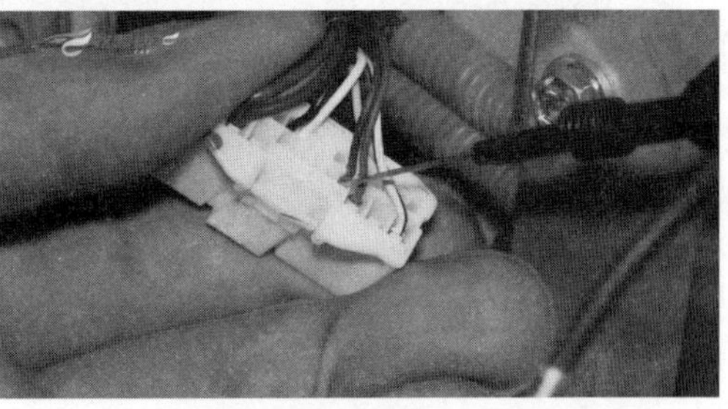

图 4-1-53　将负极端子探针插入蓄电池 ECU 连接器 9 号端子

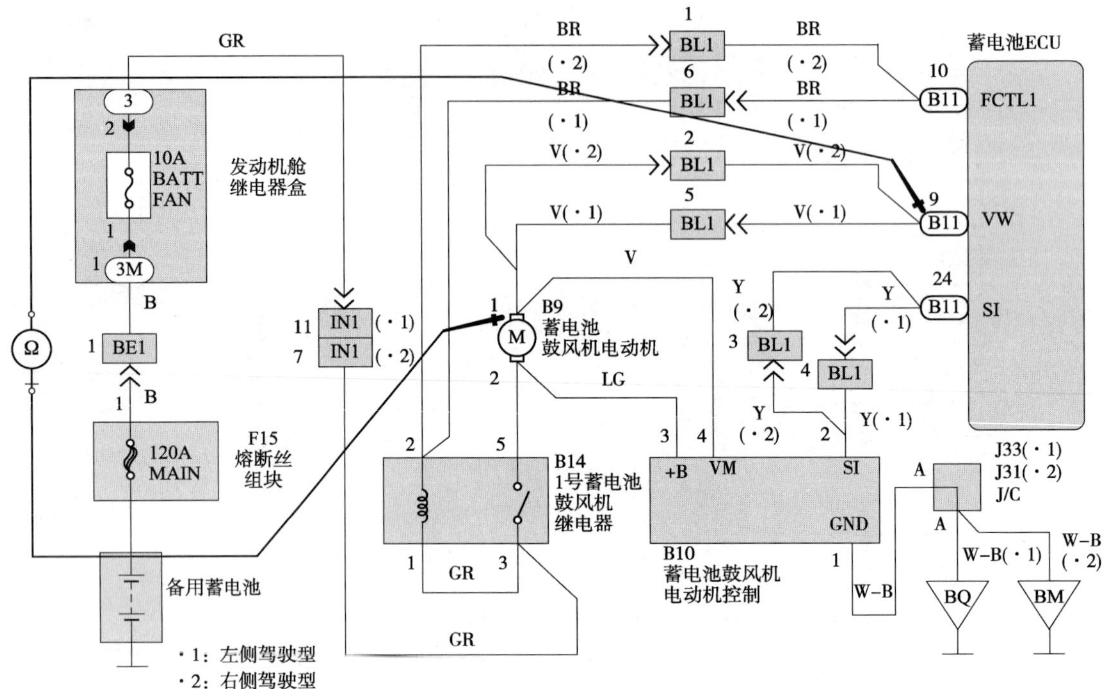

图 4-1-54　测量示意图

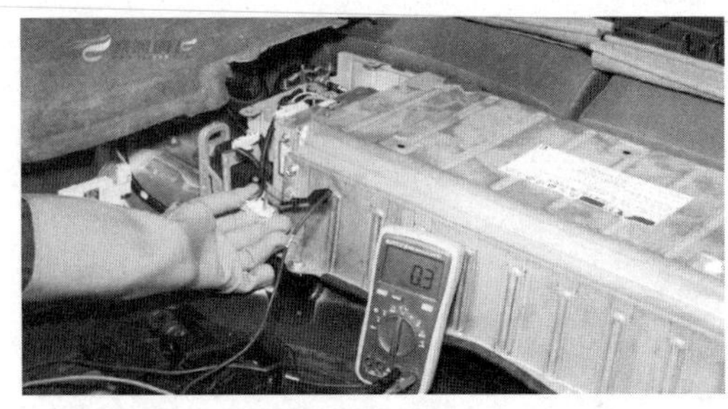

图 4-1-55　测量蓄电池鼓风机总成与蓄电池 ECU 之间的电阻

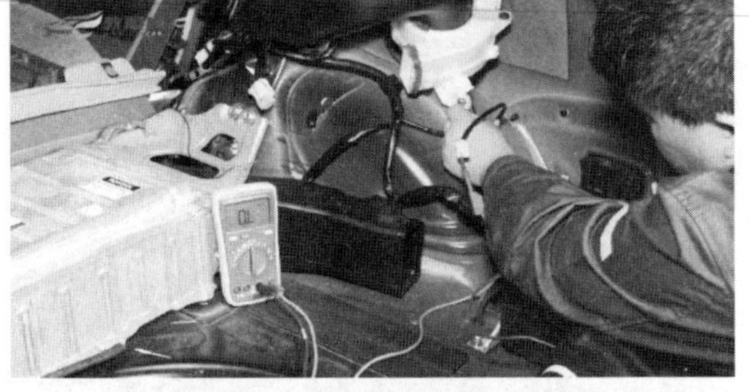

图 4-1-56　负极端子探针搭铁，进行短路检查

(8)将正极端子探针插入 B11 蓄电池 ECU 连接器 9 号端子(图 4-1-58)。

(9)将负极端子探针搭铁，进行短路检查，阻值为 10kΩ 或者无穷大(图 4-1-59)。

(10)关闭万用表，安装连接器。

8)检查蓄电池鼓风机总成与蓄电池 ECU 之间的连接

(1)断开 B14 蓄电池鼓风机继电器，插头端子对应为 1、2 端子和 3、5 端子。

(2)拆下 B11 蓄电池 ECU 连接器。

(3)将万用表旋至欧姆挡，校准万用表。

(4)将正极端子探针插入 B14 蓄电池鼓风机继电器 2 号端子。

(5)将负极端子探针插入 B11 蓄电池 ECU 连接器 10 号端子(图 4-1-60、图 4-1-61)。

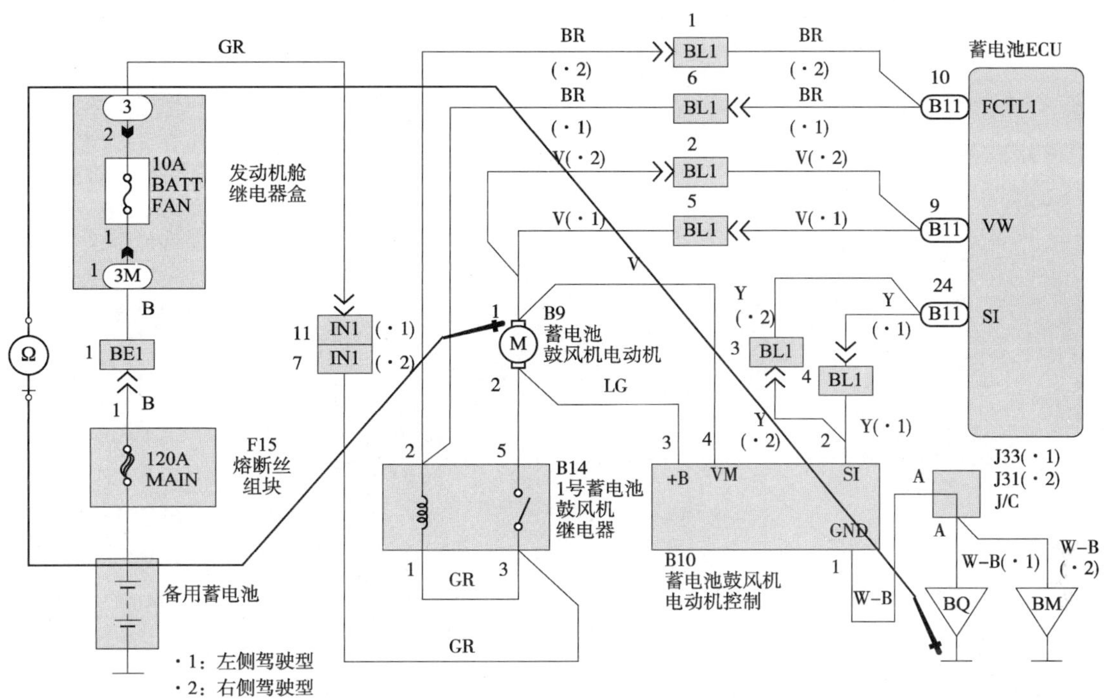

图 4-1-57　测量示意图

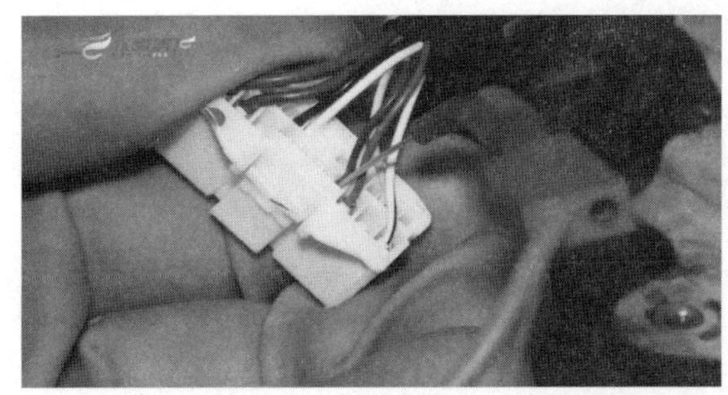

图 4-1-58　将正极端子探针插入蓄电池 ECU 连接器 9 号端子

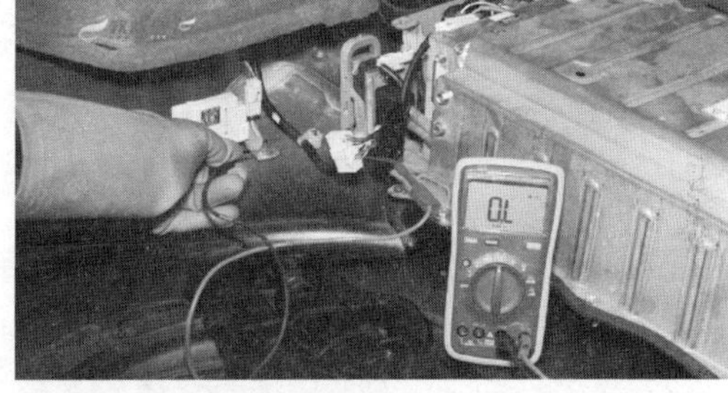

图 4-1-59　负极端子探针搭铁，进行短路检查

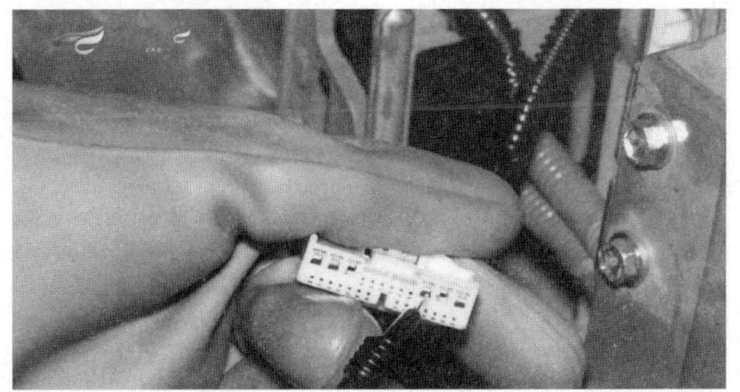

图 4-1-60　将负极端子探针插入蓄电池 ECU 连接器 10 号端子

(6)测量端子之间电阻，阻值应小于 1Ω(图 4-1-62)。

(7)将正极端子探针插入 B11 蓄电池 ECU 连接器 10 号端子。

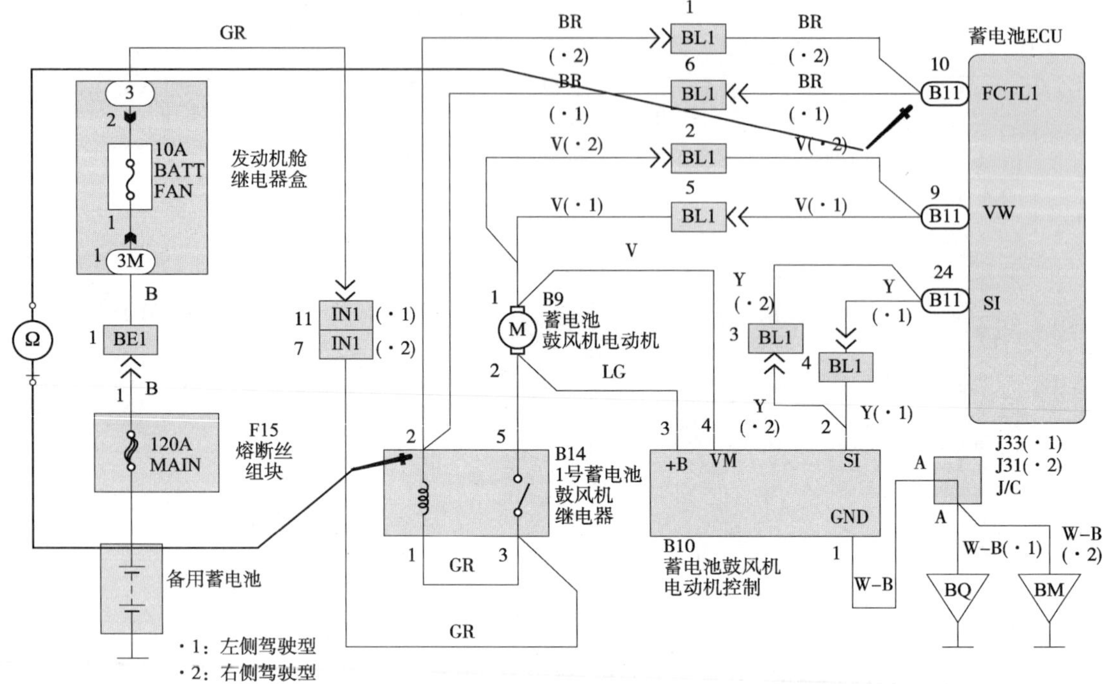

图 4-1-61　测量示意图

图 4-1-62　测量端子之间电阻

(8)将负极端子探针搭铁，进行短路检查，阻值为 10kΩ 或者无穷大(图 4-1-63)。

(9)关闭万用表，安装连接器。

3. 丰田普锐斯 HV 蓄电池温度传感器的检测

HV 蓄电池温度传感器的检测操作流程界面如图 4-1-64 所示。

提示：

在 HV 蓄电池的底部安装有 3 个蓄电池温度传感器，在每个蓄电池温度传感器里的热敏电阻的阻值随着 HV 蓄电池总成的温度改变而改变。蓄电池温度越低热敏电阻阻值越高，相反温度越高，电阻越低。

蓄电池 ECU 使用蓄电池温度传感器检测 HV 蓄电池总成的温度。根据检测的结果，蓄电池 ECU 控制蓄电池鼓风机总成。这样，当 HV 蓄电池温度上升到预定数值时，将起动鼓风机风扇。HV 蓄电池温度传感器电路示意图如图 4-1-65 所示。

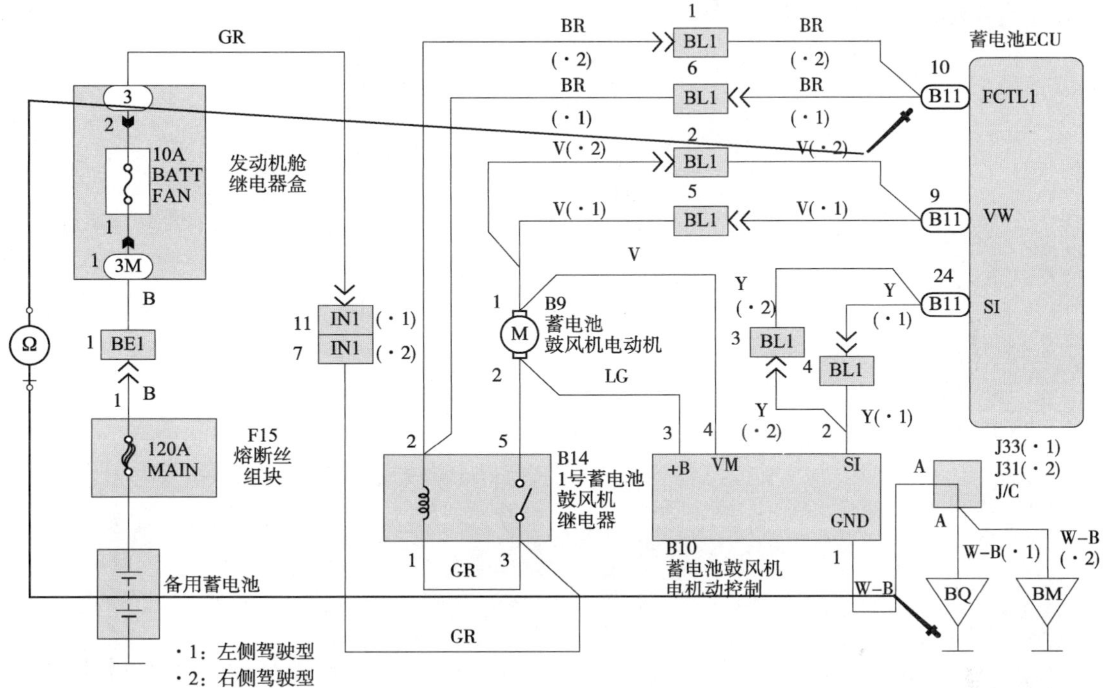

图 4-1-63　测量示意图

1）读取故障码和数据流

（1）将诊断仪插头接入诊断插座。

（2）打开点火开关至 ON 挡。

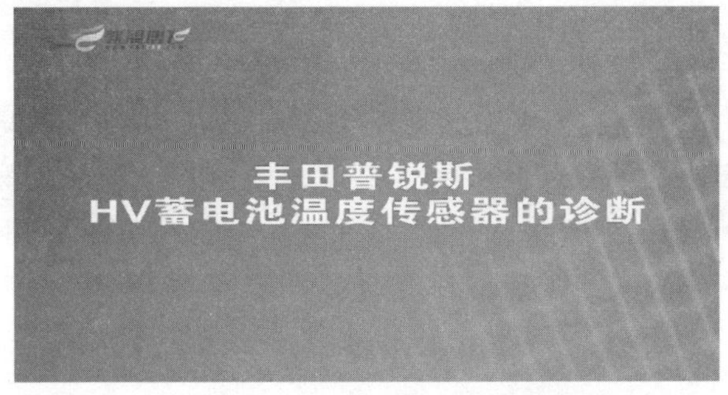

图 4-1-64　丰田普锐斯 HV 蓄电池温度传感器的检测操作流程界面

（3）打开诊断仪，选择“与车辆连接”，选择“HV 蓄电池”。

（4）读取故障码（图 4-1-66）。

（5）选择“数据列表”查看数据流，选择 3 个温度传感器选项，查看电池温度（图 4-1-67）。

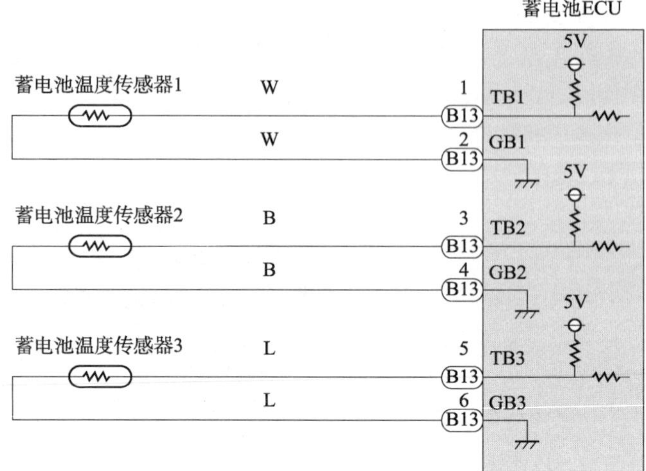

图 4-1-65　HV 蓄电池温度传感器电路示意图

2)检查蓄电池温度传感器的连接线路

(1)断开低压蓄电池负极(图 4-1-68)。

(2)断开维修开关,等待 5min(图 4-1-69)。

(3)拔出 HV 蓄电池温度传感器连接器,检查针脚是否松脱、虚接(图 4-1-70)。

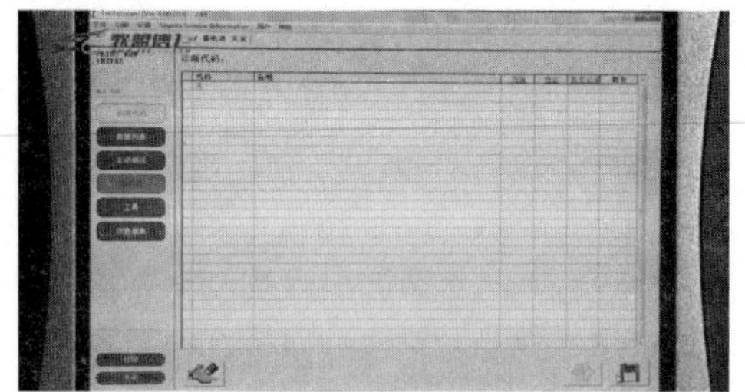

图 4-1-66　读取故障码

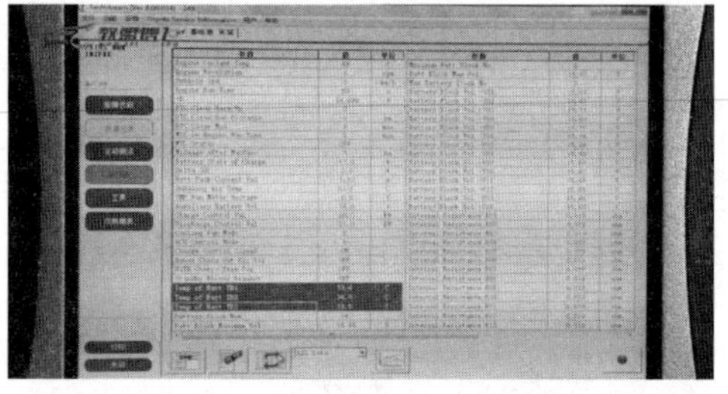

图 4-1-67　选择 3 个温度传感器选项,查看电池温度

图 4-1-68　断开低压蓄电池负极

图 4-1-69　断开维修开关

 注意:

因为蓄电池温度传感器作为一个单元,不能起作用而且要求更换时,需要更换整个 HV 蓄电池组总成。

(4)将 HV 蓄电池温度传感器连接器归位(图 4-1-71)。

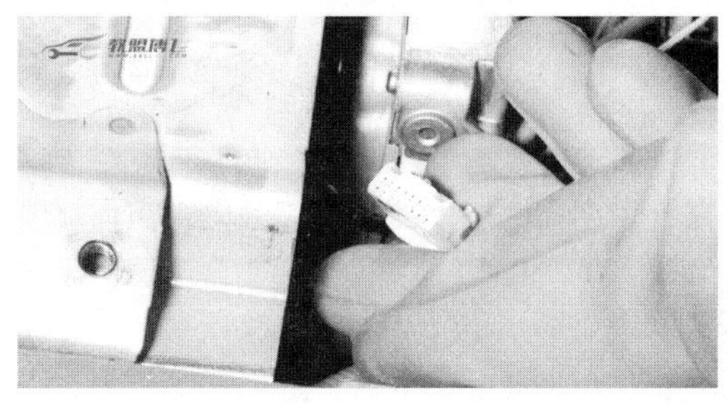

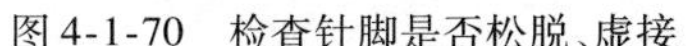

图 4-1-70　检查针脚是否松脱、虚接

图 4-1-71　将 HV 蓄电池温度传感器连接器归位

4. 丰田普锐斯 HV 蓄电池电流传感器的检测

提示:

安装在 HV 蓄电池总成上的负极电缆侧的蓄电池电流传感器,检测流入 HV 蓄电池的电流值。蓄电池电流传感器向蓄电池 ECU 的 IB 端子输入一个电压,电压根据电流值在 0～5V 之间变化。蓄电池电流传感器的输出电压低于 2.5V 时,指示 HV 蓄电池总成正在充电;高于 2.5V 时,指示 HV 蓄电池总成正在放电。

蓄电池 ECU 根据输入到 IB 端子的信号来决定 HV 蓄电池总成的充电和放电,并通过确定电流值测算 HV 蓄电池的充电状态。HV 蓄电池电流传感器的检测流程界面如图 4-1-72 所示。其电路示意图如图 4-1-73 所示。

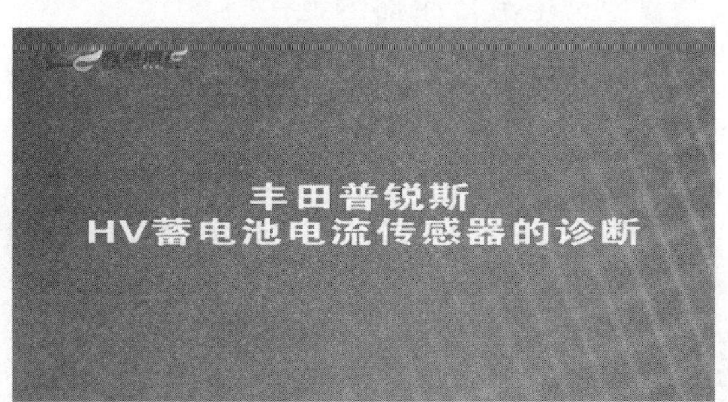

图 4-1-72　丰田普锐斯 HV 蓄电池电流传感器的检测流程界面

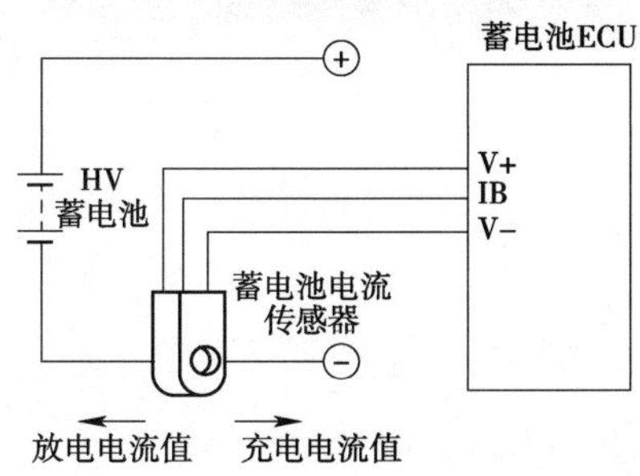

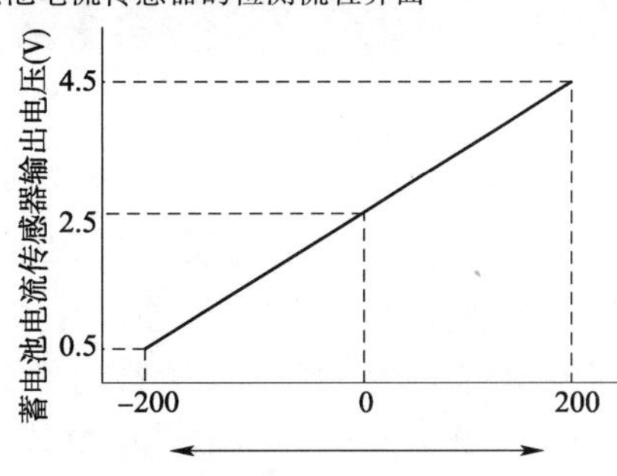

图 4-1-73　电路示意图

1)读取故障码和数据流

(1)将诊断仪插头接入诊断座(图4-1-74)。

(2)打开点火开关至ON挡。

(3)打开诊断仪,选择“与车辆连接”,选择“HV蓄电池”。

(4)读取故障码。选择故障码,查询DTC是否有P3056蓄电池电流传感器故障(图4-1-75)。

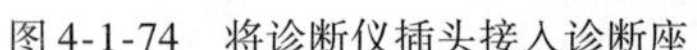

图4-1-74　将诊断仪插头接入诊断座

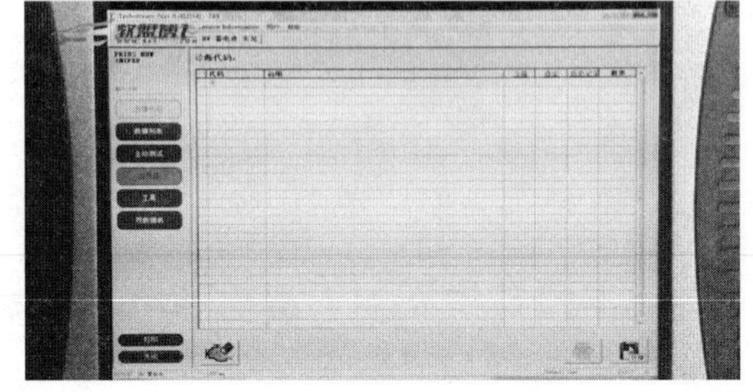

图4-1-75　查询DTC是否有P3056蓄电池电流传感器故障

提示:

在检修塞卡箍拆下来的条件下,打开电源开关时,将会输出关于互锁开关系统故障码。

(5)选择“数据列表”查看数据流,选择Batt Pack Current Val,电池组电流值有无波动(图4-1-76)。

2)检查蓄电池ECU与蓄电池电流传感器的连接

(1)断开低压蓄电池负极。

(2)断开维修开关,等待5min(图4-1-77)。

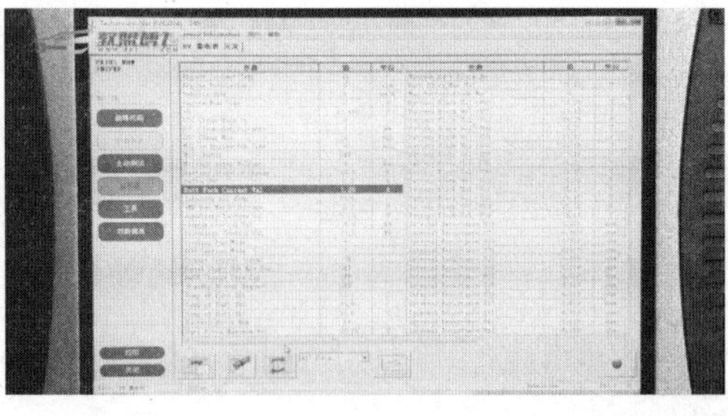

图4-1-76　查看Batt Pack Current Val,电池组电流值有无波动

图4-1-77　断开维修开关

(3)断开B13蓄电池ECU连接器(图4-1-78)。

(4)断开蓄电池电流传感器连接器(图4-1-79)。

(5)接通低压蓄电池负极,打开电源开关至IG挡。

(6)测量蓄电池电流传感器连接器端子和车身搭铁之间的电压。

①将正极探针插入蓄电池电流传感器连接器的VIB针脚(图4-1-80)。

②将负极探针与车体搭铁。

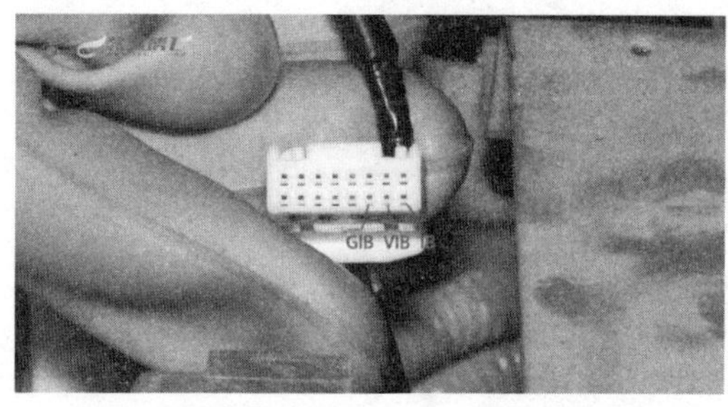

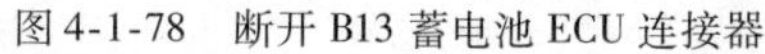

图 4-1-78　断开 B13 蓄电池 ECU 连接器

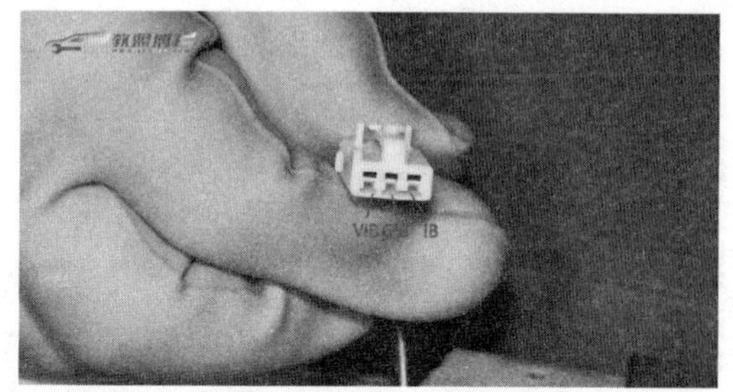

图 4-1-79　断开蓄电池电流传感器连接器

③将万用表旋至直流电压挡，测量对地电压，电压值应小于 1V（图 4-1-81）。

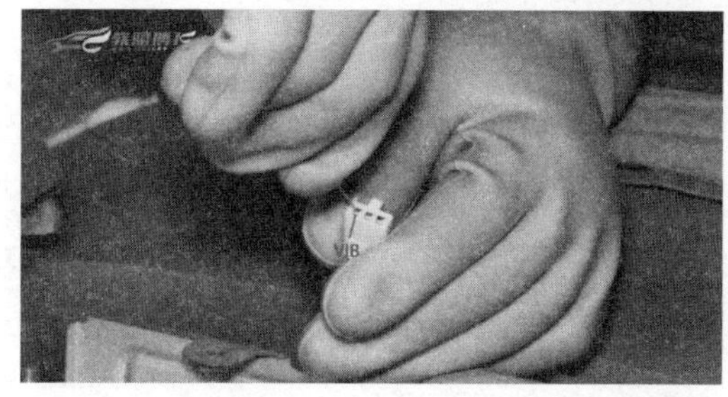

图 4-1-80　正极探针插入蓄电池电流传感器连接器的 VIB 针脚

图 4-1-81　测量对地电压

（7）将正极探针插入蓄电池电流传感器连接器的 GIB 针脚（图 4-1-82）。

（8）将负极探针搭铁与车体搭铁，测量对地电压，电压值应小于 1V。

（9）将正极探针插入蓄电池电流传感器连接器的 IB 针脚（图 4-1-83）。

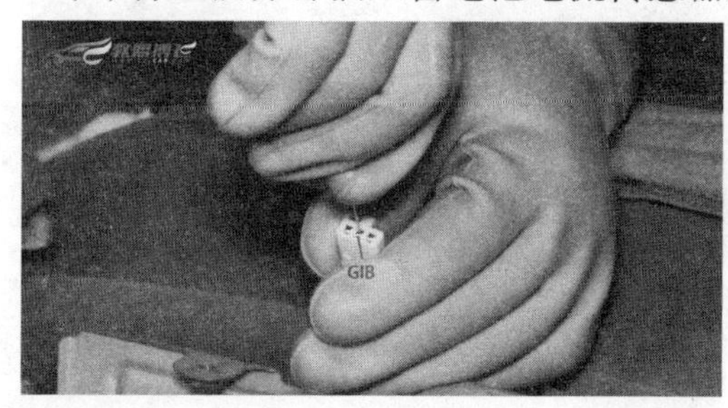

图 4-1-82　将正极探针插入蓄电池电流传感器连接器的 GIB 针脚

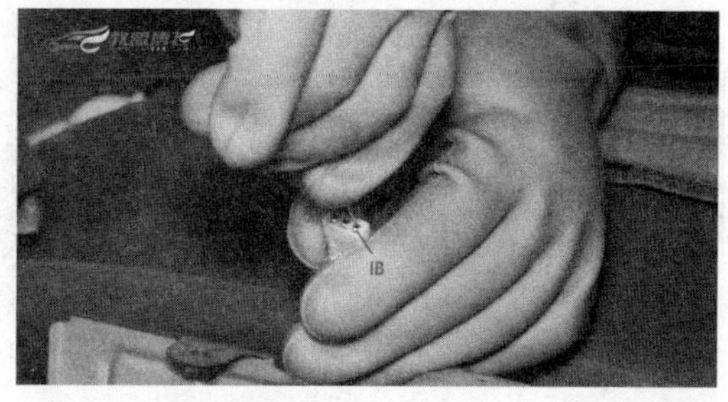

图 4-1-83　正极探针插入蓄电池电流传感器连接器的 IB 针脚

（10）将负极探针与车体搭铁，测量对地电压，电压值应小于 1V。

（11）断开电源开关。

（12）断开低压蓄电池负极。

3）检查线束连接器间的电阻

（1）将万用表旋至电阻挡，校准万用表。

（2）将正极探针插入蓄电池电流传感器 1 号针脚（图 4-1-84）。

（3）将负极探针插入蓄电池 ECU 的 B13 插头的 VIB 针脚，测量电阻，电阻值应小于 1Ω（图 4-1-85）。

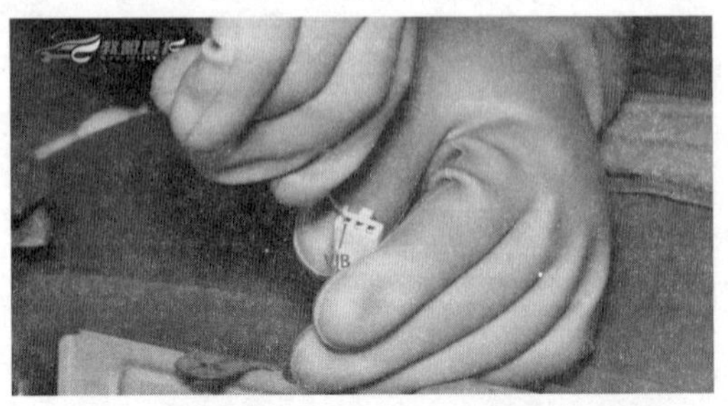

图 4-1-84　将正极探针插入蓄电池电流传感器 1 号针脚

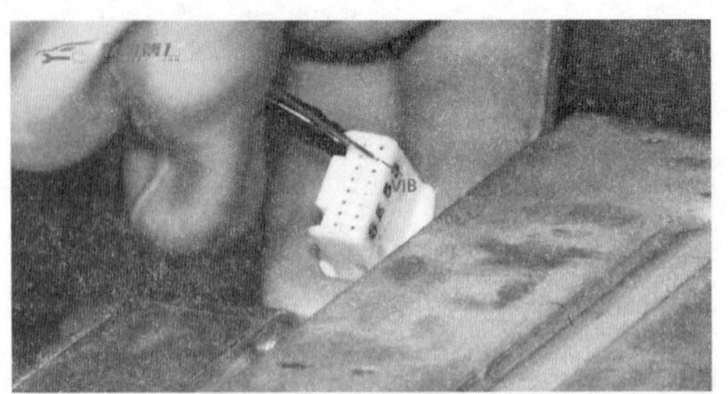

图 4-1-85　负极探针插入蓄电池 ECU 的 B13 插头的 VIB 针脚，测量电阻

（4）将正极探针插入蓄电池电流传感器 2 号针脚（图 4-1-86）。

（5）将负极探针插入蓄电池 ECU 的 B13 插头的 GIB 针脚 测量电阻，电阻值应小于 1Ω（图 4-1-87）。

（6）将正极探针插入蓄电池电流传感器 3 号针脚（图 4-1-88）。

（7）将负极探针插入蓄电池 ECU 的 B13 插头的 IB 针脚，测量电阻，电阻值应小于 1Ω（图 4-1-89）。

（8）将万用表旋至电阻挡，校准万用表。

（9）将正极探针插入蓄电池电流传感器 1 号针脚（图 4-1-90）。

（10）将负极探针与车身搭铁，测量对地电阻，电阻值应大于 10kΩ 或者更大（图 4-1-91）。

（11）将正极探针插入蓄电池电流传感器 2 号针脚（图 4-1-92）。

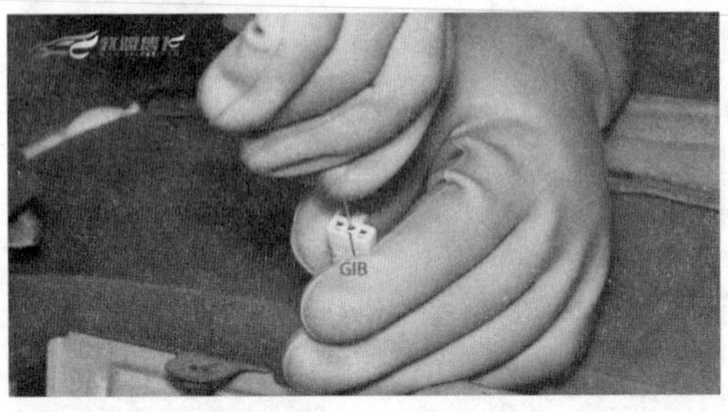

图 4-1-86　将正极探针插入蓄电池电流传感器 2 号针脚

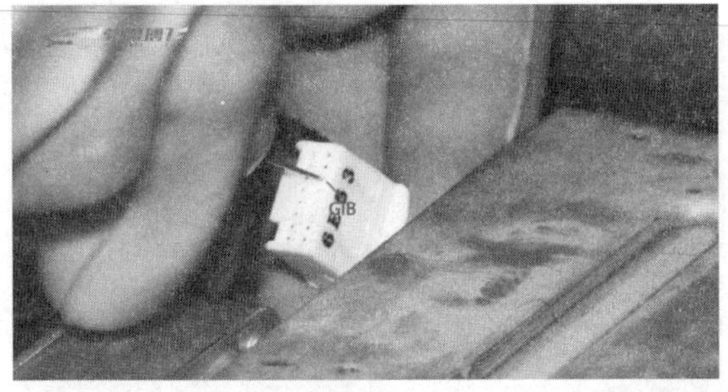

图 4-1-87　负极探针插入蓄电池 ECU 的 B13 插头的 GIB 针脚测量电阻

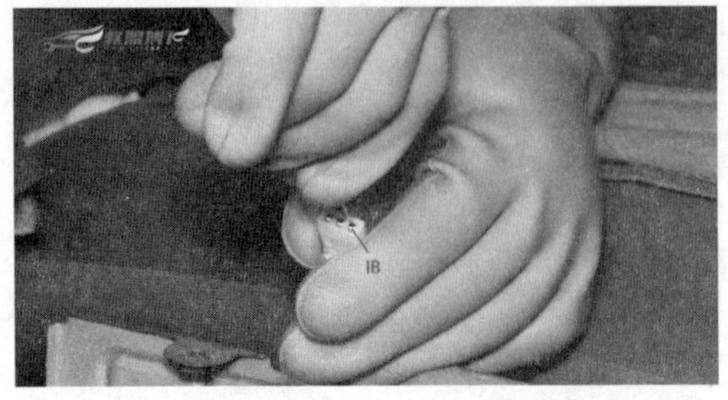

图 4-1-88　将正极探针插入蓄电池电流传感器 3 号针脚

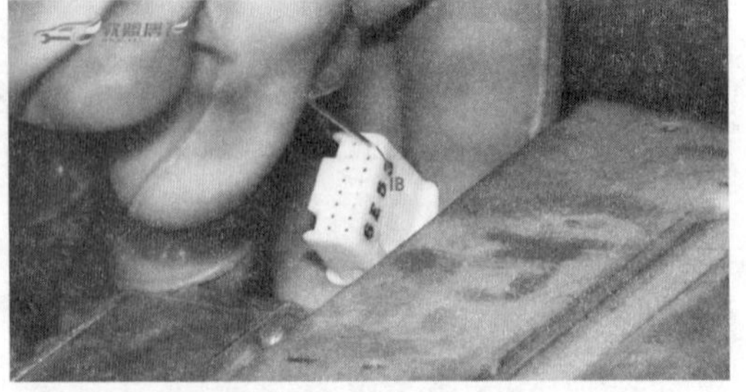

图 4-1-89　负极探针插入蓄电池 ECU 的 B13 插头的 IB 针脚，测量电阻

（12）将负极探针与车身搭铁，测量对地电阻，电阻值应大于 10kΩ 或者更大。

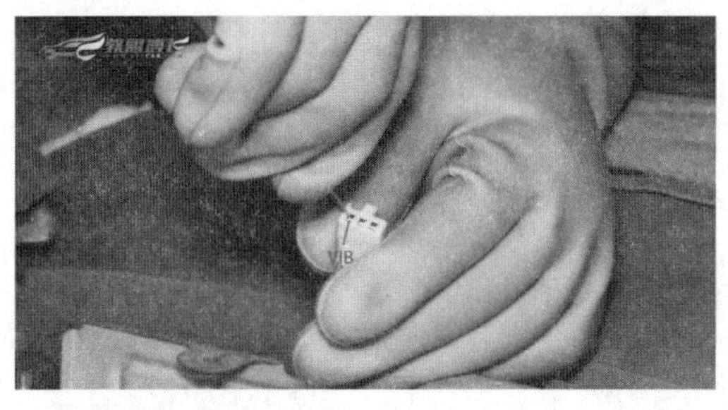

图4-1-90　将正极探针插入蓄电池电流传感器1号针脚

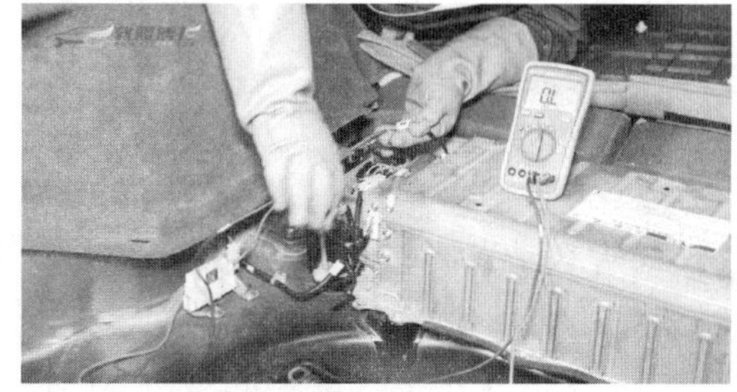

图4-1-91　将负极探针与车身搭铁,测量对地电阻

(13)将正极探针插入蓄电池电流传感器3号针脚(图4-1-93)。

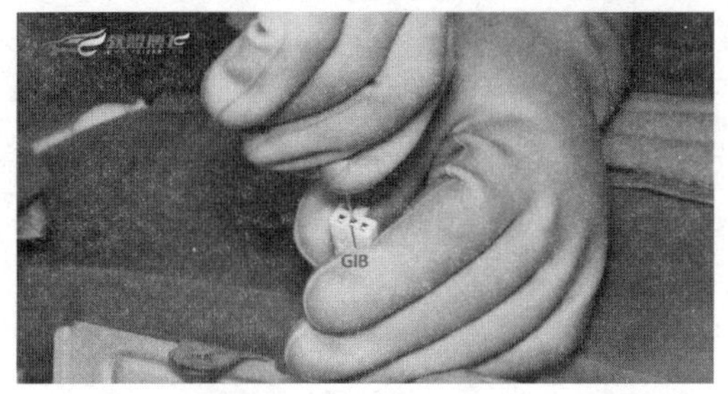

图4-1-92　将正极探针插入蓄电池电流传感器2号针脚

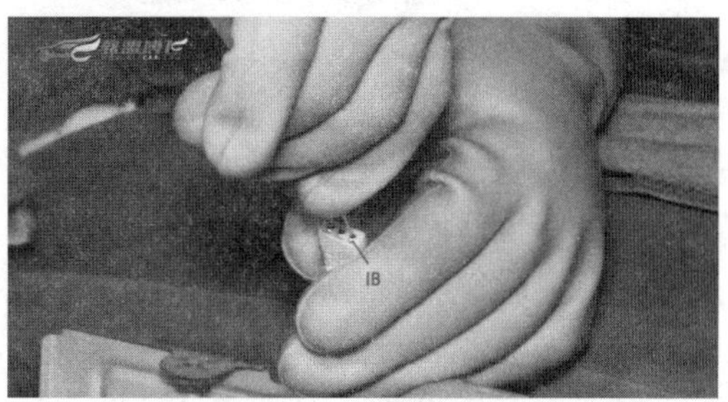

图4-1-93　将正极探针插入蓄电池电流传感器3号针脚

(14)将负极探针对地搭铁,测量对地电阻,电阻值应大于10kΩ或者更大。

注意:

因为蓄电池电流传感器作为一个单元,不能起作用而且要求更换时,需要更换整个HV蓄电池组总成。

(15)关闭万用表,安装连接器(图4-1-94)。

(16)重新安装检修塞卡箍(图4-1-95)。

图4-1-94　安装连接器

图4-1-95　安装检修塞卡箍

(17)安装低压蓄电池负极。

学习测试

1. 填空题

(1)混合动力汽车常见的故障主要包括因电力系统导致______不能驱动,或____系统失效的故障症状。

(2)12V 蓄电池电源恒定地向动力电池 ECU 的 AM 端子供电,维持储存器内的____和________。

(3)动力电池系统故障会导致仪表______和________指示灯点亮。

(4)在 HV 蓄电池的底部安装有______个蓄电池温度传感器。

(5)蓄电池电流传感器安装在 HV 蓄电池总成上的______极电缆侧。

2. 判断题

(1)动力电池温度过高的其中原因之一是鼓风机不能正常工作。 ( )

(2)可使用诊断仪读取普锐斯动力电池模块内的数据流。 ( )

(3)蓄电池温度越低传感器热敏电阻阻值越高。 ( )

(4)蓄电池温度传感器可以单独更换。 ( )

3. 不定项选择题

(1)控制动力电池鼓风机的控制模块是( )。

A. 混合控制系统 THS ECU B. 动力电池 ECU

C. ECM D. 网关控制 ECU

(2)普锐斯 HEV 熔断丝的规格是( )。

A. 10A B. 20A C. 30A D. 100A

(3)蓄电池 ECU 根据输入到( )的信号来决定 HV 蓄电池总成的充电和放电。

A. IG B. ST C. IB 端子 D. IC

任务2 混合动力汽车电机及驱动系统故障诊断与排除

提出任务

一辆丰田普锐斯客户反映其车辆不能正常行驶,你的主管已经使用专用的诊断仪检查发现存在电机驱动系统故障。现在需要你将这个故障的故障点准确地找出来,你能做到吗?

任务要求

知识要求

1. 能够描述混合动力汽车驱动系统故障表现形式;
2. 能够描述混合动力汽车驱动系统故障码和数据流内容;
3. 能够描述混合动力汽车驱动系统故障诊断方法。

能力要求

1. 能够进行驱动系统前轮转动检查;
2. 能够进行驱动系统在旋转过程中阻力增加的原因检查;
3. 能够分析混合动力汽车电机及驱动系统典型故障诊断。

相关知识

以下以丰田普锐斯为例,介绍混合动力汽车电机及驱动系统故障诊断与排除。

1. 混合动力汽车电机及驱动系统故障表现形式

混合动力驱动系统故障将导致车辆不能正常行驶,其常见的故障包括:

(1)变频器本身故障。

(2)变频器温度故障或控制电机温度过高。

(3)控制电机解角传感器故障等。

驱动系统故障会导致:

(1)仪表指示灯点亮。如图4-2-1所示,驱动系统故障会导致仪表以下指示灯点亮。

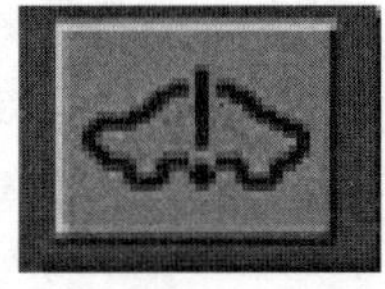

图4-2-1 混合动力汽车仪表动力系统故障指示灯

(2)车辆功率降低或暂停动力输出。混合动力汽车驱动系统故障会导致车辆降低运行功率或暂停动力输出。

2. 混合动力汽车电机及驱动系统故障码和数据流内容

驱动系统的数据流主要在 HV ECU 内,可使用诊断仪读取到关于驱动系统的故障码和数据流。

混合动力汽车驱动系统故障码请参照仪器故障码显示的内容。表 4-2-1 是其主要读取到的数据流内容。

混合动力汽车的数据流内容　　表 4-2-1

诊断仪显示(缩写词汇)	测量项目/范围(显示)	参考范围	诊断注解
MIL 发动机运行时间(MIL On Eng Time)	起动发动机后待时和 CHK ENG 开/最小:0min,最大:65.535min	—	—
MIL 状态(MIL Status)	CHK ENG 状态/开或关	CHK ENG 开:开	恒定开: 依据检测到的 DTC 修理
电机(MG2)转速(MG2Rev)	MG2 转速/最小:-16.383r/min,最大:16.383r/min	—	—
电机(MG2)转矩(MG2 Torq)	MG2 转矩/最小:-500N·m,最大:500N·m	—	—
G(MG1)转矩执行数值(MG1 TrqExc Val)	MG1 转矩执行数值/最小:-512N·m,最大:508N·m	发动机自动起动且 REDAY 灯开 1s 后,发动机停止,空调风扇高速转,前照灯开,P 挡:低于 MG1 TORQ 的 ±20%	—
再生制动转矩(Regen RqstTorq)	再生制动执行转矩/最小:0N·m,最大:186N·m	—	—
请求再生制动转矩(Regen RqstTorq)	再生制动要求转矩/最小:0N·m,最大:186N·m	车速:30km/h(19mph),主缸液压 -200N·m:随制动踏板压力变化	—
变频器温度(MG1)(MG1 Invert Temp)	MG1 变频器温度/最小 -50℃,最大:205℃	(1)于 25℃(77°F)搁置一天:25℃(77°F); (2)街道行驶:25 ~ 80℃(77 ~ 176°F)	如果数值是 -50℃(-58°F):传感器电路 +B 短路如果数值是 205℃(401°F):传感器电路开路或 GND 短路
变频器温度(MG2)(MG2 Invert Temp)	MG2 变频器温度/最小 -50℃,最大:205℃	(1)于 25℃(77°F)搁置一天:25℃(77°F); (2)街道行驶:25 ~ 80℃(77 ~ 176°F)	如果数值是 -50℃(-58°F):传感器电路 +B 短路;如果数值是 205℃(401°F):传感器电路开路或 GND 短路
2 号电机温度(Motor2 Temp)	变速驱动桥油温度/最小 -50℃,最大:205℃	(1)于 25℃(77°F)搁置一天:25℃(77°F); (2)街道行驶:25 ~ 80℃(77 ~ 176°F)	如果数值是 -50℃(-58°F):传感器电路 +B 短路;如果数值是 205℃(401°F):传感器电路开路或 GND 短路

续上表

诊断仪显示(缩写词汇)	测量项目/范围(显示)	参考范围	诊断注解
1号电机温度(Motor1 Temp)	MG2电机温度/最小-50℃,最大:205℃	(1)于25℃(77℉)搁置一天:25℃(77℉); (2)街道行驶:25~80℃(77~176℉)	如果数值是-50℃(-58℉):传感器电路+B短路;如果数值是205℃(401℉):传感器电路开路或GND短路
转换器温度(Converter Temp)	增压转换器温度/最小-50℃,最大:205℃	(1)于25℃(77℉)搁置一天:25℃(77℉); (2)街道行驶:25~80℃(77~176℉)	如果数值是-50℃(-58℉):传感器电路+B短路; 如果数值是205℃(401℉):GND传感器电路开路短路
加速踏板程度(Acclerator)	加速踏板踩下角度/最小:0%,最大:100%	加速踏板踩下:随加速踏板压力改变	—
要求动力(Power Rqst)	发动机功率输出要求值/最小0W,最大:320000W	—	—
目标发动机转速(Target EngSpd)	目标发动机转速/最小:0r/min,最大:8000r/min	—	—
发动机转速(Engine Spd)	目标发动机转速/最小:0r/min,最大:8000r/min	怠速:950~1050r/min	
车速(Vehicle Spd)	车速/最小:-256km/h,最大:254km/h	以40km/h(25mph)的速度行驶,40km/h(25mph)	—
主缸转矩(Mcyl Ctrl Power)	制动转矩相当于主缸液压/最小:-512N·m,最大:508N·m	加速踏板踩下:随加速踏板压力改变	—
充电状态(SOC)	蓄电池充电状态/最小:0%,最大:100%	恒定:0%~100%	—
WOUT控制器电源(WOUT Ctrl Power)	放电控制电源值/最小0W,最大:81600W	21000W或更小	
WIN控制器电源(WIN Ctrl Power)	充电控制电源值/最小-40800W,最大:0W	-25000W或更大	—
请求放电至SOC(Delh-gRqst SOC)	请求放电调整SOC/最小:-20480W,最大:20320W	(1)统一车上充电:-4400W; (2)一般0W	—
电源VB(PWr Resource VB)	蓄电池电压/最低:0V,最高510V	REDAY灯打开和P挡:150~300V	—
电源IB(PWr Resource IB)	蓄电池电流/最小:-256V,最大254A	—	—
VL电压上升前(VL)	增压前的高压/最低0V,最高:510V	电源开关开(REDAY):实际上和HV蓄电池电压一致	如果数值是0V:传感器电路开路或GND短路; 如果数值是510V:传感器电路+B短路

续上表

诊断仪显示(缩写词汇)	测量项目/范围(显示)	参考范围	诊断注解
VH 电压上升后(VH)	增压后的高压/最低 0V,最高:765V	P 挡发动机加快转速:HV 蓄电池电压至 500V	如果数值是 0V:传感器电路开路或 GND 短路; 如果数值是 765V:传感器电路 +B 短路
压力上升比(RaisPresRatio)	增压比/最小:0%,最大:100%	增压前电压和增压后电压一致:0% ~10%	—
行驶条件 ID (Drive Conditon)	行驶条件 ID/最小:0,最大:6	(1)发动机停止:0; (2)发动机将要停止:1; (3)发动机将要起动:2; (4)发动机工作:3; (5)装载运行:4; (6)P 挡加快转速:6	—

3. 混合动力汽车电机及驱动系统典型故障诊断方法

1)驱动电机温度传感器异常的故障

(1)故障现状。仪表提示驱动电机温度过高,系统功率降低。

(2)故障原因分析。变频器模块会通过电机内的温度传感器和供给的电流计算电机的温度,当温度异常时,系统将降低电机的输出功率,让电机尽快冷却。

采集电机温度的传感器是热敏电阻传感器。热敏电阻的阻值和电机温度传感器相关,它根据电机温度的变化而变化。电机温度越低,热敏电阻的阻值越大。相反,电机温度越高,热敏电阻的阻值越小。电机温度传感器与 HV 控制 ECU 连接。由 HV 控制 ECU 的 MMT 端子提供的 5V 的电源电压经过电阻 R 到达电机温度传感器。

为了防止电机过热,HV 控制 ECU 根据这种信号限制负载。另外,HV 控制 ECU 检查电机温度传感器是否出现线路故障和传感器故障。

以发电电机温度传感器为例,其相关电路图及连接端子如图 4-2-2 所示。

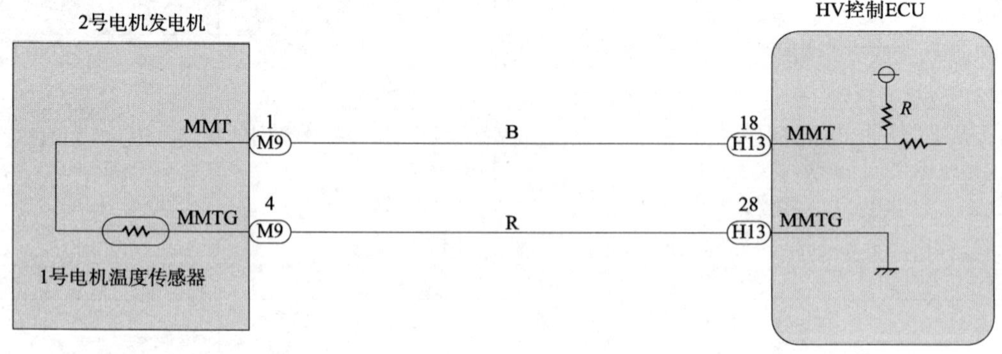

图 4-2-2 电机温度传感器电路图

(3)诊断关键步骤及参数。

①使用诊断仪读取电机温度传感器数据。

进入专用诊断仪的下列菜单:powertrain/HybirdContro/Data list。

读取专用诊断仪上显示的 MG1 发电电机温度值,见表 4-2-2。

MG1 发电电机温度值显示　　表 4-2-2

温度显示	温度显示	温度显示
-50℃(-58°F)	205℃(401°F)	-49~204℃(-57~400°F)

提示:

如果电路开路或 +B 短路,则专用诊断仪显示的数据是 -50℃(-58℃)。

如果电路 GND 短路,则专用诊断仪显示的数据是 205℃(401℃)。

②显示的温度不在正常范围(-49~204℃),需要检查温度传感器与模块之间的连接线路以及温度传感器本身技术状态。详细检查方法与步骤,请参考热敏电阻类传感器的诊断方法。

2)电机解角传感器异常的故障

(1)故障现状。仪表显示驱动系统故障,车辆不能正常驱动(MG2 解角器故障);或发动机不能被正常起动(MG1 解角器故障)。

(2)故障原因分析。如图 4-2-3 所示,电机解角传感器是一种检测转子磁极位置的传感器,它对保证 MG1 和 MG2 的高效控制是必需的。解角传感器的定子包括一个励磁线圈和两个检测线圈。因为转子是椭圆形状的,定子和转子间的间隙随着转子转动而变化。预定频率的交流电流过励磁线圈和检测线圈 S 和 C 并且根据传感器转子的位置输出交流电。

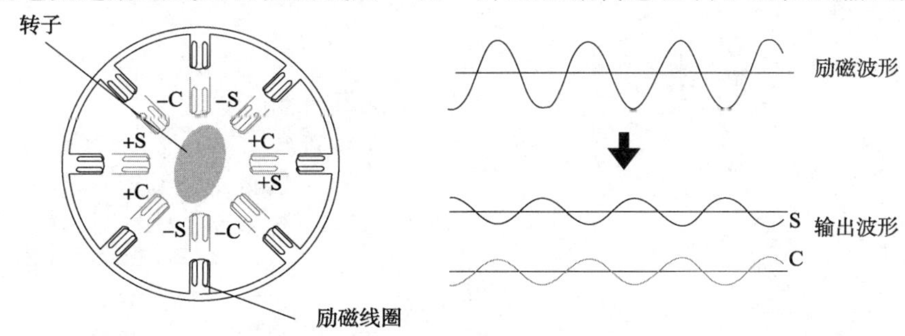

图 4-2-3　电机解角传感器原理图

HV ECU 根据检测线圈 S 和 C 的相位及它们的波形高度来检测转子的绝对位置。此外,为了把解角传感器用做一个速度传感器,CPU 计算出在一段预定的时间内位置的变化次数。

以 MG2 电机解角器控制电路为例,其控制电路图如图 4-2-4 所示。

(3)诊断关键步骤及参数。

①使用诊断仪读取相关故障码。

②使用诊断仪读取对应故障码所指电机的数据流。

标准值:数据流应该显示出电机的转动角度。

③检查线束与连接器(控制 ECU - 传感器电路),如图 4-2-5 所示。

a. 断开 H13 HV ECU 连接器和解角传感器连接器。

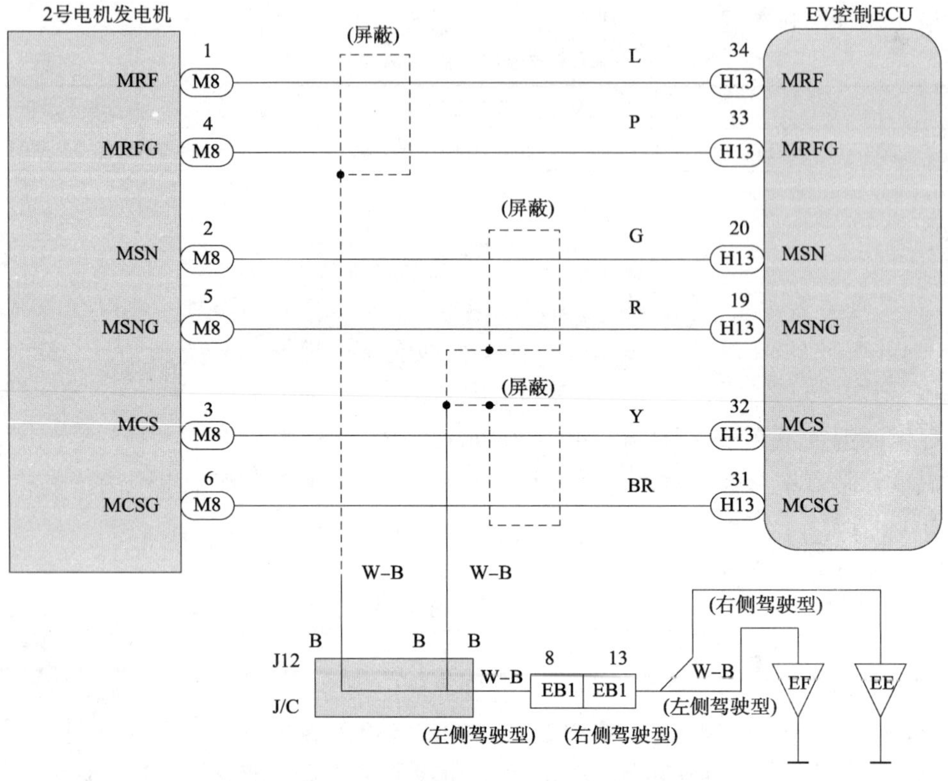

图 4-2-4 电机解角传感器电路图

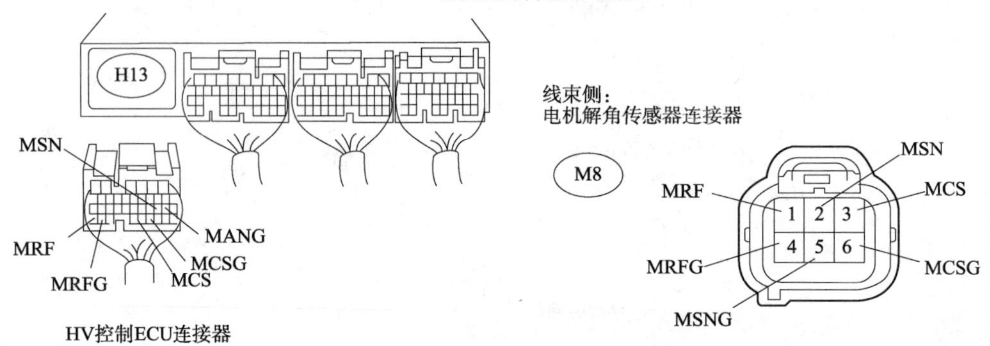

图 4-2-5 ECU－电机解角传感器线束与连接器

b. 打开点火开关。

c. 测量 HV ECU 连接器端子与车身搭铁间的电压，标准值见表 4-2-3。

HV ECU 连接器端子与车身搭铁间的电压 表 4-2-3

万用表连接	标准值	万用表连接	标准值
MRF(H13－34)—车身搭铁	<1V	MSNG(H13－19)—车身搭铁	<1V
MRFG(H13－33)—车身搭铁	<1V	MCS(H13－32)—车身搭铁	<1V
MSN(H13－20)—车身搭铁	<1V	MCSG(H13－31)—车身搭铁	<1V

d. 关闭点火开关。

e. 检查线束侧连接器间的电阻。

线路开路检查标准值见表 4-2-4。

HV ECU 连接器线束开路检查　　表 4-2-4

万用表连接	标准值	万用表连接	标准值
MRF(H13－34)— MRF(M8－1)	<1Ω	MSNG(H13－19)—MSNG(M8－5)	<1Ω
MRFG(H13－33)— MRFG(M8－4)	<1Ω	MCS(H13－32)—MCS(M8－3)	<1Ω
MSN(H13－20)—MSN(M8－2)	<1Ω	MCSG(H13－31)—MCSG(M8－6)	<1Ω

短路检查标准值,见表 4-2-5。

HV ECU 连接器线束短路检查　　表 4-2-5

万用表连接	标准值
MRF(H13－34)—MRF(M8－1)—车身搭铁	10kΩ 或更大
MRFG(H13－33)—MRFG(M8－4)—车身搭铁	10kΩ 或更大
MSN(H13－20)—MSN(M8－2)—车身搭铁	10kΩ 或更大
MSNG(H13－19)—MSNG(M8－5)—车身搭铁	10kΩ 或更大
MCS(H13－32)—MCS(M8－3)—车身搭铁	10kΩ 或更大
MCSG(H13－31)—MCSG(M8－6)—车身搭铁	10kΩ 或更大

④检查电机解角传感器本身电阻。图 4-2-6 是电机解角传感器端子图。

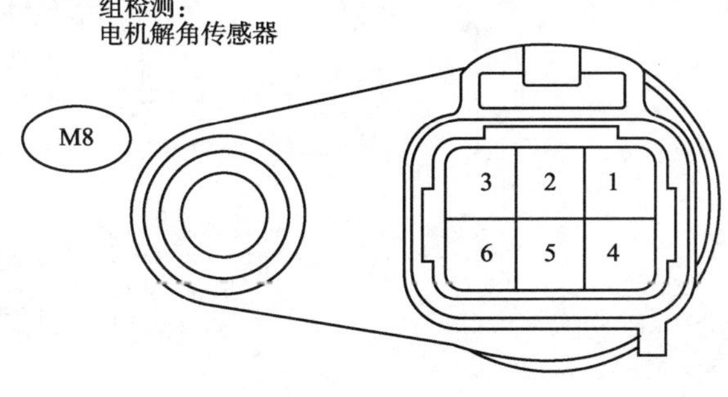

图 4-2-6　电机解角传感器电路图

a. 测量电机解角传感器端子间的电阻,标准值见表 4-2-6。

电机解角传感器端子间的电阻　　表 4-2-6

万用表连接	标准值	万用表连接	标准值
MRF(M8－1)—MRFG(M8－4)	7.65～10.2Ω	MCS(M8－3)—MCSG(M8－6)	12.6～16.8Ω
MSN(M8－2)—MSNG(M8－5)	12.6～16.8Ω		

b. 用绝缘电阻表检查电机解角传感器端子间的绝缘电阻,标准值见表 4-2-7。

电机解角传感器端子间的绝缘电阻　　表 4-2-7

万用表连接	标准值	万用表连接	标准值
MRF(H13－34)—MRF(M8－1)	10MΩ 或更大	MSNG(H13－19)—MSNG(M8－5)	10MΩ 或更大
MRFG(H13－33)—MRFG(M8－4)	10MΩ 或更大	MCS(H13－32)—MCS(M8－3)	10MΩ 或更大
MSN(H13－20)—MSN(M8－2)	10MΩ 或更大	MCSG(H13－31)—MCSG(M8－6)	10MΩ 或更大

3)变频器性能的故障

(1)故障现状。仪表显示驱动系统失效,使用诊断仪检查存在变频器性能故障码。

(2)故障原因分析。变频器为 MG1/MG2 将 HV 蓄电池高压直流电转换成交流电。变频器内包含一个三相桥电路,它由 6 个功率晶体管组成,每个对应于 MG1 和 MG2,用来转换直流电和三相交流电。HV 控制 ECU 控制功率晶体管的激活。变频器将控制所必需的信息,例如安培数和电压传送到 HV 控制 ECU。

HV ECU 使用电压传感器,它内置于变频器中,用来检测升压后的高压并进行升压控制。

变频器电压传感器根据高压的不同输出一个值在 0 ~5V 之间的电压。高压越高,输出电压越高。高压越低,输出电压越低。

HV 控制 ECU 监控变频器电压并检测故障。变频器电路图如图 4-2-7 所示。

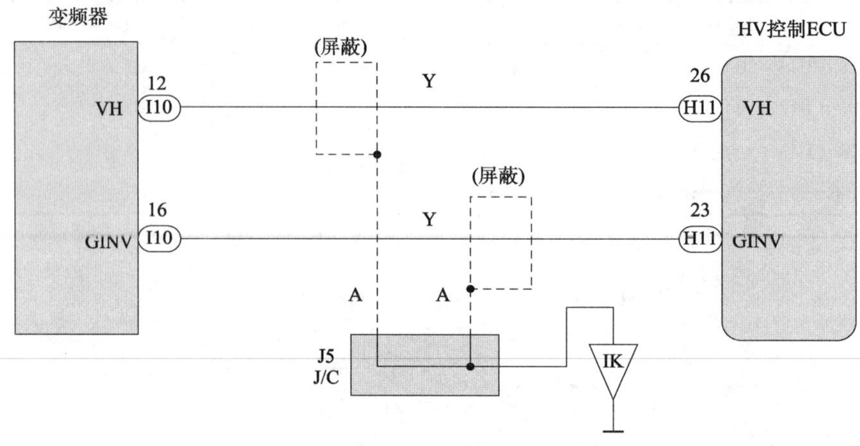

图 4-2-7 变频器电路图

如果变频器出现电路故障、内部短路或过热,则变频器通过电机变频器故障信号线路将此信息传送到 HV ECU 的 MFIV 端子。

诊断前,至少需要 5min 对变频器内的高压电容器进行放电。

(3)诊断关键步骤及参数。

①使用专用诊断仪按以下菜单:Powertrain/HybridControl/DTC,读取 DTC。

②检查混合动力控制 HV ECU 连接情况,是否存在松动,检查变频器连接情况,是否存在松动或连接不良。

③检查混合动力汽车电机线圈电阻,如图 4-2-8 所示。

a. 检查检修塞与变频器盖是否已经拆下。

b. 检查三相电机电缆螺栓是否按标准力矩拧紧,标准力矩为 8N · m。

c. 从变频器断开混合动力汽车电机的三相交流电电缆。

d. 用万用表测量混合动力汽车电机三相交流电电缆端子电阻,标准值见表 4-2-8。

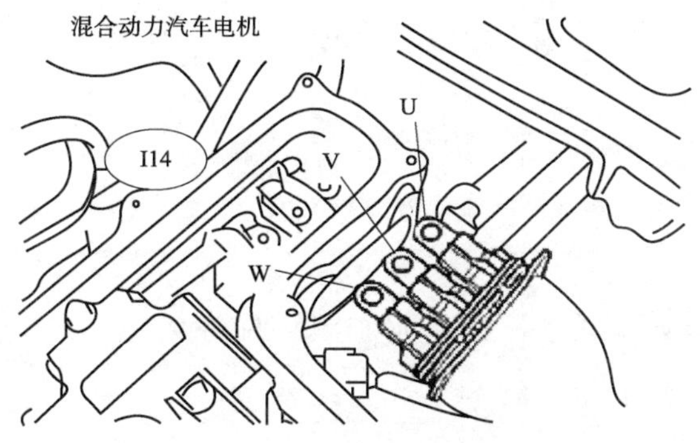

图 4-2-8 混合动力汽车电机线圈端子图

混合动力汽车电机三相交流电电缆端子电阻 表 4-2-8

万用表连接	标准值	万用表连接	标准值
U(I14－1)—V(I14－2)	20℃时小于 135MΩ	W(I14－3)—U(I14－1)	20℃时小于 135MΩ
V(I14－2)—W(I14－3)	20℃时小于 135MΩ		

e. 计算 U－V/U－W/W－U 端子最大和最小电阻间的差，标准值应该小于 2MΩ。

f. 用万用表测量混合动力汽车电机三相交流电电缆端子与车身搭铁之间的绝缘电阻，标准值见表 4-2-9。

混合动力汽车电机三相交流电电缆端子与车身搭铁之间的绝缘电阻 表 4-2-9

万用表连接	标准值	万用表连接	标准值
U(I14－1)—车身搭铁	10MΩ 或更大	W(I14－3)—车身搭铁	10MΩ 或更大
V(I14－2)—车身搭铁	10MΩ 或更大		

④使用专用诊断仪，进入以下菜单：Powertrain/HybridControl/Activetest。

当变频器驱动强制停止时，测量变频器连接器端子间的电压，标准值见表 4-2-10。

变频器连接器端子间的电压 表 4-2-10

万用表连接	标准值	万用表连接	标准值
MUU(I10－9)—GINV(I10－16)	12～16V	MWU(I10－11)— GINV(I10－16)	12～16V
MVU(I10－10)—GINV(I10－16)	12～16V		

(4)以上测试均在标准值范围内，则需要更换变频器总成。

任务实施

(一)工作准备

(1)防护装备：绝缘防护装备。

(2)车辆、台架、总成：丰田普锐斯混合动力汽车；或同类混合动力汽车台架。

(3)专用工具、设备：普锐斯故障诊断仪、万用表。

(4)手工工具：组合工具。

(5)辅助材料:干净抹布;诊断与维修必要的熔断丝等耗材。

(二)实施步骤

警告:

在执行高压车辆诊断及维护前,务必佩戴完好的个人防护用品,并严格遵守正确的操作步骤!

1.驱动系统前轮转动检查

驱动系统前轮转动检查操作过程界面如图4-2-9所示。

(1)打开电源开关至IG挡(图4-2-10)。

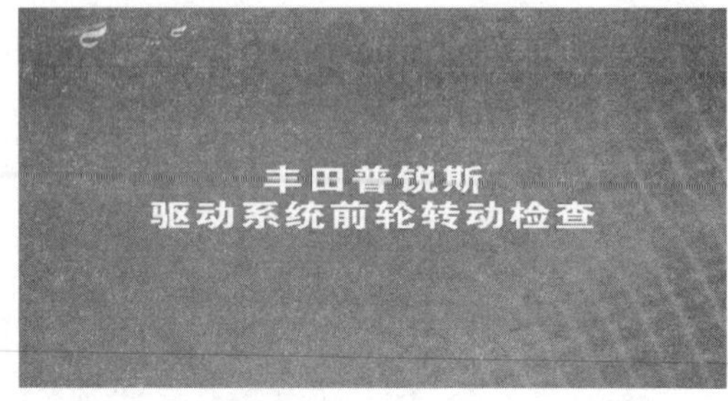

图4-2-9　丰田普锐斯驱动系统前轮转动检查操作过程界面

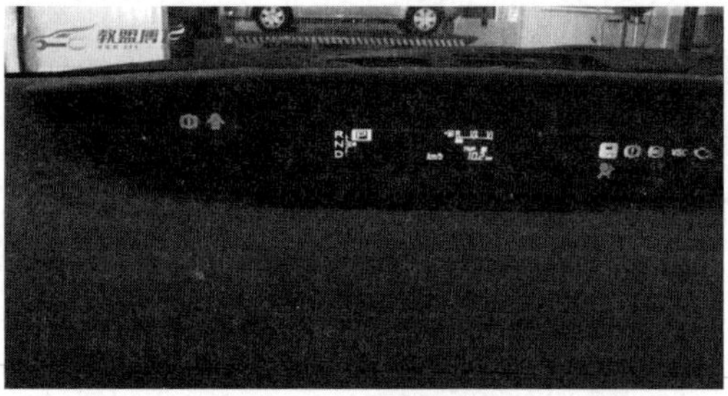

图4-2-10　打开电源开关至IG挡

(2)踩下制动踏板,把选挡杆移动至N挡(图4-2-11)。

(3)举升车辆。

(4)手动转动曲轴皮带轮检查前轮是否旋转(图4-2-12)。

图4-2-11　踩下制动踏板,把选挡杆移动至N挡

图4-2-12　手动转动曲轴皮带轮检查前轮是否旋转

(5)打开电源开关至ready挡(图4-2-13)。

(6)举升车辆离地20cm(图4-2-14)。

(7)踩下制动踏板,把换挡杆移动到D挡,然后松开制动踏板(图4-2-15)。

(8)检查前轮是否旋转(图4-2-16)。

图 4-2-13　打开电源开关至 ready 挡

图 4-2-14　举升车辆离地 20cm

图 4-2-15　起动车辆

图 4-2-16　检查前轮是否旋转

提示：

如果车轮不转动，并且诊断仪上显示 HV 变速驱动桥输入故障，则应更换混合动力车辆变速驱动总成。

2. 驱动系统在旋转过程中阻力增加的原因检查

(1)检查发动机润滑系统和变速驱动桥润滑系统(图 4-2-17)。

(2)检查发动机冷却液和变速驱动桥冷却液(图 4-2-18)。

图 4-2-17　检查发动机润滑系统和变速驱动桥润滑系统

图 4-2-18　检查发动机冷却液和变速驱动桥冷却液

(3)检查发动机本身和变速驱动桥本身是否有任何故障(图 4-2-19)。

图4-2-19　检查发动机本身和变速驱动桥

学习测试

1. 填空题

(1)驱动系统故障会导致仪表________指示灯点亮。

(2)混合动力汽车驱动系统故障会导致车辆________或________。

(3)变频器模块检测到温度异常时,系统将降低电机的____,让电机尽快____。

(4)__________传感器是一种检测转子磁极位置的传感器。

(5)变频器为MG1/MG2将HV蓄电池高压______转换成______。

2. 判断题

(1)驱动系统的数据流主要在HV ECU内。　　(　　)

(2)电机温度越高,热敏电阻的阻值越大。　　(　　)

(3)变频器高压越高,输出电压越高。高压越低,输出电压越低。　　(　　)

(4)电机驱动系统的控制核心组件是HV ECU。　　(　　)

(5)混合动力驱动系统故障可能导致车辆不能正常行驶。　　(　　)

3. 不定项选择题

(1)解角传感器是利用(　　)制成的。

A. 电磁感应原理　　B. 电涡流原理

C. 霍尔效应原理　　D. 光电原理

(2)使用诊断仪读取到驱动电机温度为205℃,表明(　　)。

A. 对电源短路　　B. 线路内部存在开路

C. 对搭铁短路　　D. 正常情况

(3)如果车轮不转动,并且诊断仪上显示HV变速驱动桥输入故障,则应更换(　　)。

A. 车轮　　B. 动力电池

C. 混合动力汽车变速驱动总成　　D. 电机

(4)驱动系统在旋转过程中阻力增加的原因可能是(　　)。

A. 发动机润滑系统和变速驱动桥润滑系统

B. 发动机冷却液和变速驱动桥冷却液

C. 混合动力汽车变速驱动总成

D. 发动机

任务3　混合动力汽车整车动力控制系统故障诊断与排除

提出任务

一辆丰田普锐斯，客户反映车辆不能正常起动，你的主管通过使用专用诊断仪检查发现存在动力电池内继电器不能正常工作的故障码，现在你被安排到去继续检查与维修这辆汽车，你能完成这个任务吗？

任务要求

知识要求

1. 能够描述普锐斯混合动力汽车整车动力控制系统故障表现形式；
2. 能够描述普锐斯混合动力汽车整车控制系统典型故障诊断方法。

能力要求

1. 能够进行混合动力发动机和动力控制系统故障码读取与清除；
2. 能够进行曲轴位置传感器线路检测；
3. 能够进行混合动力控制器 ECU 和发动机 ECM 线路检测；
4. 能够进行 READY 灯检测；
5. 能够进行发动机转速检测。

相关知识

以下以丰田普锐斯为例，介绍混合动力汽车整车动力控制系统故障诊断与排除。

1. 混合动力汽车整车动力控制系统故障表现形式

普锐斯混合动力控制系统的故障主要集中在动力电池组（即 HV 蓄电池）系统、变频器系统，这可能包括：

（1）HV ECU 模块本身故障。

（2）接触器不能正常吸合（导致该故障的原因有很多，例如系统检测到绝缘故障、接触器本身烧蚀等）。

(3)因驱动系统导致的故障,如驱动电机不能正常运行导致发动机不能起动等。

整车动力控制系统故障会导致:

(1)仪表指示灯点亮。如图4-3-1所示,整车动力控制系统故障会导致仪表以下指示灯点亮。

(HV蓄电池警告)

(车辆动力系统故障)

图4-3-1 混合动力汽车仪表故障指示灯

(2)车辆不能起动或功率降低。未起动车辆前,会导致车辆不能正常起动;高速运行的车辆会导致车辆降低运行功率。

2. 混合动力汽车整车控制系统典型故障诊断方法

1)因HV ECU模块供电异常导致失去通信的故障

(1)故障现状。HV ECU不通信,混合动力故障指示灯点亮,且车辆不能正常起动。

故障参考电路图如图4-3-2所示。

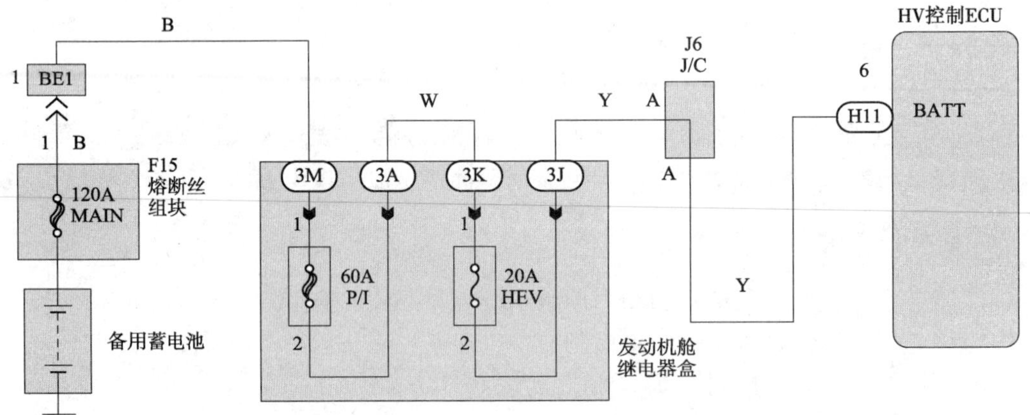

图4-3-2 HV控制ECU控制电路图

(2)诊断关键步骤及参数。

①如图4-3-3所示,检查20A熔断丝。

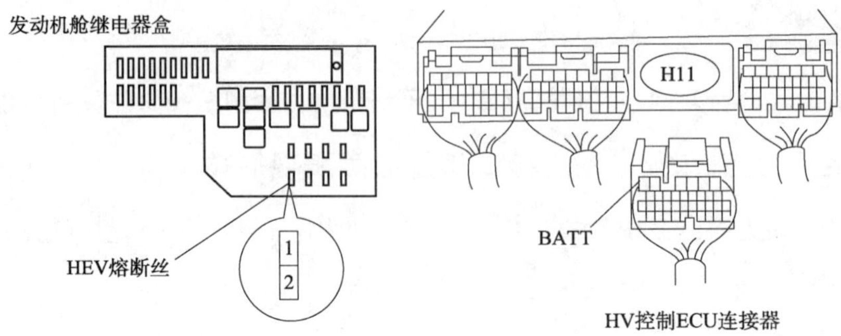

图4-3-3 HEV熔断丝位置及控制ECU连接器

a. 拆下发动机舱继电器盒的 HEV 熔断丝。

b. 检查 HEV 熔断丝的电阻。标准值:小于 1Ω。

②检查 HV ECU－蓄电池的连接器及线束。

a. 断开备用蓄电池负极端子。

b. 拆下发动机舱继电器盒的 HEV 熔断丝,并断开 H11 HV ECU 连接器。

c. 检查线束侧连接器间的电阻,标准值见表 4-3-1。

BATT 到 HEV 熔断丝 2 线束侧连接器间的电阻　　表 4-3-1

万用表连接	标准值
BATT(H11－6)—HEV 熔断丝(2)	<1Ω

③检查线束侧连接器间的电阻,如图 4-3-4 所示。标准值见表 4-3-2。

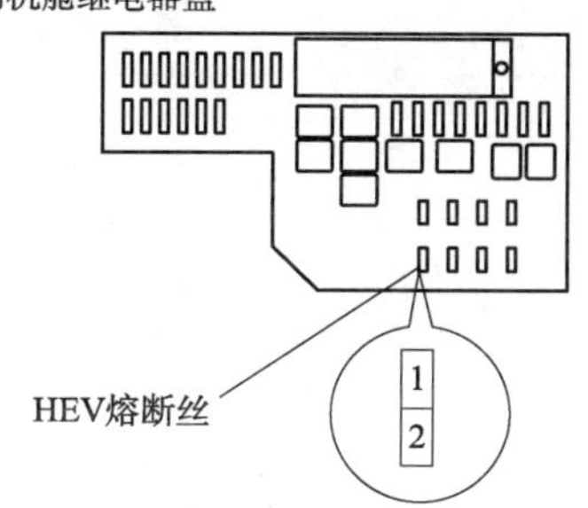

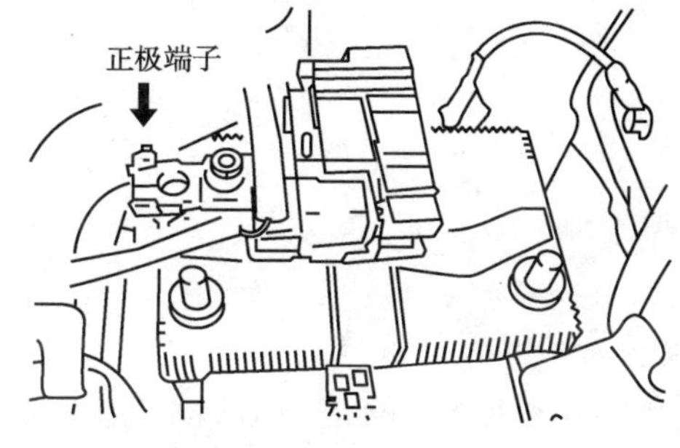

图 4-3-4　HEV 熔断丝位置及备用蓄电池正极端子

HEV 熔断丝 1 到备用蓄电池正极端子线束侧连接器间的电阻　　表 4-3-2

万用表连接	标准值
HEV 熔断丝(1)—备用蓄电池正极端子	<1Ω

④检查 HV ECU－HEV 熔断丝的连接器及线束,标准值见表 4-3-3。

a. 断开 H11HVECU 连接器。

b. 检查线束侧连接器间的电阻。

BATT－HEV 熔断丝(2)—车身搭铁间的电阻　　表 4-3-3

万用表连接	标准值
BATT(H11－6)或 HEV 熔断丝(2)—车身搭铁	10kΩ 或更大

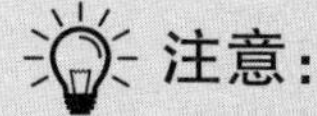
注意:

当用万用表进行测量时,不要对万用表探针用力过大,以免损坏保持架。

如以上检查均正常,则需要更换 HV ECU 模块。

2)混合动力发动机不能正常起动的故障

(1)故障现状。仪表提示混合动力系统故障,发动机不能正常起动。

(2)故障原因分析。

在普锐斯混合动力汽车中,如果发动机或变速器驱动桥齿轮被卡住,或异物进入它们中的任意一个中,则 HV ECU 就会检测到 DTC 并且起动安全保护控制。如图 4-3-5 所示,曲轴位置传感器故障(传统发动机控制原理)以及发动机 ECM 或 HV 控制 ECU 故障,都可能造成发动机不能起动。

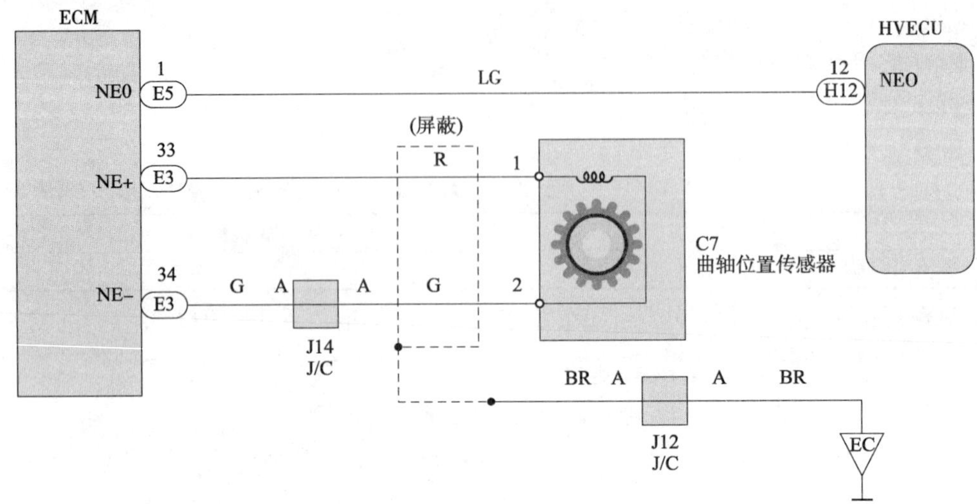

图 4-3-5 普锐斯发动机 ECM 与 HV 控制 ECU 电路图

(3)诊断关键步骤及参数。

①读取 DTC。进入诊断仪的下列菜单:Powerteain/Engine and ETC/DTC,读取相关 DTC。

②检查曲轴皮带轮是否正常转动。

a. 关闭电源开关。

b. 顶起车辆。

c. 手动转动曲轴皮带轮检查曲轴是否旋转。

③检查线束和连接器(ECM - 曲轴位置传感器)。

a. 断开 ECME3 连接器,如图 4-3-6 所示。

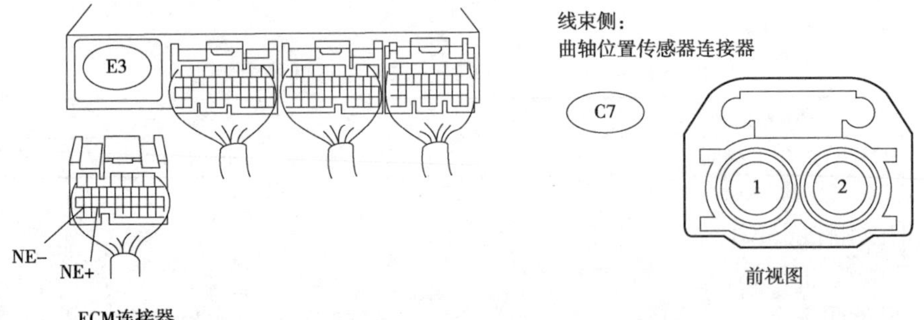

图 4-3-6 ECME3 连接器与曲轴位置传感器连接器端子图

b. 断开 C7 曲轴位置传感器连接器。

c. 检查线束侧连接器间的电阻,标准值见表 4-3-4、表 4-3-5。

ECME3 连接器与曲轴位置传感器连接器标准(开路检查) 表 4-3-4

万用表连接	标准值
NE + (E3 - 33)—曲轴位置传感器(C7 - 1)	< 1Ω
NE + (E3 - 34)—曲轴位置传感器(C7 - 2)	< 1Ω

ECME3 连接器与曲轴位置传感器连接器标准(短路检查)　　表 4-3-5

万用表连接	标准值
NE + (E3 - 33)或曲轴位置传感器(C7 - 1)—车身搭铁	10kΩ 或更大
NE + (E3 - 34)或曲轴位置传感器(C7 - 2)—车身搭铁	10kΩ 或更大

④检查线束和连接器(HV ECU - ECM)。

a. 断开 HV ECUH12 连接器和 ECME5 连接器,如图 4-3-7 所示。

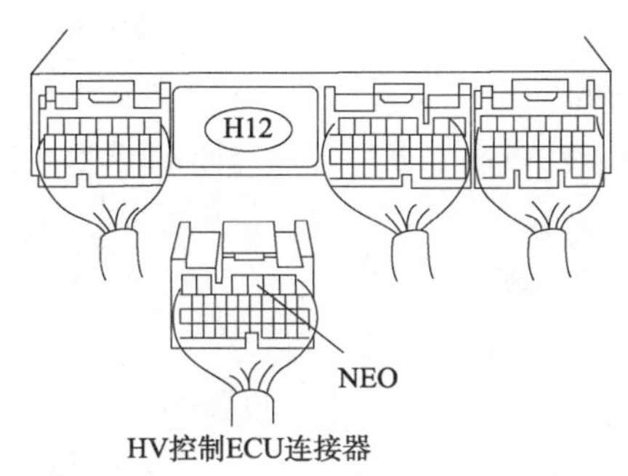

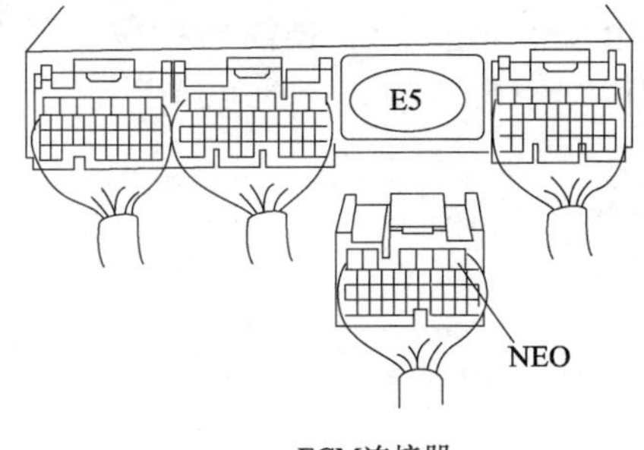

图 4-3-7　HV ECUH12 连接器与 ECME5 连接器端子图

b. 检查线束侧连接器间的电阻,标准值见表 4-3-6、表 4-3-7。

HV ECUH12 连接器与 ECME5 连接器线束标准(开路检查)　　表 4-3-6

万用表连接	标准值
NEO + (H12 - 12)—NEO(E5 - 1)	<1Ω

HV ECUH12 连接器与 ECME5 连接器线束标准(短路检查)　　表 4-3-7

万用表连接	标准值
NEO + (H12 - 12)或 NEO(E5 - 1)—车身搭铁	10kΩ 或更大

⑤重新检查并清除 DTC(混合动力控制)。

a. 进去诊断仪的下列菜单:Powertrain/Hybrid Control/DTC。

b. 检查并记录 DTC、定格数据和信息。

c. 清除混合动力控制的 DTC。

⑥检查 READY 灯是否点亮。

a. 进入诊断仪的下列菜单:Powertrain/Hybrid Control/Data List。

b. 读取发电机(MGI)转速和发动机转速数据。

c. 打开电源开关(READY),如果 READY 灯不亮,并且诊断仪上的读数显示为 DTC P0A90(HV 变速驱动桥输入故障),或 MGI 转动但发动机不运转,则更换混合动力汽车变速驱动桥总成。

⑦检查发动机转速是否增加。

a. 进入专用诊断仪的下列菜单:Powertrain/Hybrid Control/Data List。

b. 读取发电机(MGI)转速和发动机转速数据。

c. 在 READY 灯点亮的情况下,把挡位置于 P 挡的同时,踩下加速踏板 10s。

如果发动机转速不增加,并且专用诊断仪的读数显示为 DTC P0A90(HV 变速驱动桥输入故障)或 MGI 转动但发动机不运转,则更换混合动力车辆变速驱动桥总成。

⑧检查车轮是否缓慢转动。

a. 打开电源开关(READY)。

b. 顶起车辆。

c. 踩下制动踏板,把选挡杆移动到 D 挡,然后松开制动踏板。

如果车轮不转动,并且专用诊断仪的读数显示为 DTC P0A90(HV 变速驱动桥输入故障),则应更换混合动力汽车变速驱动总成。

以上检查均正常后,还需要考虑以下问题:

①检查什么导致了变速驱动桥和发动机的阻力在转动中变大。

②检查发动机润滑系统和变速驱动桥润滑系统。

③检查发动机冷却液和变速驱动桥冷却液。

④检查发动机本身和变速驱动桥本身是否有任何故障。

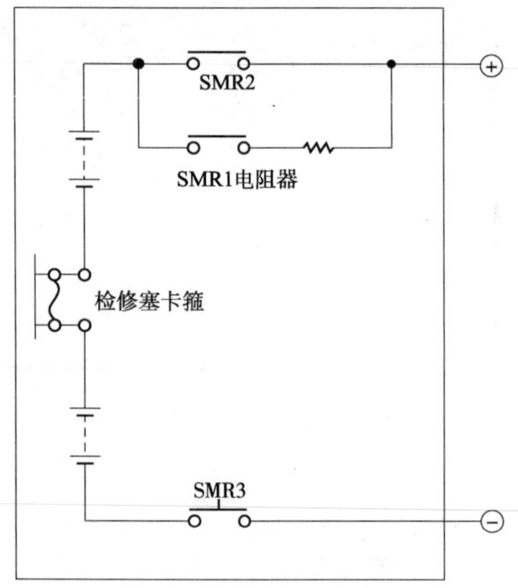

图 4-3-8　SMR 原理图

3)混合动力接触器断开的故障

(1)故障现状。仪表提示 HV 蓄电池故障,车辆不能起动。

(2)原因分析。

SMR(系统主继电器)根据 HVECU 发出的请求连接或断开高压电源供电电路。为确保可靠的操作,它们由三个继电器组成(负极侧一个,正极侧两个)。SMR 原理图如图 4-3-8 所示。

连接时,SMR1 和 SMR3 先打开开关。接着,SMR2 打开及 SMR1 关闭。这个过程通过限制所允许流过电阻的额定电流值使电路免受高压大电流的冲击。断开时,SMR2 和 SMR3 依次关闭,HV ECU 检查继电器是否关闭。

HV ECU 监测 SMR 是(CON1、CON2 和 CON3)的正确操作来检查故障。图 4-3-9 所示是 SMR 控制电路图。

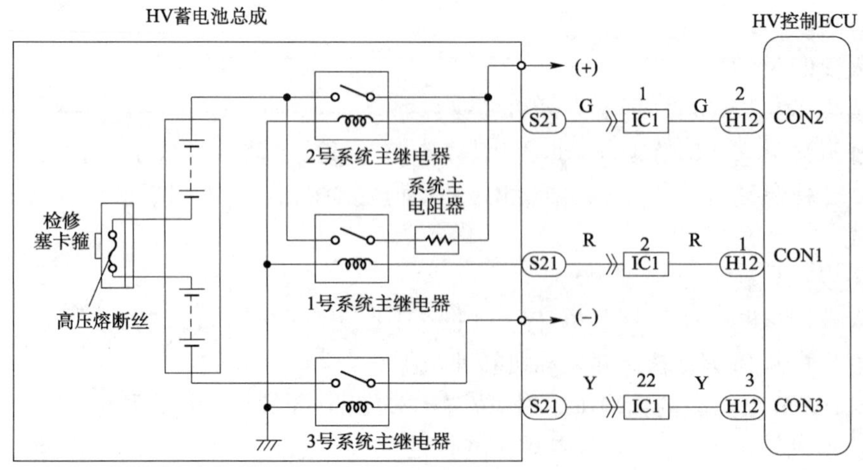

图 4-3-9　SMR 控制电路图

(3)诊断关键步骤及参数。

检查 HV ECU－1 号主继电器之间的连接器与线束。

注意：

进行下列操作前戴上绝缘手套。关闭电源开关，拆卸手动分离开关。

①断开 HV ECUH12 连接器(图 4-3-10)。

②断开 1 号 S21 系统主继电器连接器。

③测量 HV ECU 连接器与车身搭铁端子间的电压，标准值见表 4-3-8。

HV ECU 连接器与车身搭铁端子间的电压　　表 4-3-8

万用表连接	标准值
CON1(H12－1)—车身搭铁	<1V

④检查与测量线束侧连接器间的电阻(图 4-3-11)，标准值见表 4-3-9 和表 4-3-10。

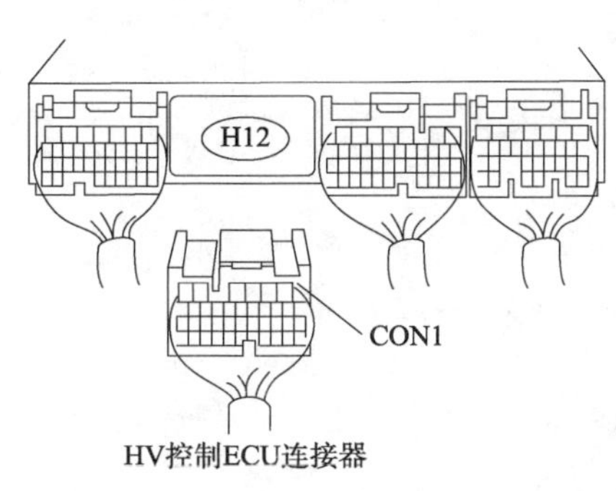

图 4-3-10　HV ECUH12 连接器端子

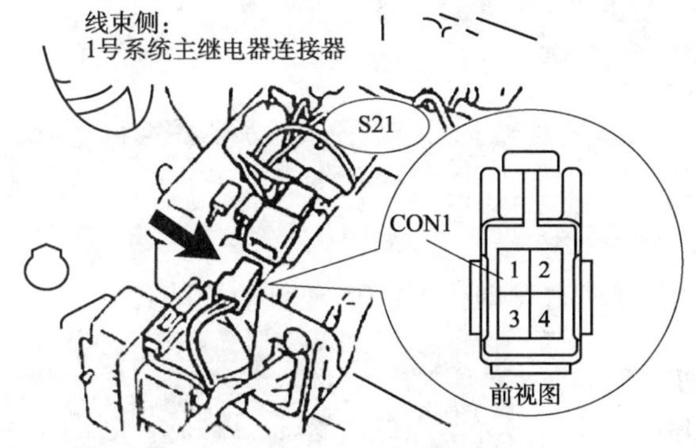

图 4-3-11　1 号系统主继电器端子图

1 号系统主继电器线束标准(开路检查)　　表 4-3-9

万用表连接	标准值
CON1(H12－1)—CON1(S21－1)	<1Ω

1 号系统主继电器线束标准(短路检查)　　表 4-3-10

万用表连接	标准值
CON1(H12－1)或 CON1(S21－1)—车身搭铁	10kΩ 或更大

如以上检查均正常，需要继续拆卸电池组外壳，检查继电器本身是否存在故障。

任务实施

(一)工作准备

(1)防护装备：绝缘防护装备。

(2)车辆、台架、总成:丰田普锐斯混合动力汽车;或同类混合动力汽车台架。
(3)专用工具、设备:普锐斯故障诊断仪、万用表。
(4)手工工具:组合工具。
(5)辅助材料:干净抹布;诊断与维修必要的熔断丝等耗材

(二)实施步骤

警告:

在执行高压车辆诊断及维护前,务必佩戴完好的个人防护用品,并严格遵守正确的操作步骤!

1. 混合动力发动机和动力控制系统故障码读取与清除

注意:

如果发动机或变速器驱动桥齿轮被卡住,或异物进入它们中的任意一个,则 HV 控制 ECU 就会检测到故障码并且起动安全保护控制。

混合动力发动机不能正常起动故障诊断操作流程如图 4-3-12 所示。

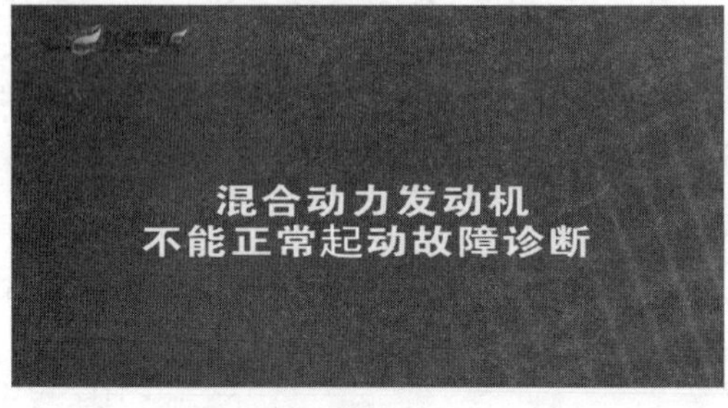

图 4-3-12　混合动力发动机不能正常起动故障诊断

(1)将诊断仪连接到诊断座(图 4-3-13)。

图 4-3-13　将诊断仪连接到诊断座

(2)插入钥匙,打开电源开关至 IG 挡。

(3)打开诊断仪。

(4)进入系统,点击“与车辆连接,”选择“发动机和 ECT”,或进入混合动力控制系统,读取故障码(图 4-3-14 ~ 图 4-3-16)。

(5)检查并记录故障码、定格数据和信息(图 4-3-17)。

(6)根据故障码内容检修后,清除故障码。

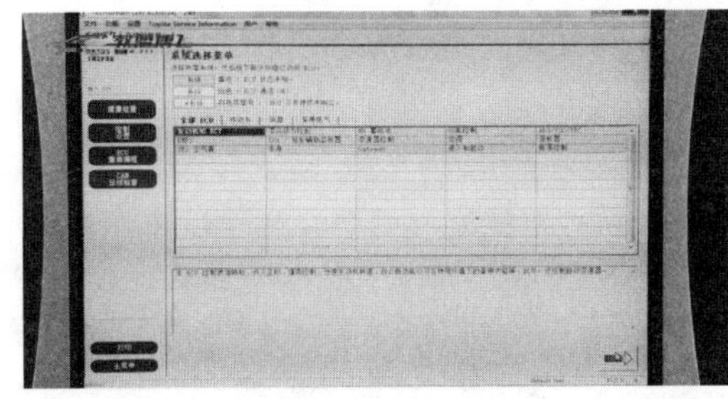

图 4-3-14　选择“发动机和 ECT”

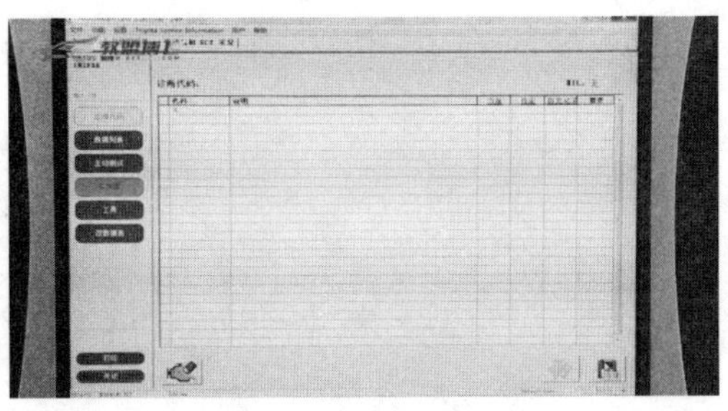

图 4-3-15　读取故障码

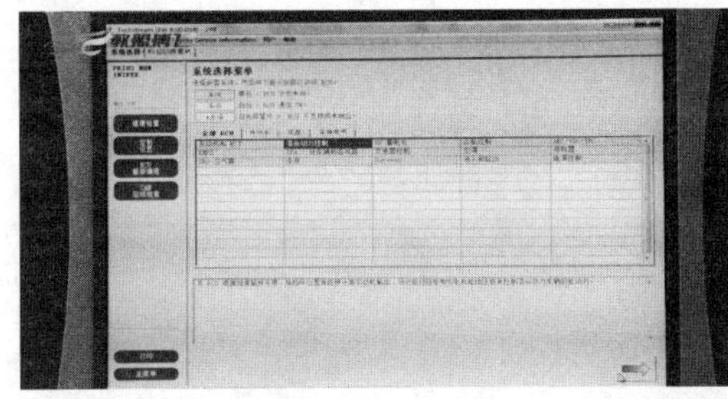

图 4-3-16　进入混合动力控制系统

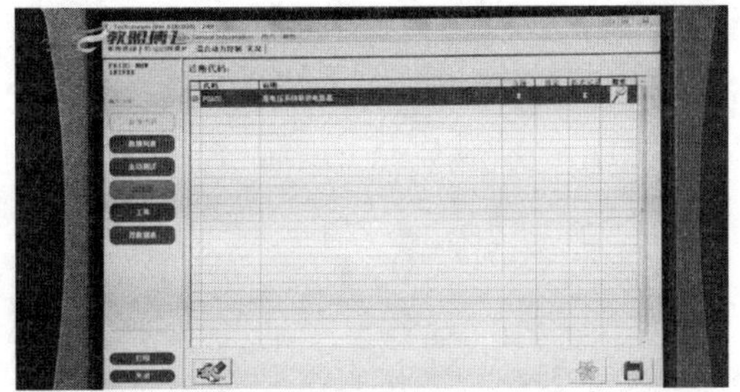

图 4-3-17　检查并记录故障码、定格数据和信息

2. 曲轴位置传感器线路检测

(1)ECM 到曲轴位置传感器之间的线束和连接器电路图如图 4-3-18 所示。

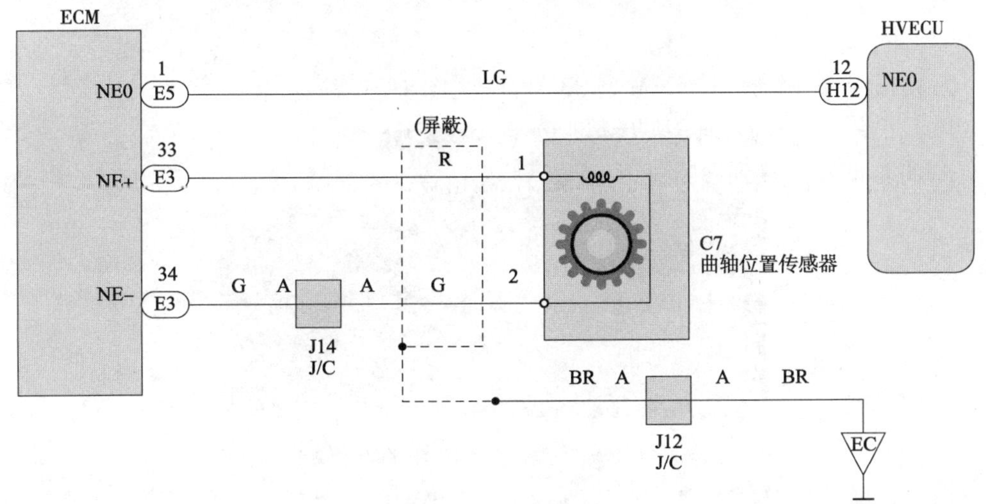

图 4-3-18　电路示意图

(2)连接万用表,将黑色延长线插入 COM 端口,将红色延长线插入电压电阻测量端口。

(3)将黑色探针与黑色延长线连接,红色探针与红色延长线连接(图 4-3-19)。

(4)将万用表旋至欧姆挡,将两个探针相连,校准万用表。

(5)断开曲轴位置传感器连接器(图 4-3-20)。

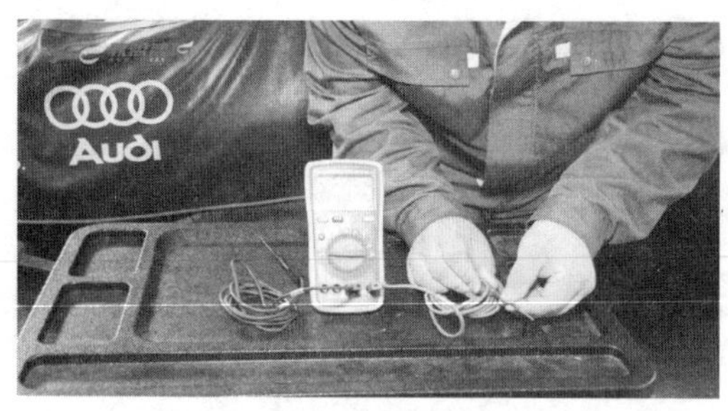

图 4-3-19　连接探针延长线

图 4-3-20　断开曲轴位置传感器连接器

(6)将负极探针插入曲轴位置传感器 1 号针脚(图 4-3-21)。

(7)降下车辆。

(8)断开 E3 ECM 连接器(图 4-3-22)。

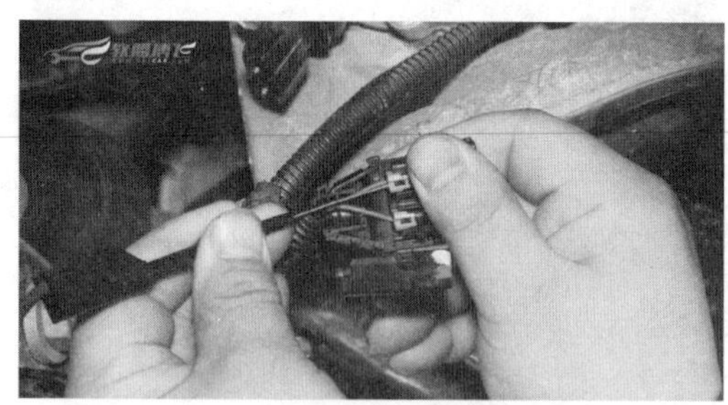

图 4-3-21　将负极探针插入曲轴位置传感器 1 号针脚

图 4-3-22　断开 E3 ECM 连接器

(9)打开万用表,调至电阻挡。

(10)将正极探针插入 E3 ECM 的 33 号针脚(图 4-3-23)。

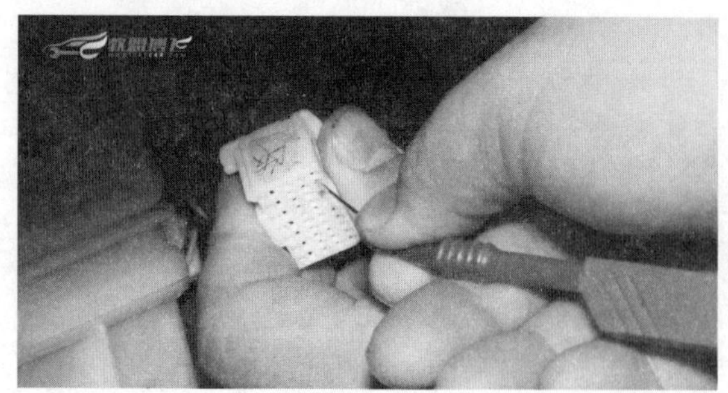

图 4-3-23　将正极探针插入 E3 ECM 的 33 号针脚

(11)测量曲轴位置传感器 1 号针脚到 E3 ECM 的 33 号针脚之间的电阻,阻值应小于 1Ω(图 4-3-24、图 4-3-25)。

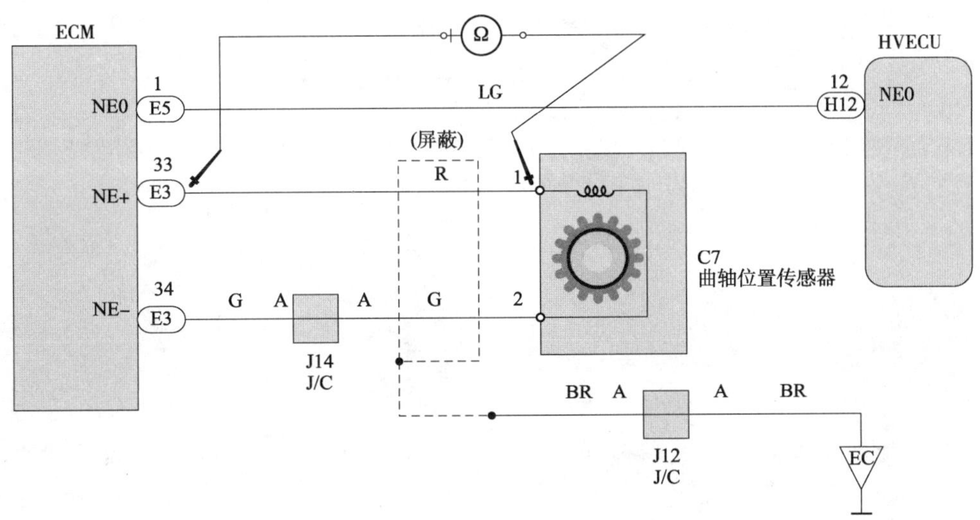

图 4-3-24　测量示意图

(12)将负极探针插入曲轴位置传感器 2 号针脚(图 4-3-26)。

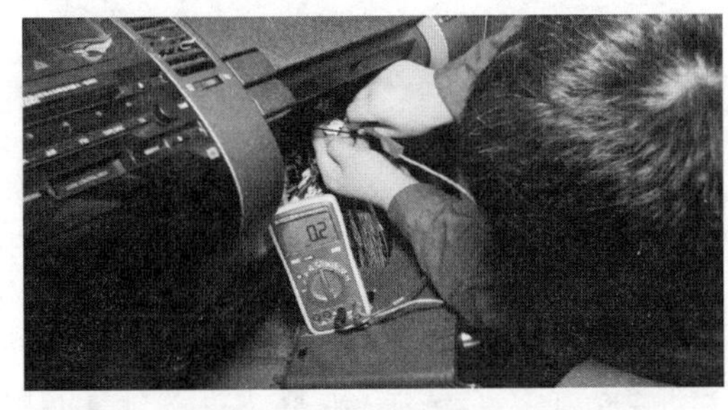

图 4-3-25　测量曲轴位置传感器 1 号针脚到 E3 ECM 的 33 号针脚之间的电阻

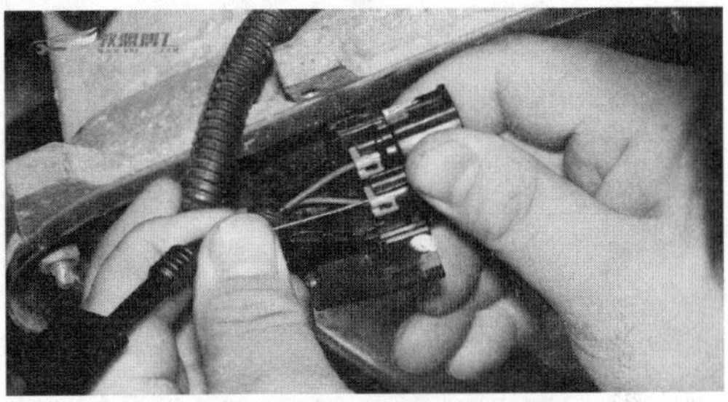

图 4-3-26　将负极探针插入曲轴位置传感器 2 号针脚

(13)将正极探针插入 E3 ECM 的 34 号针脚(图 4-3-27)。

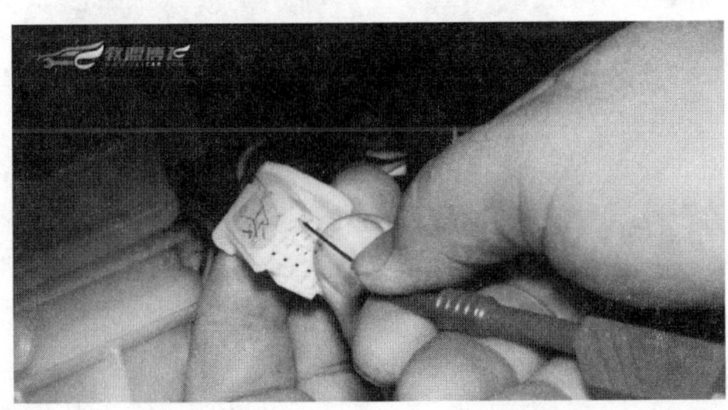

图 4-3-27　将正极探针插入 E3 ECM 的 34 号针脚

(14)测量曲轴位置传感器 2 号针脚到 E3 ECM 的 34 号针脚之间的电阻,阻值应小于 1Ω(图 4-3-28、图 4-3-29)。

（15）将正极探针插入曲轴位置传感器 1 号针脚（图 4-3-30）。

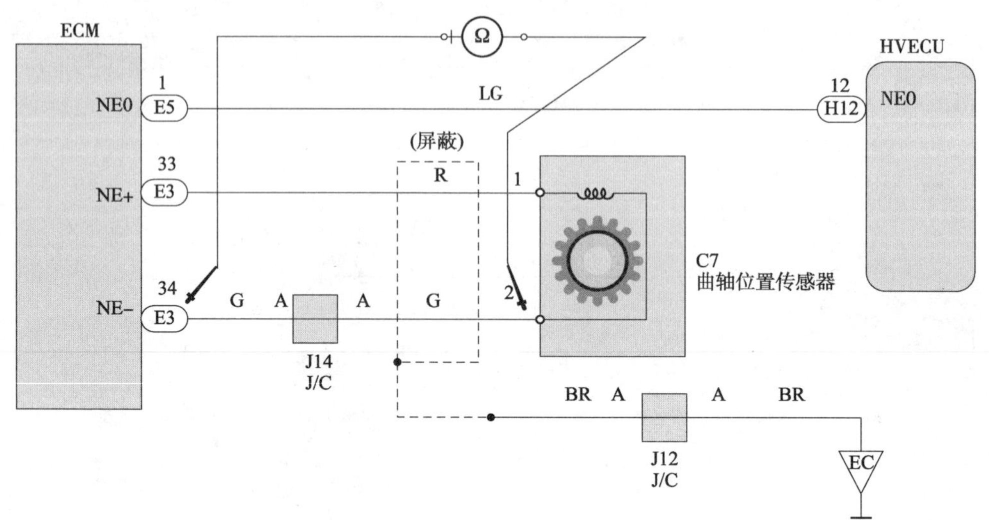

图 4-3-28　测量示意图

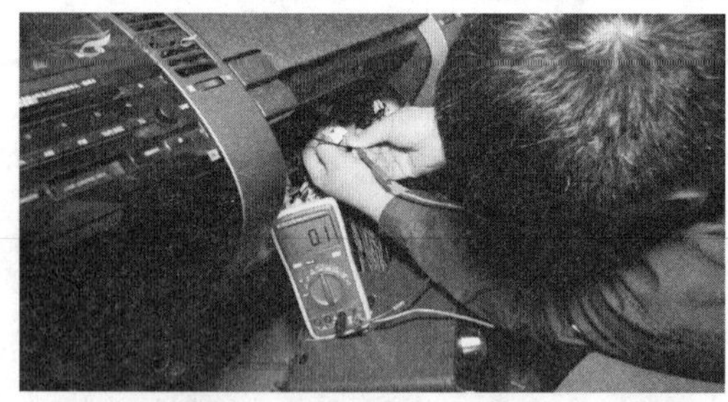

图 4-3-29　测量曲轴位置传感器 2 号针脚到 E3 ECM 的 34 号针脚之间的电阻

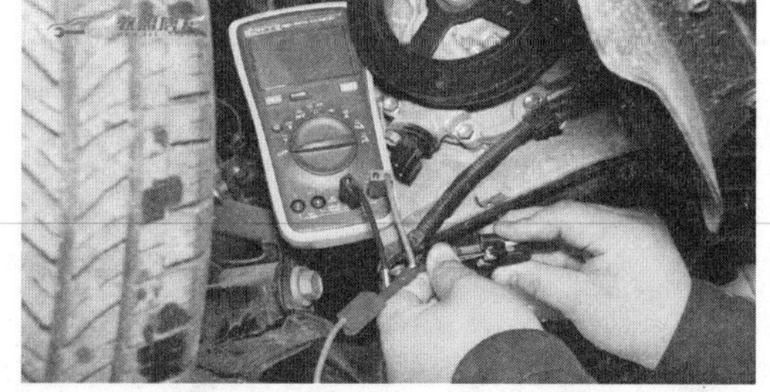

图 4-3-30　将正极探针插入曲轴位置传感器 1 号针脚

（16）将负极探针与正极探针短接，校准万用表（图 4-3-31）。

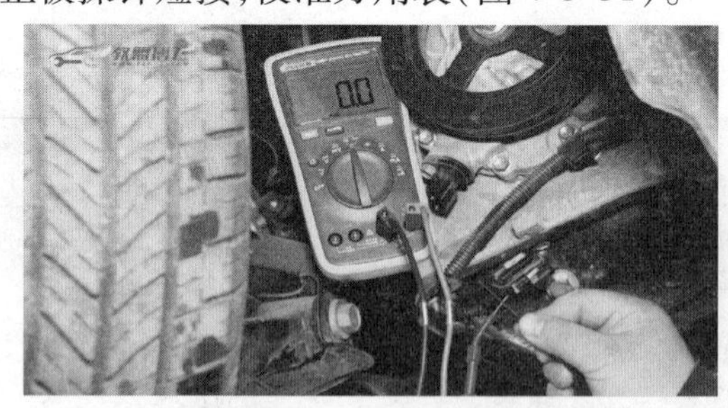

图 4-3-31　校准万用表

（17）将负极探针与车身搭铁（图 4-3-32、图 4-3-33）。

（18）曲轴位置传感器 1 号脚与车身接地之间的电阻，阻值应大于 10 千欧姆或更大。

（19）将正极探针插入曲轴位置传感器 2 号针脚（图 4-3-34）。

（20）将万用表旋至欧姆挡。

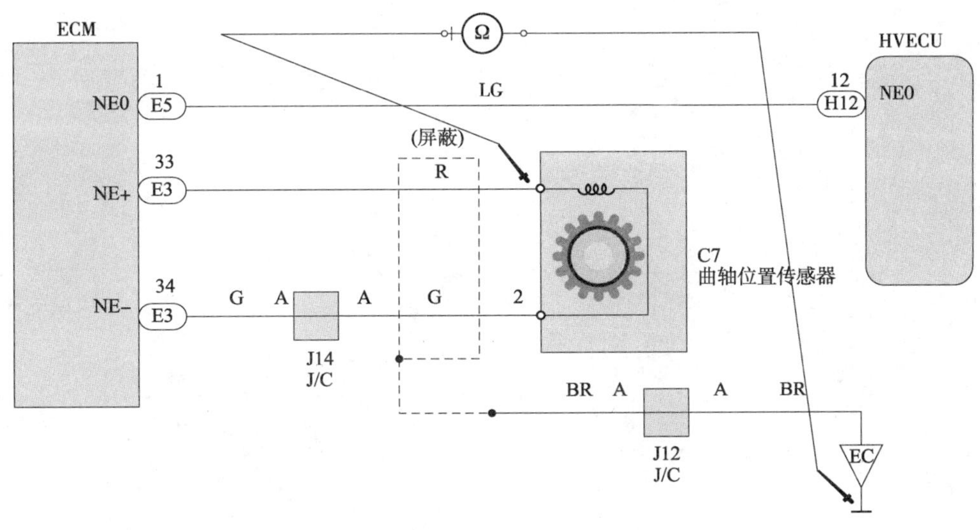

图 4-3-32　测量示意图

(21)将负极探针与正极探针短接,校准万用表(图 4-3-35)。

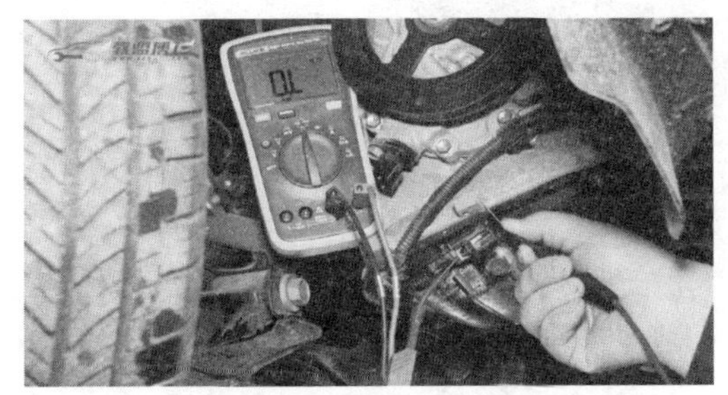

图 4-3-33　测量曲轴位置传感器 1 号针脚与车身搭铁之间的电阻

图 4-3-34　将正极探针插入曲轴位置传感器 2 号针脚

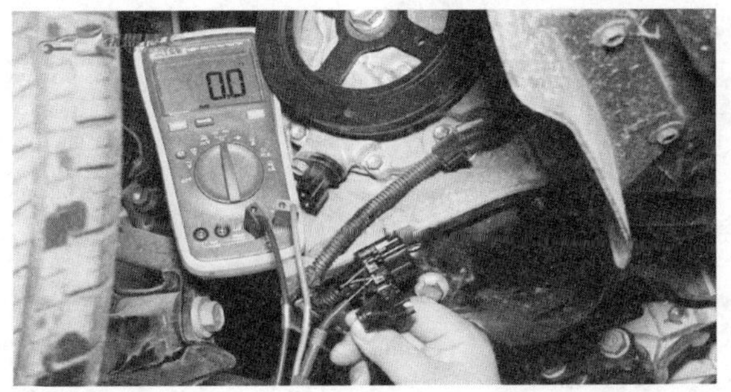

图 4-3-35　校准万用表

(22)将负极探针与车体搭铁(图 4-3-36)。

(23)测量曲轴位置传感器 2 号针脚与车身搭铁之间的电阻,阻值应大于 10kΩ 或更大(图 4-3-37)。

(24)重新连接曲轴位置传感器。

(25)重新连接 ECM 连接器。

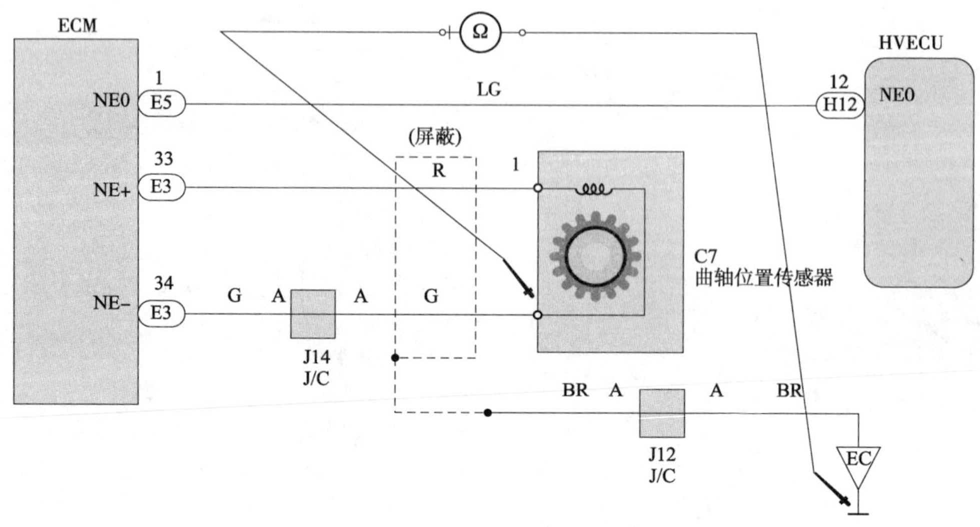

图 4-3-36　测量示意图

图 4-3-37　测量曲轴位置传感器 2 号针脚与车身搭铁之间的电阻

3. 混合动力控制器 ECU 和发动机 ECM 线路检测

(1)混合动力控制器 ECU 到发动机 ECM 之间的线束和连接器电路图如图 4-3-38 所示。

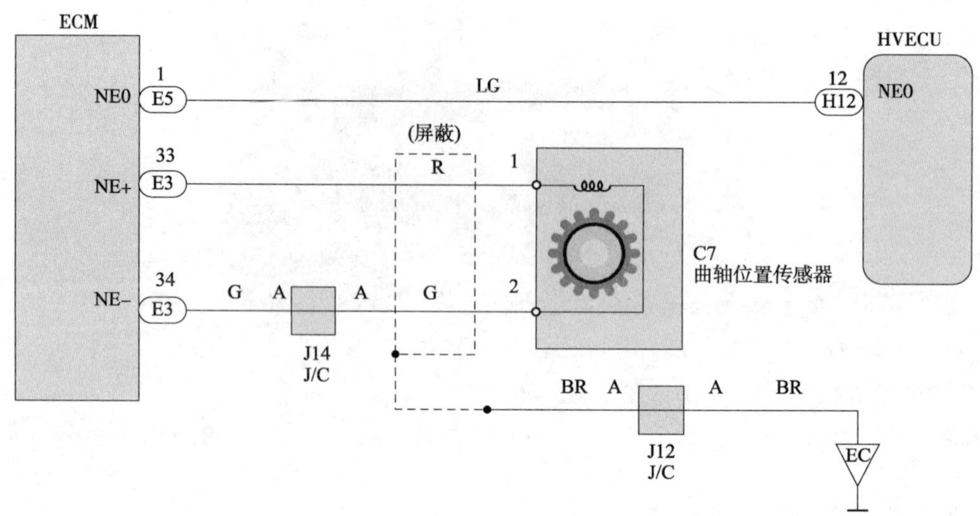

图 4-3-38　电路示意图

(2)断开 H12 混合动力控制器 ECU 连接器(图 4-3-39)。

(3)断开 E5 发动机 ECM 连接器(图 4-3-40)。

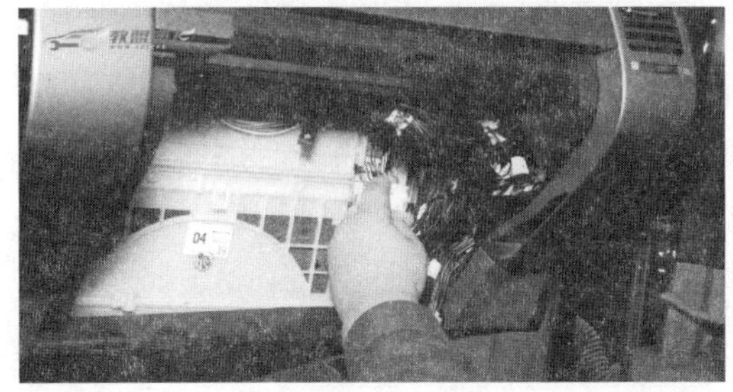

图 4-3-39　断开 H12 混合动力控制器 ECU 连接器

图 4-3-40　断开 E5 发动机 ECM 连接器

(4)将万用表旋至欧姆挡。

(5)将负极探针与正极探针短接,校准万用表(图 4-3-41)。

(6)将正极探针插入 H12 混合动力控制器 ECU 连接器 12 号针脚(图 4-3-42)。

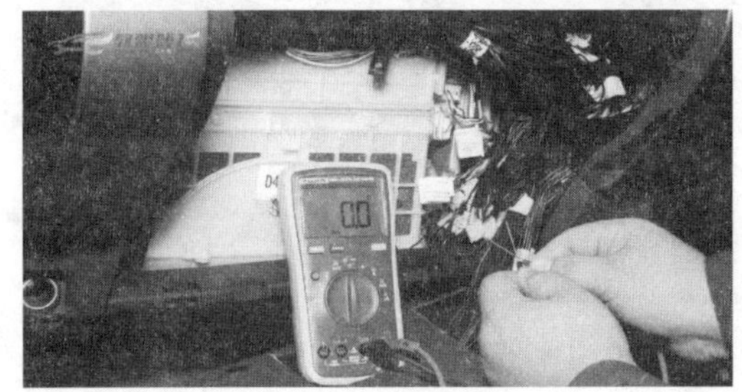

图 4-3-41　校准万用表

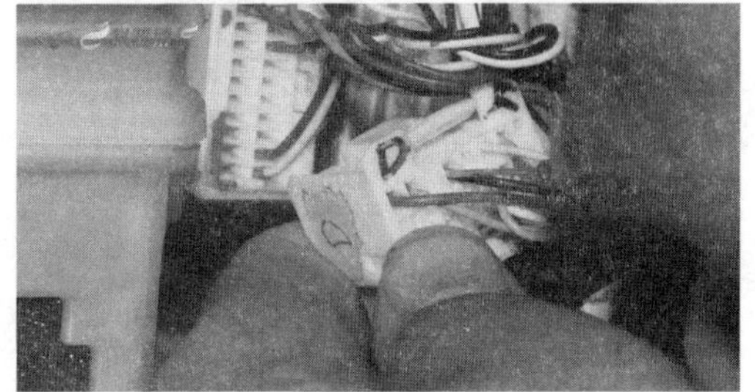

图 4-3-42　将正极探针插入 H12 混合动力控制器 ECU 连接器 12 号针脚

(7)将负极探针插入 E5 发动机混合动力控制器连接器 1 号针脚(图 4-3-43)。

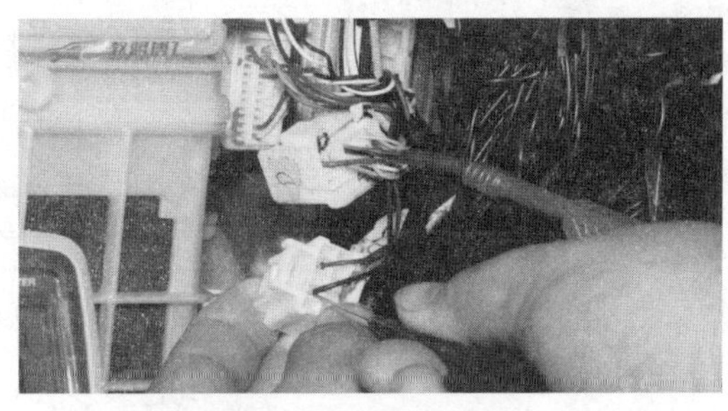

图 4-3-43　将负极探针插入 E5 发动机混合动力控制器连接器 1 号针脚

(8)测量线束和连接器间的开路电阻,阻值应小于 1Ω(图 4-3-44、图 4-3-45)。

(9)打开万用表,将万用表旋至欧姆挡,两表笔短接,校准万用表。

(10)将正极探针插入 E5 发动机混合动力控制器连接器 1 号针脚(图 4-3-46)。

(11)将负极探针搭铁。

(12)测量线束和连接器间的短路电阻,阻值应大于 10kΩ 或无穷大(图 4-3-47)。

(13)重新连接 H12 混合动力控制器 ECU 连接器。

(14)重新连接 E5 发动机 ECM 连接器。

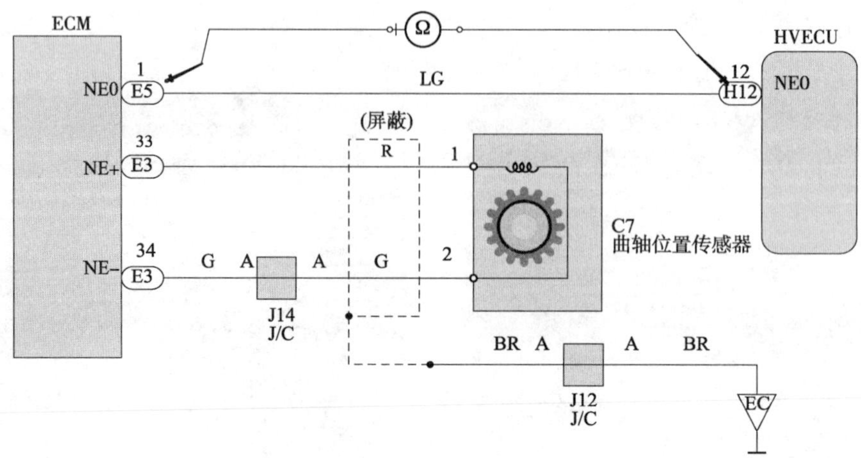

图 4-3-44　测量示意图

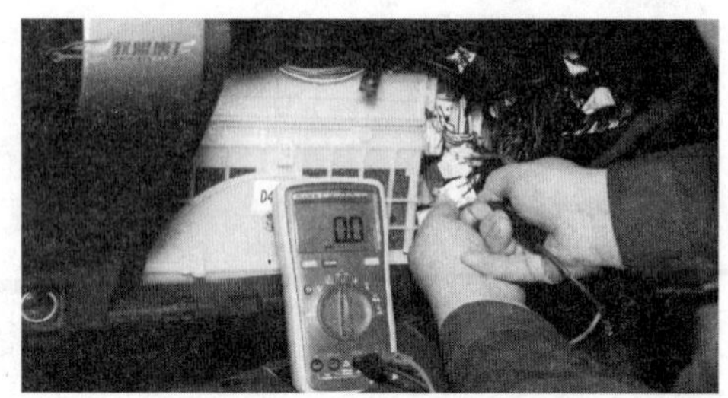

图 4-3-45　测量线束和连接器间的开路电阻

图 4-3-46　将正极探针插入 E5 发动机混合动力控制器连接器 1 号针脚

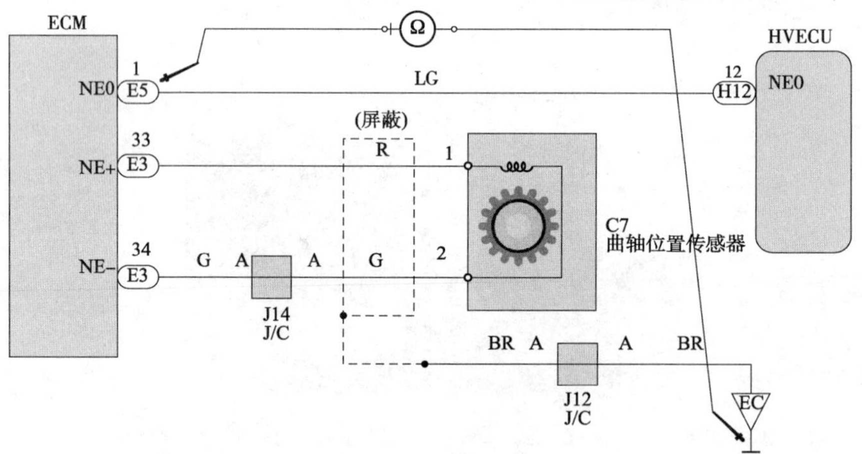

图 4-3-47　测量示意图

4. READY 灯检查

(1)将诊断仪连接到诊断座。

(2)打开电源开关 IG 挡。

(3)打开诊断仪。

(4)点击“与车辆连接”,进入混合动力控制系统,读取数据流。

(5)读取发电机转速和发动机转速数据(图4-3-48)。

(6)打开电源开关至READY灯点亮(图4-3-49)。

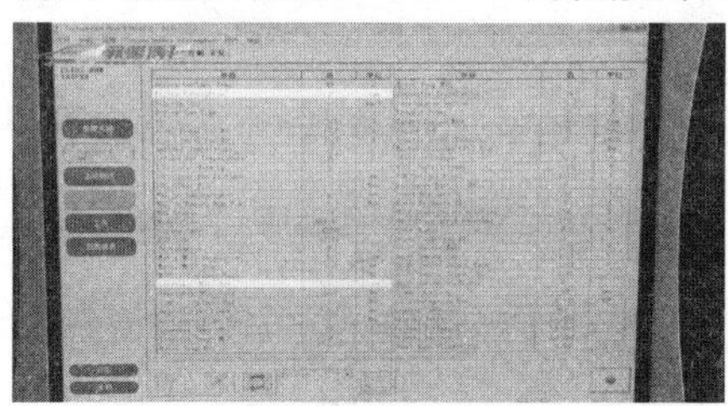
图4-3-48　读取发电机转速和发动机转速数据

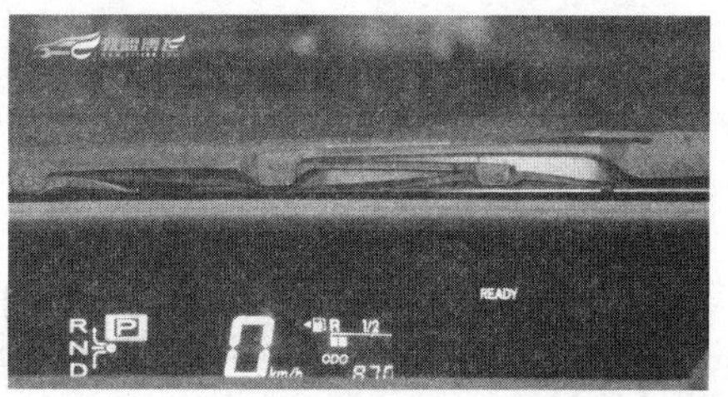

图4-3-49　打开电源开关READY灯点亮

提示:

如果READY灯不亮,并且诊断仪上显示HV变速驱动桥输入故障或MG1转动但发动机不运转,则更换混合动力汽车变速驱动桥总成。

5.发动机转速检测

(1)将诊断仪连接到诊断座。

(2)打开电源开关IG挡。

(3)打开诊断仪。

(4)点击“与车辆连接”,进入混合动力控制系统,读取数据流。

(5)读取发电机转速和发动机转速数据(图4-3-50)。

(6)在READY灯点亮的情况下,把挡位置于P挡的同时,踩下加速踏板10s。

提示:

如果发动机转速不增加,并且诊断仪上显示HV变速驱动桥输入故障或MGI转动但发动机不运转,则更换混合动力汽车变速驱动桥总成。

(7)踩下制动踏板,把选挡杆移动至D挡。

(8)当以高于10km/h的速度行驶时,完全踩下加速踏板以提高发动机转速。

(9)读取发电机转速和发动机转速数据(图4-3-51)。

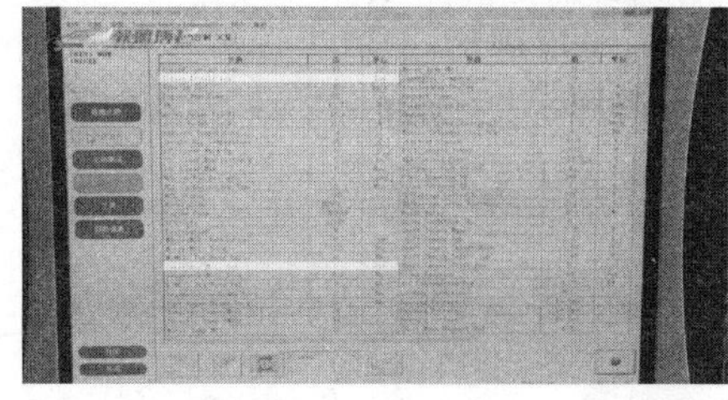
图4-3-50　读取发电机转速和发动机转速数据

图4-3-51　读取发电机转速和发动机转速数据

提示：

如果发动机超过高速，或并且诊断仪上显示 HV 变速驱动桥输入故障，则应更换变速器输入阻尼器。

学习测试

1. 填空题

(1)普锐斯混合动力控制系统的故障主要集中在动力电池组(即 HV 蓄电池)系统、____系统。

(2)在普锐斯混合动力汽车中，如果发动机或变速器驱动桥齿轮被卡住，或异物进入它们中的任意一个，则 HV ECU 就会检测到____并且起动______。

(3)SMR(系统主继电器)根据 HV ECU 发出的请求____或____高压电源供电电路。

2. 判断题

(1)整车动力控制系统故障可能造成高速运行的车辆降低运行功率　(　　)

(2)曲轴位置传感器 2 号针脚与车身搭铁之间的电阻应该为 0。　(　　)

(3)测量线束和连接器间的开路电阻，阻值应小于 1Ω。　(　　)

(4)测量线束和连接器间的短路电阻，阻值应大于 10kΩ 或无穷大。　(　　)

3. 不定项选择题

(1)接触器不能正常吸合的原因有(　　)。

A. 系统检测到绝缘故障　　B. 接触器本身烧蚀

C. 电路断路　　D. 发动机不能起动

(2)普锐斯曲轴位置传感器有(　　)接脚。

A. 2 个　　B. 3 个　　C. 4 个　　D. 5 个

(3)以下可能造成普锐斯发动机不能起动的是(　　)。

A. 曲轴位置传感器故障　　B. 发动机 ECM 故障

C. HV 控制 ECU 故障　　D. SMR 继电器损坏

(4)HV 主控制 ECU 电源熔断丝位于(　　)。

A. 发动机舱熔断丝盒　　B. 高压电池组内部

C. 仪表板熔断丝盒　　D. 单独设计，位于模块旁边

(5)下列关于连接或断开高压电源供电电路的 SMR 继电器描述正确的是(　　)。

A. 它们由三个继电器组成

B. 负极侧一个，正极侧两个

C. 连接时，SMR1 和 SMR3 先打开开关，接着 SMR2 打开及 SMR1 关闭

D. HV ECU 监测 SMR

项目五

其他类型新能源汽车故障诊断与排除

本项目主要介绍其他类型新能源汽车的故障诊断与维修。目前，除了油电混合类型新能源汽车主导市场外，氢燃料电池汽车、燃气类辅助燃料汽车以及超级电容等新能源汽车技术也逐渐成熟，本项目主要从以下3个任务来举例介绍其他类型新能源汽车：

任务1　燃料电池汽车原理与维护诊断；

任务2　燃气类汽车原理与维护诊断；

任务3　其他新能源汽车原理与应用。

通过以上3个任务的学习，你将了解到其他具有代表性新能源汽车的技术原理与维护要求，为以后新技术了解与掌握打下基础。

任务1 燃料电池汽车原理与维护诊断

提出任务

作为新能源汽车专业的学生，你知道什么是燃料电池汽车吗？能够向客户介绍燃料电池汽车的特点和工作原理吗？

任务要求

知识要求

1. 能够描述燃料电池汽车的类型；
2. 能够描述燃料电池汽车的基本结构；
3. 能够描述燃料电池汽车的基本工作原理。

能力要求

1. 能够正确介绍燃料电池汽车的工作原理；
2. 能够正确介绍燃料电池汽车行驶无力故障的基本诊断思路。

相关知识

1. 燃料电池汽车

采用燃料电池作电源的电动汽车称为燃料电池电动汽车 FCEV(Fuel Cell Electric Vehicle)，最早的 FCEV 是燃料电池大客车 FCEV(Fuel Cell Electric Bus)。早期的 FCEV 的燃料电池本身和它的附属设备的质量重、体积大，占据了大客车很大部分的装载空间，几乎没有乘客乘坐的空间，给 FCEV 的总布置带来很大的困难。近年来燃料电池不断地向小型化方向发展，使得燃料电池成功地装置到各种类型的车辆上。典型燃料电池汽车基本结构如图 5-1-1 所示。

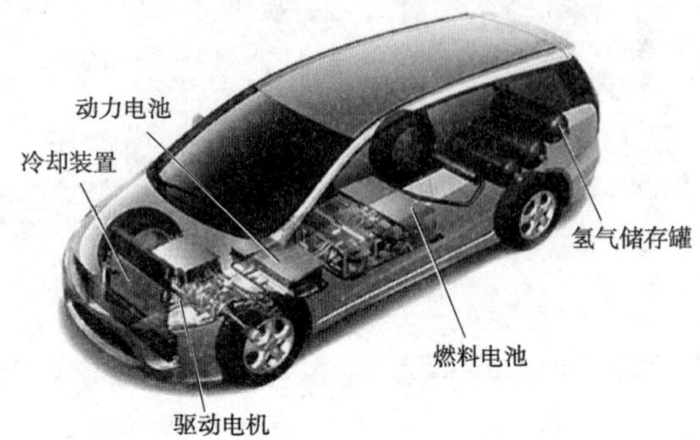

图 5-1-1 典型燃料电池汽车基本结构

FCEV 仍然保留了传统车辆的行驶系统、悬架系统、转向系统和制动系统等。FCEV 是以电力驱动为唯一的驱动模式，其电气化和自动化的程度大大高于发动机汽车，早期用发动机汽车底盘改装的 FCEV，在汽车底盘上布置了氢气储存罐或甲醇改质系统、燃料电池发动机系统、电气控制系统和电机驱动系统等总成和装置，在进行总布置时受到一些局限。

新研发的 FCEV 采用了滑板式底盘，将 FCEV 的氢气储存罐和供应系统、燃料电池发动机系统、电能转换系统、电机驱动系统、转向系统和制动系统等，全部装在一个滑板式的底盘中，在底盘上部可以布置不同用途的车身和个性化造型的车身。采用多种现代技术，以计算机控制为核心和电子控制的“线传”系统（Control-by-wire）、CAN 总线系统等，使新型燃料电池电动车辆进入一个全新的时代。

2. FCEV 燃料电池汽车类型

FCEV 按主要燃料种类可分为（图 5-1-2）：

（1）以纯氢气为燃料的 FCEV。

（2）以甲醇改质后产生的氢气为燃料的 FCEV。

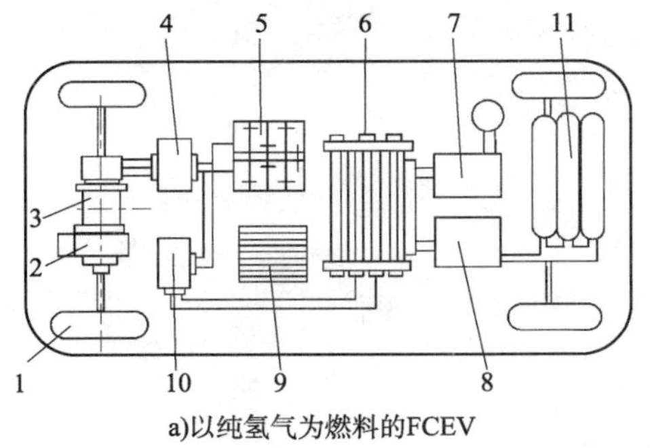

a)以纯氢气为燃料的FCEV

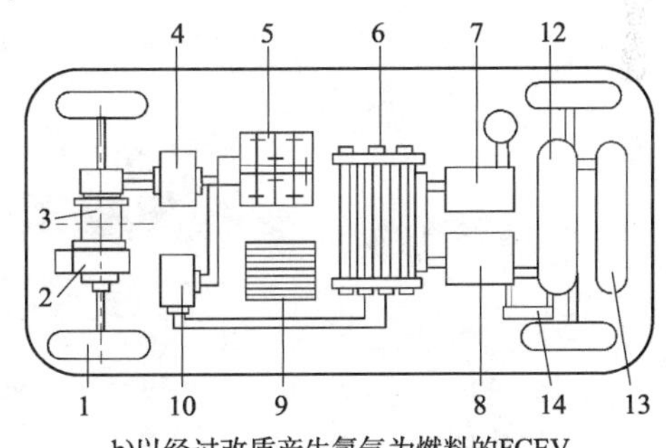

b)以经过改质产生氢气为燃料的FCEV

图 5-1-2　燃料电池汽车主要类型

1-驱动轮；2-驱动系统；3-驱动电机；4-逆变器；5-辅助电源（蓄电池、超级电容器）；6-燃料电池发动机；7-空气压缩机和空气加湿装置；8-氢气管理系统；9-中央控制器；10-DC/DC 转换器；11-氢气储存罐；12-燃烧器和改质器；13-甲醇储存罐；14- H_2 净化器

FCEV 按“多电源”的配置不同，可分为（图 5-1-3）：

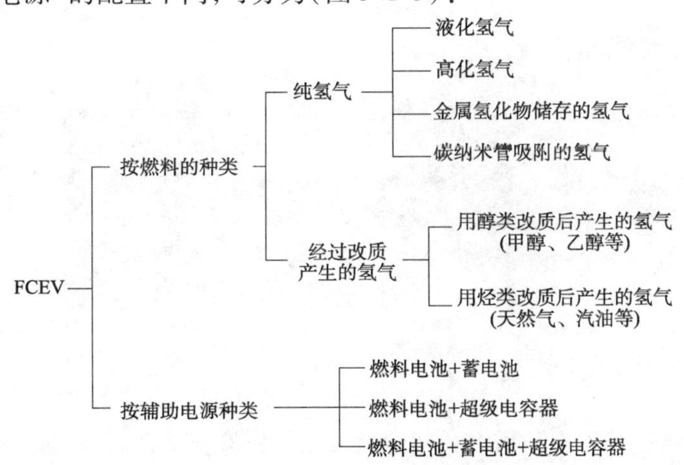

图 5-1-3　FCEV 采用的主要电源和辅助电源分类

(1)纯燃料电池 FCEV。

(2)燃料电池与蓄电池混合电源的 FCEV。

(3)燃料电池与蓄电池和超级电容器混合电源的 FCEV。

后两种多电源的配置方式是 FCEV 的主要配置方式。辅助电源用于提供起动电流和回收制动反馈的电能。

3. FCEV 汽车基本组成结构

FCEV 一般由燃料箱、燃料电池、控制系统、驱动系统、辅助动力系统和电池组等部分构成,如图 5-1-4 所示。

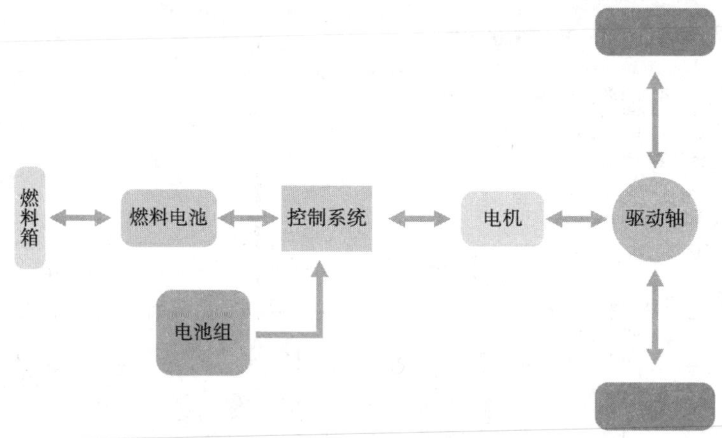

图 5-1-4 燃料电池汽车组成部件

1)燃料电池组

燃料电池组是 FCEV 的电源,由多个 1V 以下的燃料电池串联组成。它是一种将储存在燃料和氧化剂中的化学能通过电极反应直接转化为电能的发电装置。

以质子交换膜燃料电池为例,单体燃料电池主要由电解质、燃料电极、隔离板、空气电极和集流板等组成(图 5-1-5)。正、负极板采用活性炭制成,置于电解质溶液中。

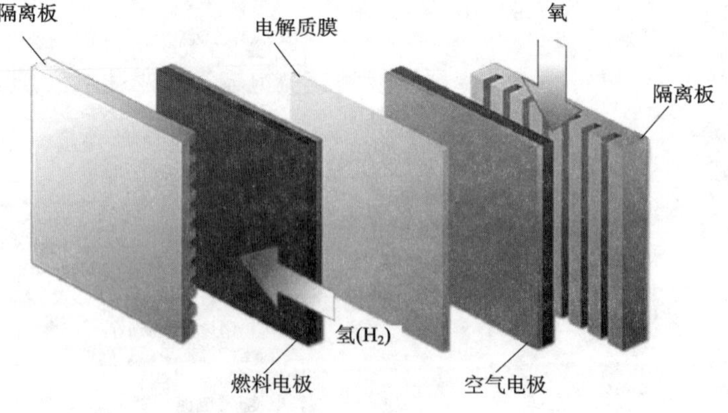

图 5-1-5 燃料电池的基本结构

燃料电池工作时,外界不断供给负极氢气,供给正极空气,在催化剂(铂,多孔石墨等)作用下,产生如下反应。

负极：$2H_2 - 4e^- = 4H^+$

正极：$O_2 + 4H^+ + 4e^- = 2H_2O$

负极经催化剂作用，氢原子中的电子被分离出来，在正极吸引下，在外电路形成电流，失去电子的氢离子，在正极与氧及电子结合为水，氧可从空气中获得，只要不断地供给氢气和带走水，燃料电池就可不断供给电能（图 5-1-6）。

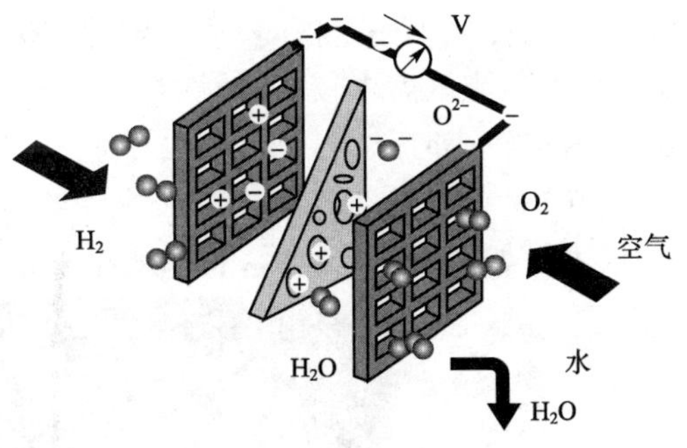

图 5-1-6　燃料电池的工作原理

2）控制系统

控制系统用于控制燃料电池的反应过程（起动、反应、输出电能的调整、停止等）和电机的运行过程，所有工作状态由各种传感器采集，集中反馈到车载电控中心，由各监管控制模块控制燃料电池组和电机安全运行（图 5-1-7）。

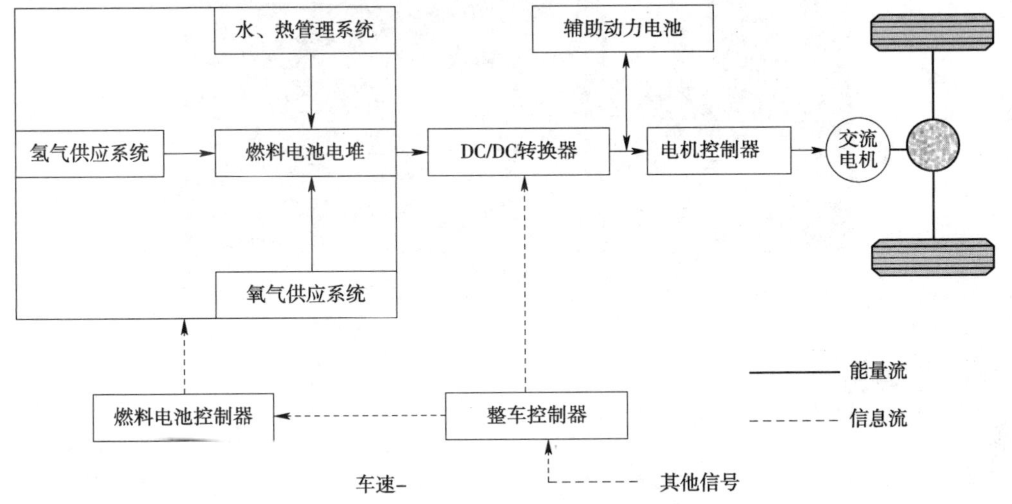

图 5-1-7　燃料电池汽车控制系统

3）驱动系统

燃料电池的电流需要经过专用的大功率动力 DC/DC 转换器，将燃料电池产生的直流电转换为稳压的直流电流，然后经过逆变器转换为交流电输送给驱动电机，驱动车轮转动。

4）辅助动力系统

通常在 FCEV 上还要装配一个蓄电池组作为辅助电源，其作用：

（1）用于 FCEV 快速起动。

（2）用于储存 FCEV 在再生制动时反馈的电能。

（3）为电动汽车控制系统、照明系统等电气设备提供低压电源。

4. FCEV 汽车工作原理

燃料电池工作时，由燃料箱不断地供给燃料，燃料电池把燃料氧化的化学能转换为电能，产生的直流电经过控制器变为交流电后供给驱动电机，经传动系统驱动车轮。与传统汽车相比，燃料电池汽车能量转化效率高达 60% ~80%，为发动机的 2 ~3 倍。

在电动汽车开始行驶时,蓄电池组处于电量饱满状态,其能量输出可以满足汽车起动要求,由其为驱动系统提供能量,并对燃料电池进行预热,燃料电池动力系统不需要工作;当蓄电池组电量低于一定值时,燃料电池动力系统起动,由燃料电池动力系统为驱动系统提供能量,当车辆能量需求较大时,燃料电池动力系统与蓄电池组同时为驱动系统提供能量;车辆能量需求较小时,燃料电池动力系统为驱动系统提供能量的同时,还给蓄电池组进行充电。

FCEV 的各种工作状态和技术参数,可以从仪表板上直观看出,奔驰 B 级氢燃料电池汽车仪表板如图 5-1-8 所示,右下侧小表是显示氢气储量,相当于油箱油位指示器。

图 5-1-8　奔驰 B 级氢燃料电池汽车仪表

任务实施

(一)工作准备

(1)防护装备:常规实训着装。

(2)车辆、台架、总成:燃料电池示教板、台架或实车。

(3)专用工具、设备:无。

(4)手工工具:无。

(5)辅助材料:无。

(二)实施步骤

1. 燃料电池工作原理分析

提示:

参见燃料电池工作原理示教板。

燃料电池(Fuel Cell)是一种把氢在氧化时的化学能直接转换为电能的发电装置,能量的转换不受卡诺循环规律的限制,热效率可达到70%～80%。燃料电池在运行过程中,不需要复杂的机械传动装置,不需要润滑剂,没有振动与噪声,燃料电池向驱动电机提供电源来驱动FCEV行驶。

燃料电池是由负极(燃料电极)、正极(氧化极)和正负极之间的电解质共同组成,根据不同种类的燃料电池采用了不同的电解质,有酸性、碱 性、熔融盐类或固体电解质。在燃料电池负极一侧输入氢气,在燃料电池正极一侧输入空气或氧气,氢气与氧化剂经催化剂的作用,在电化学反应过程 中转化为电能和生成水 H_2O,因此,不会排放氮氧化物 NO_x 和碳氢化合物HC等对大气环境造成污染的气体。

质子交换膜燃料电池组(堆)PEMFC(Proton Exchange Membrane Fuel Cell)又称固体高聚合物电解质燃料电池,PEMFC用可传导质子的聚合膜作为电解质,这种聚合膜具有选择透过H离子的功能,是PEMFC的关键技术。PEMFC的 能量转换效率理论上可达到80%。并且具有比功率大、体积小、起动快、能耗少、寿命长、工作温度低等特点。

PEMFC组是用不同个数的单体PEMFC串联组成,用端板将不同个数单体PEMFC紧密地装配到一起,组成不同规格的PEMFC组。PEMFC组本身的结构比较简单,没有运动构件,不需要润滑,便于维修。在FCEV所采用的燃料电池发动机中,为保证PEMFC组的正常工作,除以PEMFC组为核心外,还装有氢气供给系统、氧气供给系统、气体加湿系统、反应生成物的处理系统、冷却系统和电能转换系统等。只有这些辅助系统匹配恰当和正常运转,才能保证燃料电池发动机正常运转。

1)氢气供应、管理和回收系统

气态氢的储存装置通常用高压储气瓶来装载,对高压储气瓶的品质要求很高,为保证燃料电池电动汽车一次充气有足够的行驶里程,就需要多个高压储气瓶来储存气态氢气。一般轿车需要2～4个高压储气瓶,大客车需要5～10个高压储气瓶。液态氢气虽然比能量高于气态氢,由于液态氢气是处于高压状态,不但需要用高压储气瓶储存,还要用低温保温装置来保持低温,低温的保温装置是一套复杂的系统。

在使用不同压力的氢气(高压气态氢气和高压低温液态氢气)时,就需要用不同的氢气储存容器,不同的减压阀、调压阀、安全阀、压力表、流量表、热量交换器和传感器等来进行控制。并对各种管道、阀和仪表等的接头采取严格的防泄漏措施。从燃料电池中排出的水,含有未发生反应的少量的氢气。正常情况下,从燃料电池排出的少量的氢气应低于1%以下,应用氢气循环泵将这少量的氢气回收。

2)氧气供应和管理系统

氧气的来源有从空气中获取氧气或从氧气罐中获取氧气,空气需要用压缩机来提高压力,以增加燃料电池反应的速度。在燃料电池系统中,配套压缩机的性能有特定的要求,压缩机质量和体积会增加燃料电池发动机系统的质量、体积和成本,压缩机所消耗的功率会使燃料电池的效率降低。空气供应系统的各种阀、压力表、流量表等的接头要采取防泄漏措施。在空气供应系统中还要对空气进行加湿处理,保证空气有一定的湿度。

3)水循环系统

燃料电池发动机在反应过程中将产生水和热量,在水循环系统中用冷凝器、气水分离器和水泵等对反应生成的水和热量进行处理,其中一部分水可以用于空气的加湿。另外还需要装置一套冷却系统,以保证燃料电池的正常运作。

4)电力管理系统

燃料电池所产生的是直流电,需要经过DC/D变换器进行调压,在采用交流电机的驱动系统中,还需要用逆变器将直流电转换为三相交流电。

以氢气为燃料的燃料电池发动机的各种外围装置的体积和质量占燃料电池发动机总体积和质量的1/3~1/2。

2. 燃料电池电动汽车"水淹"现象案例分析

通常,在氢气侧电极发生水淹现象时,燃料电池汽车会出现行驶无力情况,这种情况可能发生在氢气侧电极。

1)产生原因

在燃料电池运行的过程中,电池内的水状况较为复杂。反应气需要增湿,由此带入电池内一些水。氢质子从阳极移动到阴极,需要水做载体,从而部分水从氢气侧迁移到空气侧,在空气侧氢氧反应生成水,空气侧水含量较高,还存在从空气侧向氢气侧扩散(拟迁移)的现象,同时排气带走大量水蒸气。如果在流场内不能保持水平衡,必然出现流场水淹或膜脱水的现象。

通常空气侧流量较大,带水能力较强,而氢气侧往往是只进气不排气,偶尔脉冲排气,气流速度低,容易出现积水现象。因此,一般水淹发生在氢气侧。液态水在流道内逐渐积聚,最后堵塞流道,这就是通常所说的水淹现象。

2)检测与排除

在燃料电池正常工作的情况下,燃料电池堆的氢气侧压力降随着负载的增大线性增大。当燃料电池堆中出现积水现象时,即使流道尚未被液态水堵死,但由于液态水附着于流道壁面,使得气体通道的流通界面缩小,压力明显增大。这种现象不仅在单体电池内存在,在燃料电池堆内也存在。因为积水是一个液态水逐渐增多的过程,在电池堆内各片电池发生液态水增多的趋势是一致的。在发生积水增多过程中,气体流通的总截面逐渐缩小,压力降必然增大。通过压力降监测,可以得知流道尚未被堵死之前液态水增多的趋势,由此可以用压力降预警水淹的发生。

解决燃料电池水淹的方法有两种。一种方法是脉冲排气法:通过故障诊断系统控制排气阀门开启,即突然将氢气侧尾端打开,通过氢气压力波将水排出。第二种方法是通过调节电池堆工作温度进行解决。燃料电池堆发生水淹是由于堆内的水过多,导致堆内的水蒸气过饱和,逐渐析出液态水。控制系统可以通过脉宽调制法调节风扇的转速,并对冷却的循环水加热,提高电池堆的运行温度,这样使得堆内气体可以容纳更多的水蒸气,从而达到解决水淹问题。

学习测试

1. 填空题

(1)采用燃料电池作电源的电动汽车称为____电动汽车,简称____。

(2)滑板式底盘的 FCEV,将______和供应系统、燃料电池发动机系统、______、电机驱动系统、转向系统和制动系统等,全部装在一个滑板式的底盘中。

(3)FCEV 由燃料箱、______、控制系统、驱动系统、辅助动力系统和______等部分构成。

(4)单体燃料电池主要由____、燃料电极、隔离板、______和集流板等组成。

(5)燃料电池工作时,外界不断供给负极____,供给正极____,在催化剂作用下产生反应。

2. 判断题

(1)FCEV 仍然保留了传统车辆的行驶系统、悬架系统、转向系统和制动系统等。（　　）

(2)FCEV 的主要燃料是氢气。（　　）

(3)单体燃料电池正、负极板采用金属制成,置于电解质溶液中。（　　）

(4)燃料电池的电流需要经过专用的大功率动力 DC/DC 转换器,将燃料电池产生的直流电转换为稳压的直流电流,然后经过逆变器转换为交流电输送给驱动电机,驱动车轮转动。（　　）

(5)与传统汽车相比,燃料电池汽车能量转化效率比普通发动机低。（　　）

3. 不定项选择题

(1)FCEV 的中文简称是(　　)。

A. 混合动力汽车　　B. 燃料电池汽车

C. 质子交换膜燃料电池汽车　　D. 燃油控制汽车

(2)FCEV 按主要燃料种类可分为(　　)。

A. 纯氢气供给 FCEV　　B. 以甲醇改质型 FCEV

C. 质子交换膜型 FCEV　　D. 电解水型 FCEV

(3)下列部件或系统通常不属于燃料电池汽车的有(　　)。

A. 燃料箱　　B. 控制系统　　C. 驱动系统　　D. 内燃机

(4)燃料电池工作时,外部不断提供给负极的是(　　)。

A. 氢气　　B. 空气　　C. 电流　　D. 水

(5)下列关于燃料电池汽车的描述错误的是(　　)。

A. 主要的排放物是水

B. 汽车运行时,需要持续提供汽油

C. 通常配合有电力辅助系统

D. 质子交换膜电池也被应用在燃料电池汽车上

任务2　燃气类汽车原理与维护诊断

提出任务

有一辆 CNG 燃气混合动力汽车存在故障,而导致车辆不能行驶。你能够利用诊断仪及相关工具,查找出该车辆可能的故障原因吗?

任务要求

知识要求

1. 能够描述燃气类汽车的常见类型;
2. 能够描述 CNG 燃气汽车的基本组成部件;
3. 能够描述 CNG 燃气汽车的工作原理及维护要求。

能力要求

1. 能够正确分析常见 CNG 燃气汽车故障;
2. 能够正确拆装燃气汽车 CNG 储气罐。

相关知识

1. 燃气汽车

燃气汽车主要有压缩天然气汽车、液化天然气汽车、液化石油气汽车和氢气汽车。虽然采用的供给燃料不相同,但是这些类型的汽车,其基本结构上还是有很多的共有特性。

压缩天然气汽车(简称 CNG)一般是在原有传统汽油汽车上改装而成的,只是燃料供给系统有所不同。

本任务主要以压缩天然气汽车为例来介绍。

2. CNG 汽车燃料供给系统的总体组成

CNG 汽车燃料供给系统的总体组成如图 5-2-1 所示,主要有燃料供给系统和电控系统两大部分。前者主要由储气瓶、充气阀、高压燃料切断阀、减压阀、混合器部件、压力表、高压电磁阀等组成,实现燃料压缩天然气的随车储存、在各种管路内输送、充装和向发动机喷射

等功能;后者主要由气体压力传感器、温度传感器、电子节气门等,与原车的 ECU 配合,实现燃料 CNG 的定时定量喷射(图 5-2-2)。如果带废气涡轮增压,则结构更为复杂。

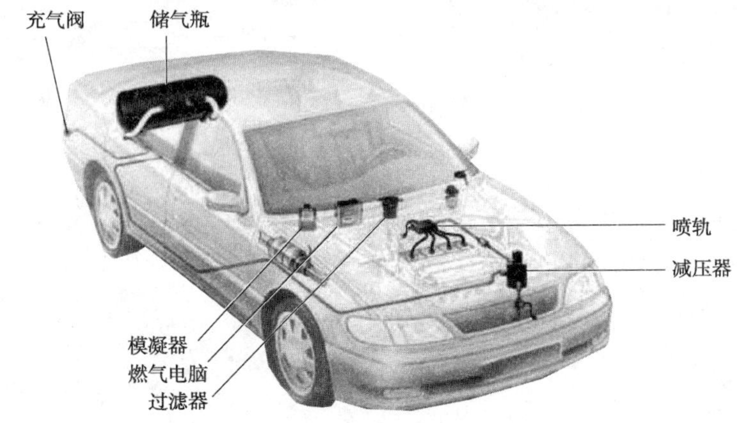

图 5-2-1　CNG 燃气汽车主要部件

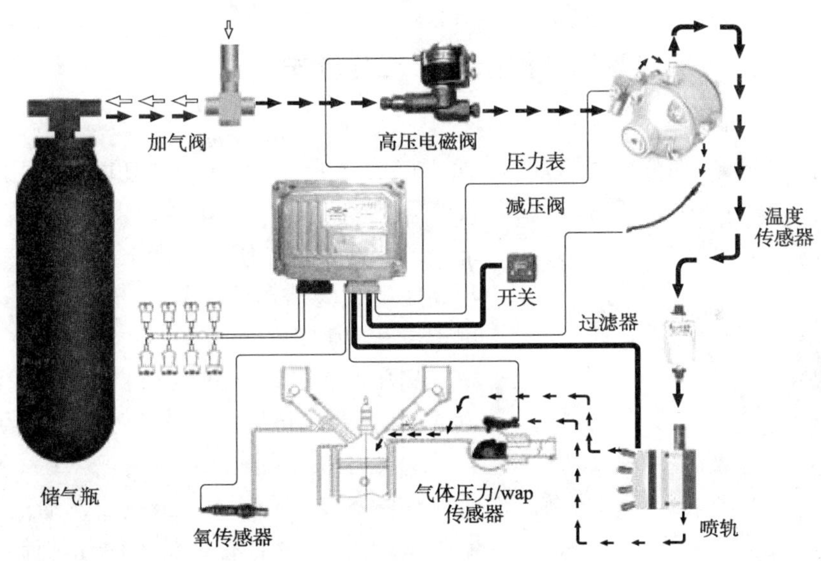

图 5-2-2　CNG 燃料供给系统的总体组成

3. CNG 发动机工作原理

如图 5-2-3 所示,工作时,高压的压缩天然气从储气瓶出来,经过天然气滤清器过滤后,经高压电磁阀进入高压减压器,高压电磁阀的开合由 ECM 控制。高压减压器的作用是将高压的压缩天然气(工作压力 25MPa 左右),经过减压加热将压力调整到 0.7 ~0.9MPa。高压天然气在减压过程中由于减压膨胀,需要吸收大量热量,为防止减压器结冰,将发动机冷却液引出到减压器对天然气进行加热。经减压后的天然气进入电控调压器。电控调压器的作用是根据发动机运行工况精确控制天然气喷射量。天然气与空气在混合器内充分混合,进入发动机缸内,经火花塞点燃进行燃烧,火花塞的点火时刻由 ECM 控制,氧传感器即时传递燃烧后的尾气的氧含量,ECM 根据氧气传感器反馈的信号,及时修天然气喷射量。

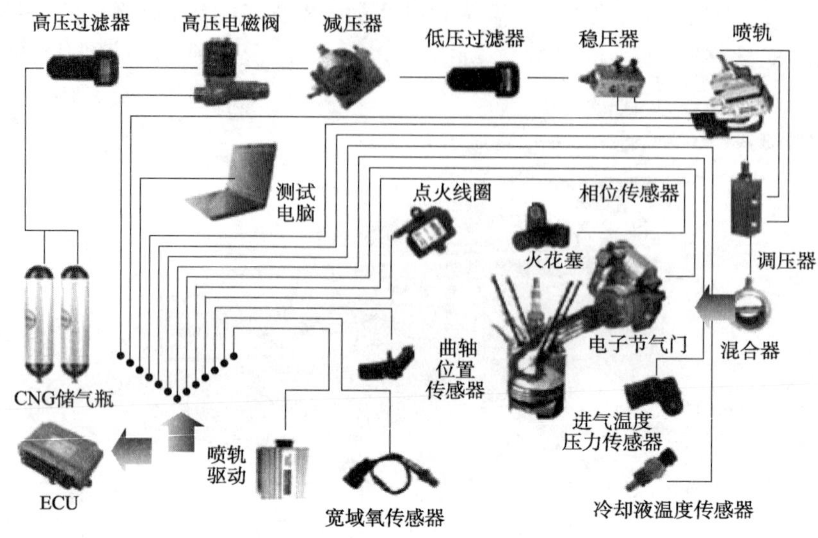

图 5-2-3 CNG 燃气汽车发动机工作原理

4. CNG 发动机主要零部件结构原理与维护

1)高压燃料切断阀

高压燃料切断阀(部分发动机配备),如图 5-2-4 所示,高压燃料切断阀作用是及时切断或恢复燃料供给。它由 ECM 控制其开闭,停机状态下处于常闭状态,为有效防止高压电磁阀进气接头与高压电磁阀结合部位漏气,安装该接头时,必须使用螺纹密封胶,并且锁紧接头。

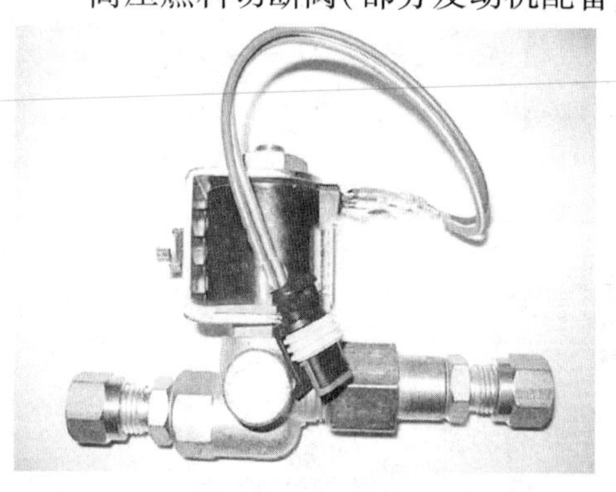

图 5-2-4 高压燃料切断阀

高压燃料切断阀进气口自带滤芯,维护时可用汽油浸泡,并用压缩空气吹干净装复即可。

2)高压减压器

如图 5-2-5 所示,高压减压器通过压力膜片克服弹簧阻力,带动杠杆调整节流孔的流通面积,从而控制减压后的天然气压力。通过节流和加热,使高压的压缩天然气减压到 0.7 ~ 0.9MPa 的低压天然气。

安装时要求减压器进气接头螺纹部分必须使用螺纹密封胶,并且使用铜垫进行密封;减压器出气接头使用 O 形圈进行密封,出气接头与低压电磁阀、低压电磁阀与电磁阀出气接头采用螺纹连接,安装时必须使用螺纹密封胶;高压减压器必须通过两根水管与发动机的冷却液循环水路连通,安装水管时请锁紧环箍,以免漏水;高压减压器必须通过一根压力反馈管与进气管相接,目的是为了根据工况控制调压器出口压力;减压调节器应安装在靠近发动机进气管和振动较小的位置,不应直接安装在发动机上,一般安装在汽车车身大梁上。

每 5 万 km 应维护高压减压器,用汽油或化油器清洗剂清洗高压减压器一级压力腔,并用干净空气吹干净后装复;拆除高压减压器进气接头,检查滤芯是否被污染,若被污染,要更换;更换易损件(如橡胶密封圈);检查轴销的磨损情况,若磨损,更换轴销;检查调整减压压

力。每 10 万 km 更换膜片及密封件,并对减压压力进行检查调整。

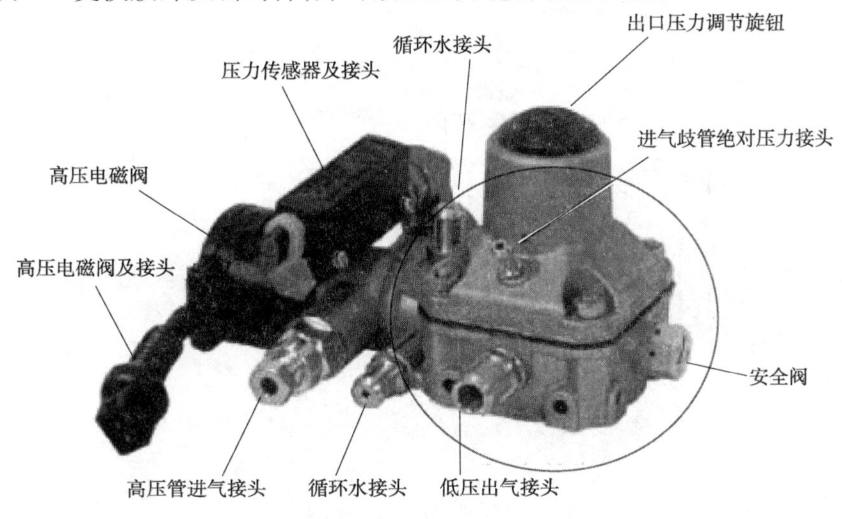

图 5-2-5　高压减压阀

3)电控调压器

如图 5-2-6 和图 5-2-7 所示,电控调压器是一个电子控制的压力调节器,在它的内部有一个由微处理器控制的大功率的高速电动机,微处理器通过 CAN 与 ECM 传输信号。调压器有两个功能:一是将天然气的压力降低;二是控制调压器出口的燃料压力。EPR 内有一个压力传感器,用来测量 EPR 燃料出口和混合器入口处空气的压差。电控调压器内部有一个控制芯片,该控制芯片接受来自 ECM 的控制指令,通过高压电磁阀控制天然气量,从而实时有效控制空燃比,可控制天然气喷射量。

安装时因该零件内部有控制芯片,应避免高频振动,该零件自带减振软垫,切勿自行拆卸。

电控调压器在使用中需要进行定期的维护,由于电控调压器处于低压减压部分,在自长期使用中会在其内部沉积大量的油污和杂质,长时间的油污和杂质会导致电控调压器工作不良、传感器损坏以及内部的密封件和橡胶膜片提前老化和破损,因此该部件的维护尤为重要。每 5 万 km 需要对内部零件进行清洗,更换易损件,检查轴销的磨损情况;每 15 万 km 需要更换膜片及密封件,并对压力进行校准。

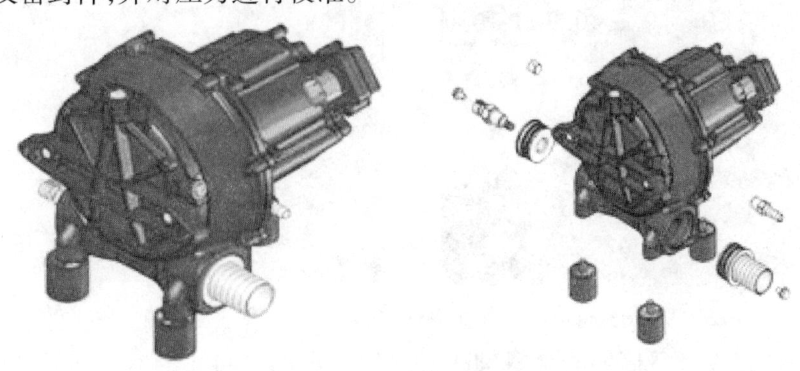

图 5-2-6　电控调压器结构

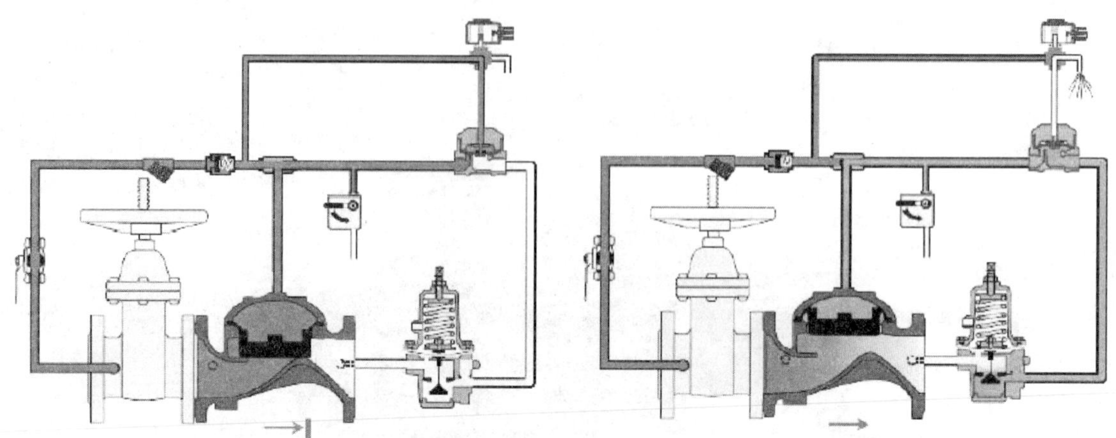

图 5-2-7 电控调压器工作原理

4)混合器部件

混合器(图 5-2-8)将天然气和中冷后的空气充分混合,使燃烧更充分和柔和,有效降低 NO_x 排放和排气温度。

根据使用情况的调查和分析,由于使用和维护不当该部件会产生两种故障模式:膜片损坏,发动机经常性回火会导致膜片老化加剧,致使膜片出现龟裂和破损;燃料空气阀卡滞,当压缩天然气中所含的压缩机机油过多,以及空气中的杂质过滤不充分的情况下,如果没有及时对混合器内部进行清洁维护,油污会附着在燃料空气阀和阀座上。长时间的积累会导致燃料空气阀动力受阻,甚至完全卡死,从而导致发动机工作不稳定。因此空滤器对空气、天然气滤清效果的好坏将直接影响着混合器的使用寿命。

5)电子节气门

如图 5-2-9 所示,电子节气门通过控制蝶阀的开度,控制进入缸内的混合气的量,从而控制发动机的转速和负荷。驾驶人通过加速踏板,将动力需求传送给 ECM,ECM 接收到加速踏板信号后,根据发动机运行工况控制电子节气门开度,控制怠速转速和调速特性曲线。

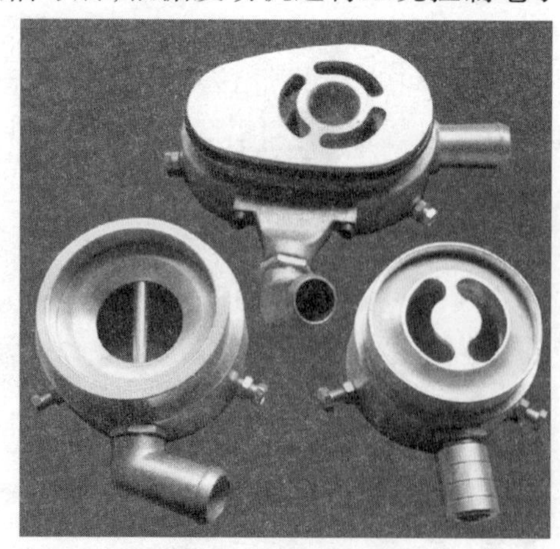

图 5-2-8 混合器部件

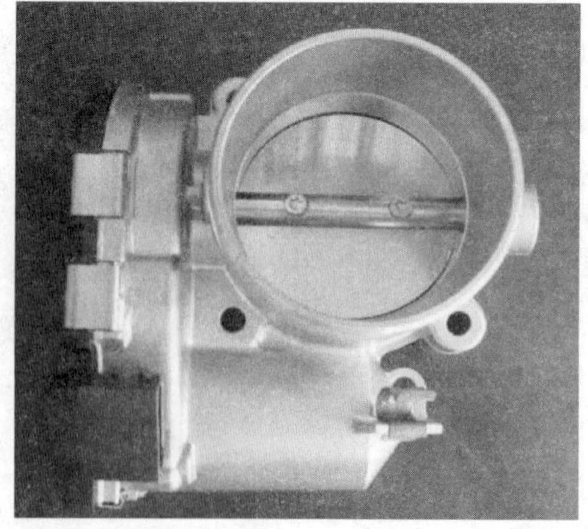

图 5-2-9 电子节气门

安装时要求电子节气门驱动电机轴线必须保持水平方向。每 10 万 km(视当地气体清洁度而定)从发动机上拆下节气门,看内部是否有明显的油污,若有,则需要用节气门清洗剂

清洗节气门蝶阀部分，清洗后用压缩空气吹干。清洗后，用手按压蝶阀，检查蝶阀运动有无卡滞、是否回位，若出现卡滞，则需要更换电子节气门总成。

6）点火线圈

点火线圈接收来自 ECM 的点火指令，产生高电压并将高电压传给火花塞，产生火花，点燃天然气。

安装时要求拧紧点火线圈安装螺栓，以保证点火线圈胶套内弹簧与火花塞头部紧密接触。由于高压电源会在接触表面产生电弧，弹簧与火花塞头部接触的部位易受热氧化，导致接触部位电阻过大，分压作用过大导致火花塞点火能量降低，严重时会导致失火。所以安装火花塞和点火线圈时，必须在火花塞头部与点火线圈弹簧结合部位涂抹导电膏。在胶套与火花塞接触的陶瓷部位应该涂抹绝缘润滑油脂，以防止胶套老化导致火花塞与缸盖之间漏电。

点火线圈次级输出电压高达 40kV，所以在发动机使用过程中，绝对不许用水直接冲洗发动机，特别是点火线圈部位；每 3 个月或 2 万 km 清理弹簧与火花塞之间的氧化物，并涂抹导电膏，检查点火线圈胶套是否老化开裂，如有开裂，及时更换。

7）火花塞

火花塞的作用与结构原理与传统汽油机相同，玉柴目前所使用的火花塞为 NGK 铂金和铱金火花塞两种，天然气发动机 NGK 铂金火花塞（PFR7B－D）电极间隙为（0.33＋0.05）mm，天然气发动机 NCK 铂金火花塞（IFR7－4D）电极间隙为（0.4＋0.05）mm。

8）电子控制模块

电子控制模块是发动机管理中心，通过各种传感器监控发动机运行工况，并根据发动机运行工况控制各执行器，并且通过 CAN 总线与汽车各子系统通信。

除上述各部件外，还有各种传感器，如氧传感器、大气环境传感器、进气压力温度传感器、凸轮轴位置传感器、废气旁通控制阀、冷却液温度传感器、天然气温度传感器、电子加速踏板传感器等，都与传统电控汽油机类似。

任务实施

（一）工作准备

（1）防护装备：常规实训着装。

（2）车辆、台架、总成：捷达 CNG 双燃料汽车；或 CNG 台架/示教板。

（3）专用工具、设备：无。

（4）手工工具：普通拆装工具。

（5）辅助材料：无。

（二）实施步骤

1. CNG 汽车燃料供给系统常见故障及原因判断

（1）故障现象：系统断电（转换开关无显示）。

可能原因:
①电源熔断丝烧坏。
②电源线接触不良。
③系统搭铁线接触不良。
④控制器至转换开关连线损坏或插接不良。
⑤系统控制器损坏。
(2)故障现象:无法转换到CNC。
可能原因:
①喷油信号不正确。
②转速信号不正确。
③进气压力信号不正确。
④高频电磁阀内腔气体压力信号不正确。
⑤熔断丝烧坏。
⑥控制器至转换开关连线接触不良。
⑦控制器损坏。
⑧压差传感器处两个真空管接反。
⑨真空管路堵塞。
⑩压差传感器插头连接不良。
(3)故障现象:转换至CNG熄火。
可能原因:
①储气瓶内无CNG。
②储气瓶上手动截止阀关闭。
③减压器上电磁阀接线不良。
④减压器上电磁阀损坏。
⑤进气压力(MAP)信号不正确。
⑥线束插接不良。
(4)故障现象:怠速不稳。
可能原因:
①温度过低。
②节气门过脏。
③高频电磁阀组过脏或部分损坏。
④分配气管脱落。
⑤减压器膜片破损或老化造成供气不稳。
⑥减压器稳压腔旁通孔堵塞。
(5)故障现象:油气混烧。
可能原因:
①控制器内部故障。
②汽油喷油器关闭不严。

(6)故障现象:运转不平稳。

可能原因:

①进气压力信号不正确。

②减压器温度过低。

③高频电磁阀组过脏或部分损坏。

④分配气管漏气或脱落。

⑤火花塞老化;高压线漏电。

⑥减压器膜片破损或老化造成供气不稳。

⑦减压器稳压腔旁通孔堵塞。

(7)故障现象:动力不足。

可能原因:

①储气瓶内 CNG 量不足。

②压差传感器损坏。

③减压器水循环系统堵塞。

④电磁阀滤芯过脏。

⑤高压管路堵塞。

⑥减压器堵塞。

⑦低压管路漏气或破损。

⑧火花塞老化。

⑨点火提前角调节器有故障。

⑩分缸线老化。

⑪空气滤清器过脏。

⑫氧传感器信号不正确。

⑬减压器膜片破损或老化。

⑭减压器稳压腔旁通孔堵塞。

(8)故障现象:停车时减压器出口有 CNG 流出。

可能原因:

①电磁阀芯 O 形圈密封不严。

②稳压膜片阀门关闭不严。

③一级进口密封不严。

(9)故障现象:CNG 消耗量增大。

可能原因:

①空气滤清器过脏。

②火花塞老化。

③分缸线老化。

④氧传感器信号不正确。

⑤高压管线堵塞。

⑥低压管线破损导致漏气。

⑦高频电磁阀关闭不严。

(10)故障现象:排放不合格。

可能原因:

①氧传感器信号不正确。

②控制器搭铁线搭铁不良。

③火花塞老化或使用非原厂配件。

④分缸线老化或使用非原厂配件。

⑤高压管线堵塞。

⑥高频电磁阀关闭不严。

⑦三元催化器转化效率下降。

(11)故障现象:燃料储量显示不准。

可能原因:

①压力传感器信号线接触不良。

②压力传感器搭铁线接触不良。

③传感器指针与外壳磨蹭(发卡)。

④液位(压力)传感器损坏。

⑤传感器与压力表相对角度不准。

(12)故障现象:无法充装CNG。

可能原因:

①储气瓶阀手动截止阀关闭。

②充气管路堵塞。

③充气阀故障。

④加气站充装压力不够。

(13)故障现象:行驶中熄火、自动转油。

可能原因:

①电源线接触不良

②系统搭铁线接触不良。

③控制器至转换开关连线插接不良。

④高压线、火花塞漏电干扰系统。

⑤储气瓶气体压力过低。

⑥减压器出口压力过低。

⑦使用副厂火花塞。

(14)故障现象:转换开关显示烧气实际在烧油。

可能原因:

①减压器电磁阀线圈损坏(短路)。

②减压器电磁阀线圈控制线对地短路。

③系统控制器损坏。

(15)故障现象:减压器发响。

可能原因：

①减压器内部膜片正常振动。

②辅助调节阀芯与辅助调节压帽摩擦出声。

③高压柱塞与高压柱塞座摩擦出声。

2. 捷达 CNG 储气瓶的拆卸与安装

1）储气瓶的拆卸

（1）拆卸高压钢管。松开波纹管卡箍，退下波纹管。储气瓶的安装位置如图 5-2-10 所示。

拧松储气瓶阀与高压钢管连接的连接螺母、密封双锥，拔下高压钢管。

（2）分别拧下连接钢带和储气瓶支架连接件的两个 M8×70 螺栓上的螺母，取下螺栓，松开钢带，即可取出储气瓶（注意检查储气瓶与储气瓶支架和连接钢带间的柔性胶垫，必要时更换）。

图 5-2-10 储气瓶安装位置

注意：拆卸储气瓶前必须先关闭储气瓶上的手动截止阀门，燃尽高压管路内剩余的气体料（见减压器拆卸部分），然后拆卸与储气瓶阀门相连的高压钢管。拆卸地点及周围严禁烟火。

2）储气瓶的安装

将储气瓶装入储气瓶支架，注意储气瓶的位置和方向；绑好钢带，用两个 M8×70 的螺栓紧固好钢带（紧固力矩为 10N·m）。

学习测试

1. 填空题

（1）燃气汽车主要有______汽车、____汽车、______汽车和______汽车。

（2）CNG 汽车燃料供给系统的总体主要由______、充气阀、______、减压阀、混合器部件、压力表、______等组成。

（3）天然气与空气在______内充分混合，进入发动机缸内，经______点燃进行燃烧。

（4）高压燃料切断阀的作用是及时______或____燃料供给。

（5）电控调压器是一个电子控制的______，在它的内部有一个由微处理器控制的大功率的高速电动机。

2. 判断题

（1）压缩天然气汽车一般是在传统汽油汽车上改装而成的，只是燃料供给系统有所不同。（　　）

(2)高压燃料切断阀进气口自带滤芯,维护时可用干净的机油浸泡。 ( )

(3)混合器将天然气和中冷后的空气充分混合,使燃烧更充分,并降低 NO_x 排放和排气温度。 ( )

(4)CNG 汽车电控模块功能与传统汽车类似。 ( )

(5)CNG 汽车系统断电(转换开关无显示)最可能的原因是电源方面的故障。 ( )

3. 不定项选择题

(1)CNG 燃气汽车动力系统主要由( )组成。

A. 燃料供给系统 B. 电控系统 C. 储气瓶 D. 变频器

(2)高压的压缩天然气从储气瓶出来,经过天然气滤清器过滤后,经高压电磁阀进入( )部件。

A. 高压减压器 B. 稳压器 C. 电子节气门 D. 燃烧室

(3)( )用于及时切断或恢复燃料供给。

A. 高压燃料切断阀 B. 稳压器

C. 过滤器 D. 高压电磁阀

(4)混合器的作用是( )。

A. 将天然气和空气混合 B. 将天然气与汽油混合

C. 将汽油与空气混合 D. 将电池电流与发电机电流混合

(5)当 CNG 燃气车出现油气混烧现象时,可能的原因有( )。

A. 控制器内部故障 B. 汽油喷油器关闭不严

C. 过滤器损坏 D. 电压不足

任务3　其他新能源汽车原理与应用

提出任务

作为新能源汽车专业的学生，除了我们学习过的内容，你知道还有哪些新能源汽车吗？查询资料，检索看看市场上还有哪些其他类型的新能源汽车。

任务要求

知识要求

1. 能够描述低速电动汽车的特点与结构；
2. 能够描述超级电容的原理与汽车上的运用。

能力要求

能够查找其他类型新能源汽车，并掌握其结构原理。

相关知识

新能源汽车是指采用非常规的车用燃料作为动力来源，综合车辆的动力控制和驱动方面的先进技术，形成的技术原理先进、具有新技术和新结构的汽车。

新能源汽车包括：混合动力汽车（HEV）、纯低速电动汽车（BEV）、燃料电池汽车（FCEV）、氢发动机汽车以及燃气汽车、醇醚汽车等。

除了上面项目中介绍以及被市场接受并获得一定程度应用的新能源汽车外，如低速电动汽车和超级电容汽车等，目前也在局部地区获得了成熟运用。下面的任务，将简要介绍低速电动汽车及超级电容的原理与汽车上的应用。

1. 低速电动汽车

低速电动汽车与普通高速电动汽车相比，成本较为合理、使用经济、使用便利、技术适用和市场成熟，具有明显的优势。低速电动汽车优点见表5-3-1。

低速电动汽车（图5-3-1）的售价为2万～5万元，即使没有政府的财政补贴也可以快速普及推广。低速电动汽车百公里耗电量可控制在15kW·h以下，每公里用电成本极低，大都配套铅酸电池，虽然使用寿命相对较短，但报废后可折价回收，从全生命周期考虑，折旧成本仍低于锂离子电池等高性能动力电池。

低速电动汽车的主要优点 表 5-3-1

性能	与高速电动汽车相比	特　　点
成本合理性	较好	价格低廉,不需财政补贴即可快速普及推广
使用经济性	较好	质量轻,耗电少,维修费低,使用成本较低
使用便利性	较好	操作方便,维护简单,对充电设施要求较低
技术适用性	较好	适应当前电动汽车关键零部件技术发展水平
市场成熟度	较好	市场需求已经初步呈现且市场发展潜力巨大

图 5-3-1　低速电动汽车

低速电动汽车易于驾驶操纵,适合退休老年人群、家庭妇女等特殊人群使用;结构简单、易于维修;对充电基础设施要求不高,停放、充电较为方便。低速电动汽车主要使用免维护铅酸电池和低功率的驱动电机,产品技术相当成熟。

尽管低速电动汽车的优点显而易见,但目前的典型产品自身也存在一些明显的缺点,不容忽视(表 5-3-2)。低速电动汽车质量可靠性和污染可控性一般,在使用舒适性和安全保障性等方面与高速电动汽车还存在较大的差距。

低速电动汽车的主要缺点 表 5-3-2

性能	与高速电动汽车相比	特　　点
质量可靠性	相当	结构相对简单,质量相对较差,可靠性一般
污染可控性	相当	铅酸电池污染较大,回收利用体系相对健全
使用舒适性		续驶里程较短,动力性能较差、舒适性较差
安全保障性	较差	主动、被动安全配置低,存在一定安全隐患

动力传动系统是低速电动汽车最主要的系统,低速电动汽车运行性能的好坏主要是由其动力传动系统的性能决定的。低速电动汽车动力传动系统由蓄电池、控制器、电机、变速器、主减速器等组成。电机控制器接受从加速踏板(相当于内燃机汽车的节气门)、制动踏板和 PRND(停车、倒车、空挡、前进)控制按键的输出信号,控制电机的旋转,通过减速器、传动轴、差速器、半轴等机械传动装置驱动车轮旋转。车辆减速时,电机对车辆前进起制动作用,这时电机处于发电机制动的运动状态,给蓄电池充电,也就是所谓的再生制动。动力传动系统的结构框图如图 5-3-2 所示。

1)蓄电池

电池是低速电动汽车的动力源,是能量的存储装置。低速电动汽车使用的电池从成本角度考虑,主要选用铅酸蓄电池。

铅酸蓄电池的基本结构如图 5-3-3 所示。铅酸蓄电池是由正负极板、隔板、电解液、溢气阀、外壳等部分组成。极板是铅酸蓄电池的核心部件,正极板上的活性物质是二氧化铅,负极板上的活性物质为海面状纯铅。隔板是隔离正、负极板,防止短路;作为电解液的载体,能

够吸收大量的电解液，起到促进离子良好扩散的作用；它还是正极板产生的氧气到达负极板的“通道”，以顺利建立氧循环，减少水的损失。电解液由蒸馏水和纯硫酸按一定比例配制而成，主要作用是参与电化学反应，是铅酸蓄电池的活性物质之一。电池槽中装入一定密度的电解液后，由于电化学反应，正、负极板间会产生约为2.1V的电动势。溢气阀位于电池顶部，起到安全、密封、防暴等作用。

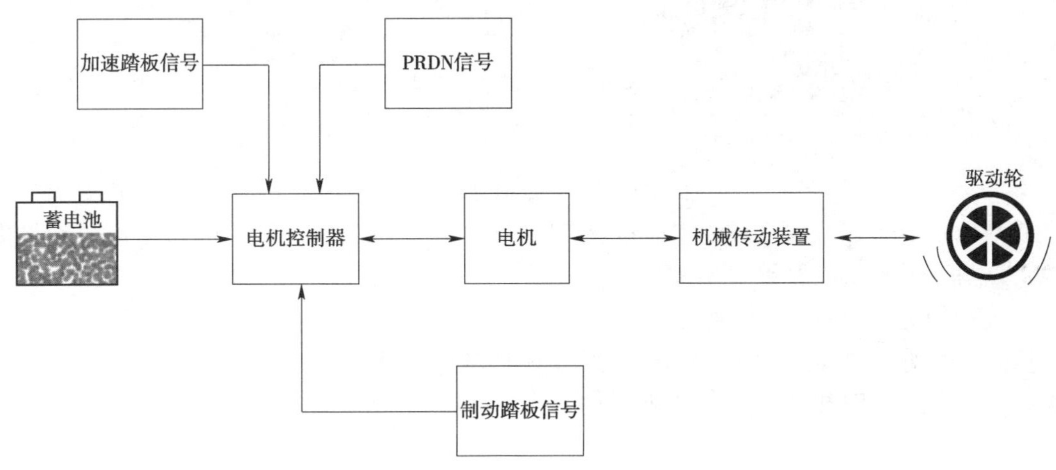

图5-3-2　低速电动汽车主要结构

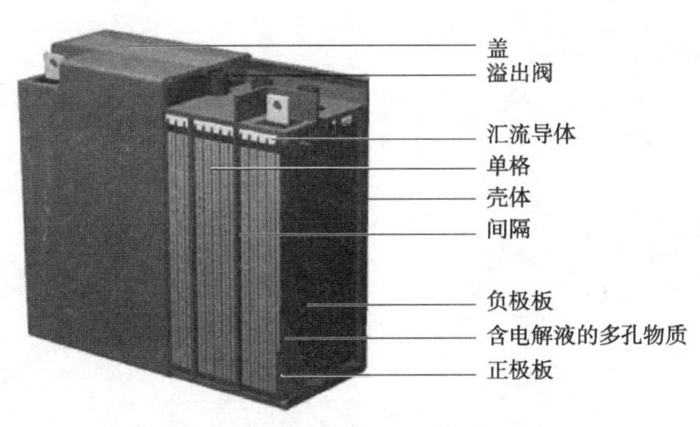

图5-3-3　铅酸蓄电池结构图

铅酸蓄电池使用时，把化学能转换为电能的过程称为放电。在实用后，借助于直流电在电池内进行化学反应，把电池变为化学能储蓄起来，这种蓄电池过程称为充电。铅酸蓄电池是酸性蓄电池，其化学反应式为：

$$PbO + H_2SO_4 = PbSO_4 \downarrow + H_2O$$

2）电机

电机是低速电动汽车驱动系统的核心部件，其性能的好坏直接影响低速电动汽车驱动系统的性能，特别是影响低速电动汽车的最高车速、加速性能及爬坡性能等，因此，在开发低速电动汽车之前初步确定电机类型及其参数而对电机进行选择是至关重要的。

现有大多数低速电动汽车采用有刷直流电机或无刷直流电机，很少有采用交流电机的，原因主要在于成本。

(1)直流电机的结构。

直流电机由定子与转子两大部分组成,定子和转子之间的间隙称为气隙,如图5-3-4所示。

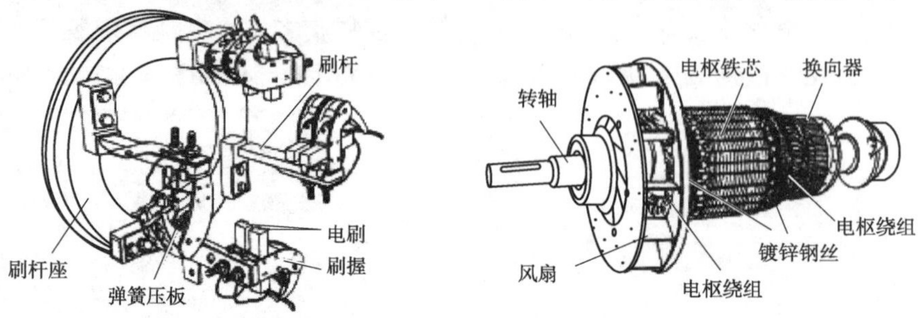

图5-3-4　直流电机的结构

直流电机定子部分主要是由主磁极、机座、换向极和电刷装置等组成;转子部分包括电枢铁芯、电枢绕组、换向器等。

(2)直流电动机的工作原理。

图5-3-5所示为直流电机的工作原理示意图。图中,定子有一对N、S极,电枢绕组的末端分别接到两个换向片上,正、负电刷A和B分别与两个换向片接触。

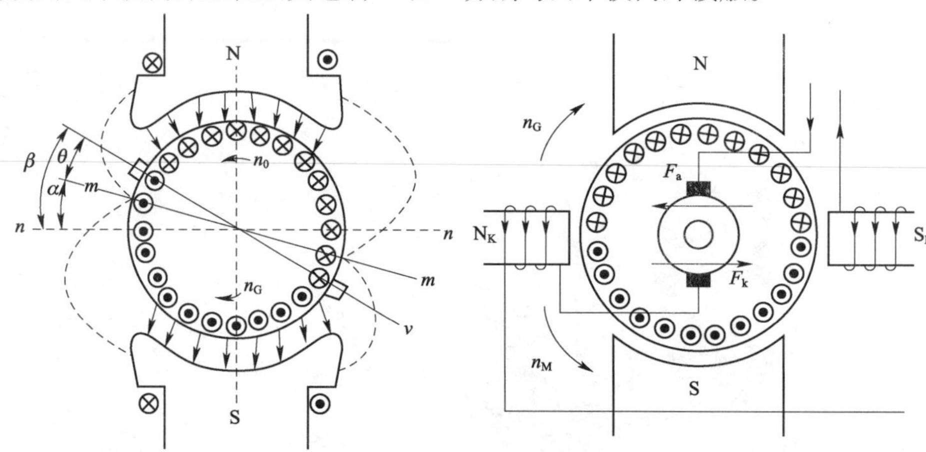

图5-3-5　直流电机的工作原理示意图

如果给两个电刷加上直流电源,有直流电从电刷流入,经过线圈,从另一电刷中流出。根据磁力定律,两端导体受到的力形成了一个转矩,使得转子逆时针转动。如果第一个电刷与另一个换向片接触,电流流动方向与原来相反,它们产生的转矩仍然使得转子逆时针转动。这就是直流电动机的工作原理。

外加的直流电源是直流的,但由于和电刷和换向片的作用,在线圈中流过的电流是交流的,其产生的转矩的方向却是不变的。

(3)无刷直流电机。

无刷直流电机是用电子换向装置代替了有刷直流电机的机械换向装置,保留了有刷直流电机宽阔而平滑的优良调速性能,克服了有刷直流电机机械换向带来的一系列的缺点,体积小、质量轻、可制成各种形状、高效率、高转矩、高精度、数字式控制,是最理想的电机之一。图5-3-6所示为无刷直流电机的工作原理。

3）控制器

纯低速电动汽车控制器相当于汽车的大脑，它在汽车行驶过程中执行多项任务，包括以下功能：

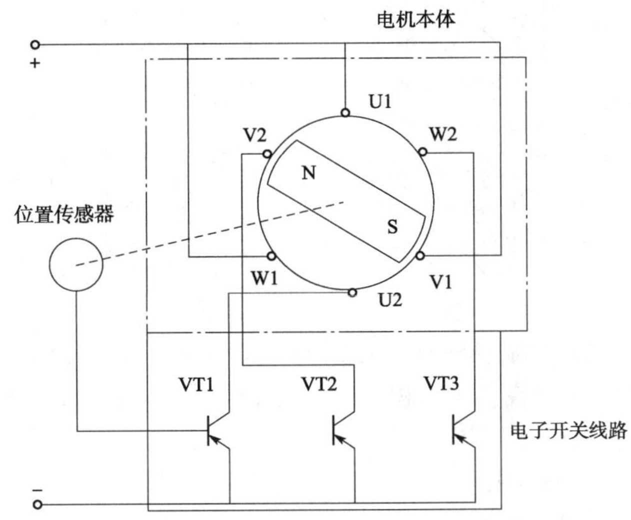

图5-3-6　无刷直流电机的工作原理

（1）接收、处理驾驶人的驾驶操作指令，并向各个部件控制器发送控制指令，使车辆按驾驶人期望行驶。

（2）接收处理各个零部件信息，结合能源管理单元提供当前的能源状况信息。

（3）对整车具有保护功能，视故障的类别对整车进行分级保护，紧急情况下可以关掉发电机。

2. 超级电容及汽车上的应用

超级电容是一种电化学装置，是介于电池和普通电容之间的过渡部件。其充放电过程高度可逆，可进行高效率（0.85 ~ 0.98）的快速（秒级）充放电。其优点还包括比功率高、循环寿命长、免维护等。

以前由于超级电容的比能量过低，放电时间太短，难以应用于汽车领域。随着超级电容技术的迅速发展，目前成为汽车领域研究和应用的新热点。超级电容不仅适合用作汽车发动机起动、动力转向等子系统的辅助能源，而且还可以与电池、燃料电池等结合用作电动汽车的辅助能源，从而提高电池寿命，弥补燃料电池比功率不足、最大限度的回收制动能量等。

1）超级电容的原理与分类

准确的说，超级电容应该叫做电化学电容器（Electrochemical Capacitor）。它能提供比电解电容器更高的比能量，比电池更高的比功率和更长的寿命。

根据使用电极材料的不同，有多种类型的电容，但是目前比较成熟运用的是碳电极的双电层电容器。

如图5-3-7所示，使用碳电极的双电层电容器（Double Layer Capacitor，DLC）可以把双电层超级电容看成是悬在电解质中的两个非活性多孔板，电压加载到两个板上。加在正极板上的电势吸引电解质中的负离子，负极板吸引正离子。从而在两电极的表面形成了一个双电层电容器。

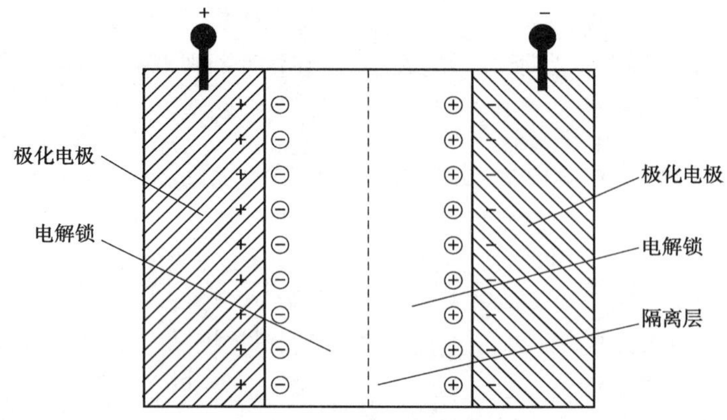

图 5-3-7　双电层超级电容器

DLC 本质上是一种静电型能量储存方式。所以双电层电容的大小与电极电位和比表面积的大小有关,因而常常使用高比表面积的活性炭作为双电层电容器的电极材料,从而增加电容量。该类超级电容在汽车上应用也最为广泛。

2)超级电容在汽车上的应用

(1)燃料电池汽车的辅助动力。

汽车频繁的起步、爬坡和制动造成其功率需求曲线的变化很大,在城市工况下更是如此。一辆高性能的电动汽车的峰值功率与平均功率之比可达 16:1。但是这些峰值功率的特点是持续时间一般都比较短,需求的能量并不高。

使用比功率较大的超级电容,当瞬时功率需求较大时,由超级电容提供尖峰功率,并且在制动回馈时吸收尖峰功率,那么就可以减轻对辅助电池、燃料电池的压力。从而可以大大增加起步、加速时系统的功率输出,而且可以高效地回收大功率的制动能量。这样做还可以提高蓄电池(燃料电池)的使用寿命,改善其放电性能。

在燃料电池汽车的起动过程中,由于超级电容在车辆起步时提供瞬时的大功率,从而使汽车起步过程大大加快。

(2)汽车部件的辅助能源。

除了用于动力辅助驱动外,超级电容在汽车零部件领域也有广泛的应用。例如,未来汽车设计使用的 42V 电系统(转向、制动、空调、高保真音响、电动座椅等),如果使用长寿命的超级电容,可以使得需求功率经常变化的子系统性能大大提高。另外,还可以减少车内用于电制动、电转向等子系统的布线。而且,如果使用超级电容来提供发动机起动时所需要的大电流,那么不仅能保护电池,而且即使是在低温环境和电池性能不足的条件下也能顺利实现起动。

任务实施

(一)工作准备

(1)防护装备:常规实训着装。

(2)车辆、台架、总成:其他能源汽车台架/示教板/模型。

(3)专用工具、设备:无。

(4)手工工具:无。

(5)辅助材料:无。

(二)实施步骤

1. 其他新能源汽车的认知

利用实训室的实际设备,了解其结构原理。

2. 其他新能源汽车资料查询

本任务主要涉及市场小范围应用的新能源汽车,不涉及到具体维修诊断,因此,需要学生利用课下时间,检索资料并查阅当前市场,除了上述列举新能源汽车外,还有哪些种类新能源汽车,并按要求完成其他新能源汽车总结报告。

学习测试

1. 填空题

(1)除了常见的新能源汽车外,其他低速电动汽车和______等,目前也在局部地区获得了成熟运用。

(2)低速电动汽车使用的电池从成本角度考虑,主要选用________。

(3)现有大多数低速电动汽车采用__________或________。

(4)超级电容是一种电化学装置,是介于______和______之间的过渡部件。

(5)超级电容主要作为其他电动汽车及部件的________使用。

2. 判断题

(1)大多数低速电动汽车采用交流电机的原因主要在于成本。 ( )

(2)超级电容是一种电化学装置,其充放电过程高度可逆。 ( )

(3)由于超级电容在车辆起步时提供瞬时的大功率,从而使汽车起步过程大大加快。 ( )

参 考 文 献

[1] 北汽新能源汽车公司. E150EV 维修手册[Z]. 2013.

[2] 北汽新能源汽车公司. E150EV、E160EV 培训课件/技术资料[Z]. 2013-2016.

[3] 比亚迪汽车公司. 比亚迪秦维修手册[Z]. 2013.

[4] 比亚迪汽车公司. 比亚迪秦培训课件/技术资料[Z]. 2013-2016.

[5] 比亚迪汽车公司. 比亚迪 E6 培训课件/技术资料[Z]. 2013-2016.

[6] 丰田汽车公司. 普锐斯维修手册[Z]. 2006.

[7] 丰田汽车公司. 普锐斯培训课件[Z]. 2005-2006.

[8] 上汽公司. 荣威 E50 维修手册[Z]. 2012.

[9] 上汽公司. 荣威 E50/550 培训课件/技术资料[Z]. 2012-2016.

人民交通出版社汽车类高职教材部分书目

书 号	书 名	作 者	定 价	出版时间	课 件
一、交通职业教育教学指导委员会推荐教材、高等职业教育规划教材					
1. 汽车运用技术专业					
978-7-114-11263-8	●汽车电工与电子基础（第三版）	任成尧	46.00	2015.11	有
978-7-114-11218-8	●汽车机械基础（第三版）	凤 勇	46.00	2016.04	有
978-7-114-11495-3	汽车发动机构造与维修（第三版）	汤定国、左适够	39.00	2016.04	有
978-7-114-11245-4	●汽车底盘构造与维修（第三版）	周林福	59.00	2015.11	有
978-7-114-11422-9	●汽车电气设备构造与维修（第三版）	周建平	59.00	2016.04	有
978-7-114-11216-4	●汽车典型电控系统构造与维修（第三版）	解福泉	45.00	2015.01	有
978-7-114-11580-6	汽车运用基础（第三版）	杨宏进	28.00	2016.01	有
978-7-114-09167-4	汽车电子商务（第二版）	李富仓	29.00	2016.06	
978-7-114-05790-3	汽车及配件营销	陈文华	33.00	2015.08	
978-7-114-06075-8	汽车专业资料检索	张琴友	30.00	2015.01	
978-7-114-11215-7	●汽车文化（第三版）	屠卫星	48.00	2016.09	有
978-7-114-11349-9	●汽车维修业务管理（第三版）	鲍贤俊	27.00	2015.08	有
978-7-114-11238-6	●汽车故障诊断技术（第三版）	崔选盟	30.00	2015.08	有
978-7-114-06031-9	汽车检测诊断技术	邹小明	24.00	2016.06	
978-7-114-05662-1	汽车检测设备与维修	杨益明	26.00	2015.08	
978-7-114-05661-3	汽车单片机及局域网技术	管秀君	13.00	2015.06	
978-7-114-05718-0	汽车维修技术（机修方向）	刘振楼	23.00	2016.6	
2. 汽车技术服务与营销专业					
978-7-114-11217-1	●旧机动车鉴定与评估（第二版）	屠卫星	33.00	2016.07	有
978-7-114-07915-3	汽车保险与公估	荆叶平	43.00	2016.01	
978-7-114-08196-5	汽车备件管理	彭朝晖	22.00	2016.08	
978-7-114-11220-1	●汽车结构与拆装（第二版）	潘伟荣	59.00	2016.04	有
978-7-114-08084-5	汽车维修服务	戚叔林	23.00	2015.08	
978-7-114-11247-8	●汽车营销（第二版）	叶志斌	35.00	2016.04	有
3. 汽车整形技术专业					
978-7-114-11377-2	●汽车材料（第二版）	周 燕	40.00	2016.04	有
978-7-114-12544-7	汽车钣金工艺	郭建明	22.00	2015.11	有
978-7-114-12311-5	汽车涂装技术（第二版）	陈纪民、李 扬	33.00	2015.08	有
978-7-114-09094-3	汽车车身测量与校正	郭建明	22.00	2015.07	
978-7-114-11595-0	汽车车身焊接技术（第二版）	李远军、李建明	28.00	2016.04	有
978-7-114-07918-4	汽车车身修复技术	韩 星	29.00	2015.07	
978-7-114-12143-2	车身结构及附属设备（第二版）	袁 杰	27.00	2016.05	有
978-7-114-13363-3	汽车涂料调色技术	王亚平	25.00	2016.11	有
4. 汽车制造与装配技术专业					
978-7-114-12154-8	汽车装配与调试技术	刘敬忠	38.00	2015.06	有
978-7-114-12734-2	车身焊接技术	宋金虎	39.00	2016.03	有
978-7-114-12794-6	汽车制造工艺	马志民	28.00	2016.04	有
978-7-114-12913-1	汽车 AutoCAD	于 宁、李敬辉	22.00	2016.06	有
二、21 世纪交通版高职高专汽车专业教材					
978-7-114-10520-3	汽车概论	巩航军	29.00	2013.05	有
978-7-114-10722-1	发动机原理与汽车理论（第三版）	张西振	29.00	2015.12	有
978-7-114-10333-9	汽车维修企业管理（第三版）	沈树盛	36.00	2016.05	有
978-7-114-06997-0	汽车空调构造与维修	杨柳青	20.00	2016.01	

书号	书名	作者	定价	出版时间	课件
978-7-114-12421-1	汽车柴油机电控技术（第二版）	沈仲贤	26.00	2015.10	有
978-7-114-11428-1	汽车使用与技术管理（第二版）	雷琼红	33.00	2016.01	有
978-7-114-11729-9	汽车保险与理赔（第四版）	梁　军	32.00	2015.12	有
978-7-114-07593-3	汽车租赁	张一兵	26.00	2016.06	
978-7-114-08934-3	汽车发动机机械系统检修（第二版）	林　平	35.00	2015.06	有
978-7-114-08942-8	汽车底盘机械系统检修（第二版）	陈建宏	39.00	2016.05	有
978-7-114-09429-3	汽车底盘电控系统检修	张立新、屈亚锋	35.00	2015.07	有
978-7-114-09317-3	汽车维修技术基础	刘　毅	35.00	2015.07	有
978-7-114-09961-8	汽车构造	沈树盛	54.00	2015.04	有
978-7-114-09866-6	汽车发动机构造与维修	王兴国、刘　毅	36.00	2013.12	有
978-7-114-09719-5	汽车电器构造与维修	杨连福	45.00	2013.12	有
978-7-114-09099-8	工程机械柴油发动机构造与维修	许炳照	40.00	2013.07	有
三、高等职业教育“十二五”规划教材					
978-7-114-10280-6	汽车零部件识图	易　波	42.00	2014.1	有
978-7-114-09635-8	汽车电工电子	李　明、周春荣	39.00	2012.07	有
978-7-114-10216-5	汽油发动机构造与维修	刘　锐	49.00	2016.08	有
978-7-114-09356-2	汽车底盘构造与维修	曲英凯、刘利胜	48.00	2015.07	有
978-7-114-09988-5	汽车维护（第二版）	郭远辉	30.00	2014.12	有
978-7-114-11240-9	●车载网络系统检修（第三版）	廖向阳	35.00	2016.02	有
978-7-114-10044-4	汽车车身修复技术	李大光	24.00	2016.01	有
978-7-114-12552-2	汽车故障诊断技术	马金刚、王秀贞	39.00	2015.12	有
978-7-114-09601-3	汽车营销实务	史　婷、张宏祥	26.00	2016.05	有
978-7-114-13679-5	新能源汽车技术（第二版）	赵振宁	38.00	2017.03	有
978-7-114-08939-8	AutoCAD 辅助设计	沈　凌	25.00	2011.04	有
978-7-114-13068-7	汽车底盘电控系统检修	蔺宏良、张光磊	38.00	2016.08	有
978-7-114-13307-7	汽车发动机电控系统检修	彭小红、官海兵	35.00	2016.1	有
四、高职高专改革创新示范教材					
978-7-114-09300-5	汽车使用与维护	毛彩云、柯志鹏	28.00	2015.09	有
978-7-114-09302-9	汽车实用英语	王升平	30.00	2011.08	有
978-7-114-09307-4	汽车维修企业管理	齐建民	34.00	2015.12	有
978-7-114-09305-0	汽车发动机电控系统构造与检修	罗德云	23.00	2014.07	有
978-7-114-09352-4	汽车发动机机械构造与检修	成伟华	33.00	2015.02	有
978-7-114-09494-1	汽车自动变速器构造与检修	王正旭	36.00	2015.02	有
978-7-114-09929-8	汽车电气设备构造与检修	刘存山	31.00	2012.08	有
978-7-114-10310-0	汽车空调系统构造与检修	潘伟荣	38.00	2013.05	有
五、教育部职业教育与成人教育司推荐教材					
978-7-114-09147-6	汽车实用英语（新编版）	杜春盛、邵伟军	33.00	2016.07	
978-7-114-08846-9	汽车发动机构造与维修（新编版）	王　会、刘朝红	33.00	2015.09	
978-7-114-06406-7	汽车运行材料	嵇　伟、孙庆华	26.00	2016.06	
978-7-114-07969-6	★汽车专业英语	边浩毅	26.00	2016.01	
978-7-114-04112-9	汽车使用性能与检测技术	李　军	26.00	2015.07	
978-7-114-04750-9	汽车营销技术	王怡民	32.00	2016.11	
978-7-114-04644-8	汽车专业英语	王怡民	26.00	2016.06	

●为“十二五”职业教育国家规划教材；★为“十一五”职业教育国家规划教材。